美国环境法与能源法译丛

危险废物和有毒物质法精要
（第 2 版）

[美]约翰·斯普兰克林（John G. Sprankling）
[美]格雷戈里·韦伯（Gregory S. Weber） 著
凌 欣 译

南开大学出版社
天 津

图书在版编目(CIP)数据

危险废物和有毒物质法精要:第2版/(美)斯普兰克林(Sprankling,J.G.),(美)韦伯(Weber,G.S.)著;凌欣译.—天津:南开大学出版社,2016.6

(美国环境法与能源法译丛)

ISBN 978-7-310-04934-9

Ⅰ.①危… Ⅱ.①斯… ②韦… ③凌… Ⅲ.①危险物品管理-废物管理-法律-研究-美国②有毒物质-危险物品管理-法律-研究-美国 Ⅳ.①D971.226

中国版本图书馆CIP数据核字(2015)第213225号

版权所有 侵权必究

南开大学出版社出版发行

出版人:刘立松

地址:天津市南开区卫津路94号 邮政编码:300071

营销部电话:(022)23508339 23500755

营销部传真:(022)23508542 邮购部电话:(022)23502200

*

北京楠海印刷厂印刷

全国各地新华书店经销

*

2016年6月第1版 2016年6月第1次印刷

185×130毫米 32开本 13.5印张 2插页 290千字

定价:36.00元

如遇图书印装质量问题,请与本社营销部联系调换,电话:(022)23507125

而且，§14(b)规定，"故意"违反《联邦杀虫剂、杀菌剂与杀鼠剂法》者可能会受到高达 50000 美元的罚金和一年监禁的刑事处罚。在 United States v. Corbin Farm Service(E. D. Cal. 1978)案中，被告因违反标签说明使用农药而杀死了 1000 多只水鸟，法院解释"故意"为只需要一般的意图。因此，美国政府只需证明被告知道他们向田地喷洒了农药，而不是被告也知道他们违反了标签说明。

3.2.8 《联邦杀虫剂、杀菌剂与杀鼠剂法》评价

实际上，《联邦杀虫剂、杀菌剂与杀鼠剂法》已被证明是一种有效的农药监管工具。从积极的一面来看，它所要求的系统的环境影响评价以及举证责任分配给申请者，无疑都阻止或限制了危险的产品。而且，它的存在将行业努力的方向调整为发展更为环保的农药。

但是，整个经历也证明了《联邦杀虫剂、杀菌剂与杀鼠剂法》的缺点。监管的步伐是缓慢的：在《联邦杀虫剂、杀菌剂与杀鼠剂法》的整个历史上，只有少数的农药被美国环保署暂停、注销或限制。再登记的过程更加缓慢。在《联邦杀虫剂、杀菌剂与杀鼠剂法》很大程度上忽视环境问题的几十年中，所登记的成千上万的农药产品，从来没有被依照现代标准复审过。

对《联邦杀虫剂、杀菌剂与杀鼠剂法》另一个有争议的方面是，它的大多数条款不适用于农药生产出口。即使农药的经销或销售在美国是非法的——比如滴滴涕——但是仍然能够以最小的限制，在这里生产在国外出售。近些年来，大约有 25% 的出口农药在美国未注册或被禁止使用。

3.2.7 执行

依据§23(a),美国环保署根据合作协议将其执行权委托给大多数州。因此,州政府通常负有执行《联邦杀虫剂、杀菌剂与杀鼠剂法》的主要责任。在这些州,只有在紧急情况下或当州政府收到违法通知后没有行动时,美国环保署才会采取执法行动。

不同于大多数其他联邦环境法律,《联邦杀虫剂、杀菌剂与杀鼠剂法》不包含公民诉讼条款。在探究了《联邦杀虫剂、杀菌剂与杀鼠剂法》的立法历史后,第九巡回法院在Fiedler v. Clark(9th Cir. 1983)案中认为,公众不能直接起诉违法者。但是,公民可以依据《联邦杀虫剂、杀菌剂与杀鼠剂法》§16(a),在联邦法院起诉美国环保署质疑它的滥用自由裁量权的决定。

三种最常用的《联邦杀虫剂、杀菌剂与杀鼠剂法》救济方法——警告通知,民事处罚,停止销售、使用或者消除的命令——只需要行政行为。美国环保署通常只会对轻微违法行为发布警告通知,比如那些不会导致健康或环境损害的行为。对重大违法行为,美国环保署会依据§14(a)提起诉讼,寻求对每位违法者高达5000美元的民事罚款。另外,如果检查或测试让美国环保署有理由相信违反了《联邦杀虫剂、杀菌剂与杀鼠剂法》,它可以发布一项§13(a)的停止销售、使用或者消除的命令。除了遵守命令外,受影响的人不能再销售、使用农药或需要消除农药。尽管《联邦杀虫剂、杀菌剂与杀鼠剂法》授权美国环保署就一个禁令(§16(c))或扣押命令(§13(b))在地区法院起诉违法者,但是这个程序是很少被使用的。停止销售、使用或消除的命令更容易获得,并且能提供基本相同的救济。

照"广泛而普遍认可的惯例"使用时,它"通常会导致不合理的不利环境影响"。另外,美国环保署必须考虑注销对农产品生产和价格的影响,包括对零售食品价格的影响。

寻求注销的最常见的基础是农药对环境的影响。上述模糊的成本—效益标准给了美国环保署在注销过程中的广泛自由裁量权。解释这一标准的主要判决是 Ciba－Geigy Corp. v. EPA(5th Cir . 1989)。在该案中,由于担忧对鸟类的影响,美国环保署取消了控制高尔夫球场和草场昆虫的二嗪农的登记,生产商对美国环保署的这一决定提出了质疑。生产商主张,法定标准中的"通常"一词的意思是,只有农药"在它使用的绝大部分时间中"导致了不利的影响,注销才是恰当的。第五巡回法院反对这种说法,并得出结论,如果农药有通常会导致不良后果发生的重大可能性,那么注销就是正确的。因此,虽然实际上很少发生鸟类死亡的情况,"鸟类死亡的重大风险"就可以证明管理者禁止或限制二嗪农使用的决定是正确的。

3.2.6 报告要求

§6(a)(2)要求,一旦农药被登记,登记者要向美国环保署报告他所获得的关于产品是否导致不合理不利环境影响的任何后续信息。理论上,美国环保署可以接下来再考虑这些信息,以决定是否暂停或取消该项登记。

例如,如果新的毒理学和流行病学研究显示,农药呈现出了一种比之前认为的更大的风险,这种数据必须要报告。而且,消费者投诉或其他信息显示农药已经导致人类或非目标物种伤害,这样的信息同样必须报告给美国环保署,除非它们是"明显不准确的"。

迫在眉睫的危险。在登记者收到打算暂停和获得一个行政听证机会的通知之后至少5天,暂停命令才会生效。登记者的听证请求会使暂停命令中止。暂停听证被要求要"加快",但是实际上需要数月才能完成。

在 Defense Fund, Inc. v. EPA((D. C. Cir. 1976)案中,对暂停过程有了很好的说明,该案确认了美国环保署暂停七氯和氯丹登记的命令。在该案中,农药制造商抨击美国环保署对实验室研究的依赖,这些实验室研究证明高剂量的这些农药会导致啮齿动物患癌症;但它认为动物实验数据不能适用于人类。然而,哥伦比亚特区巡回法院认为,美国环保署证明了农药会导致实验室动物患癌症——加上这些农药在人体组织的广泛存在——于是得出它们会造成人类癌症危险的推论;然后责任就转移给了制造商来反驳这个推论。简而言之,"迫在眉睫的危险"是危害将会发生的一种的风险,而不是一种必然。同样,法院指出,一旦风险出现,"效益超出风险的证明责任就由继续注册的支持者承担了。"

在紧急情况下,§6(c)(3)允许美国环保署发布暂停命令而无需事前通知申请者。①

2. 注销

由于注销是登记的镜像,所以§6(b)中的注销标准本质上是在重复初始登记中的两个关键要素。如果有下列条件之一的,美国环保署可以注销一项农药登记:(1)它的标签不符合《联邦杀虫剂、杀菌剂与杀鼠剂法》的要求;(2)按

---

① Dow Chemical Co. v. Blum(E. D. Mich. 1979)(判定美国环保署的分析中没有"明显的错误判断",法院确认了两种除草剂的紧急禁令。)

的"轻微使用"的农药;为评估这种农药是否会产生不合理的不利影响,美国环保署必须在使用农药造成的任何风险和不使用农药带来的健康风险之间进行衡量(如由昆虫传播疾病还是农药的矢量控制)。

3.2.5 终止登记

登记并不是授予永久许可证。环境风险可以证明临时暂停和永久注销登记是正当的。实际上,公众对《联邦杀虫剂、杀菌剂与杀鼠剂法》的认识,很大程度上是源于一系列关于暂停或注销像滴滴涕、阿耳德、林狄氏剂、七氯和氯丹这些农药登记的争论。尽管争议导致了大多数的解释《联邦杀虫剂、杀菌剂与杀鼠剂法》的上诉判决,但也只有少量的登记由于环境风险而被实际注销或暂停。

《联邦杀虫剂、杀菌剂与杀鼠剂法》§3(g)要求美国环保署"定期审查"每一项登记以确定注销是否是必要的;当前的目标是对每项登记每15年审查一次。

1. 暂停

暂停是禁止农药销售或经销直到注销听证开始的临时命令。它类似于民事诉讼的临时禁令。在注销听证之前,只有当有必要防止一项"迫在眉睫的危险"时,暂停才是适当的。[1] 依据§2(l),如果临时使用农药可能会导致"不合理的不利环境影响",那么就存在迫在眉睫的危险。这与评估初始登记申请时利用的成本-效益标准是相同的。另外,如果这种临时使用会对《濒危物种法》[2]中的濒危或受威胁物种的生存造成不合理的危险,那么也认为是发现了

---

[1] §6(c)(1)

[2] 16 U.S.C.A. §1531 et seq

样,标签的说明书必须说明目标害虫,农药恰当的使用地点、剂量比率、使用方法和时间、储存说明,以及美国环保署认为能够适当预防不合理的不利影响的其他声明。对"限制使用"农药的标签要求比那些"一般使用"农药的要求更多。

3. 对环境的影响

联邦《杀虫剂、杀菌剂与杀鼠剂法》§3(c)(5)的最后两个标准体现了《联邦杀虫剂、杀菌剂与杀鼠剂法》的环境保护要求。它们都要求,当农药被依照"广泛而普遍认可的惯例"使用时能够发挥其预期功能,而不会导致"不合理的不利环境影响"[①]。"不合理的不利环境影响"则由§2(bb)定义为"综合考虑经济、社会和环境的成本和效益,使用农药对人类和环境的任何不合理的风险"。这一定义的来源是《联邦杀虫剂、杀菌剂与杀鼠剂法》的成本－效益标准。成本－效益分析需要来确定农药的不利环境影响是否是"不合理的"。在这种情况下,如果一种农药的经济、社会或其他效益超过其可预见的危害,即使该农药显然会损害环境但仍有可能会被登记。

1996年修正案增加了对这一标准的两个例外情况。一种例外涉及食品安全;如果食品中的农药残留超过21 U.S.C.A. §346a中规定的可容许的标准(《食品、药品和化妆品法》中的部分,在第四章中讨论),就会引起"人类饮食风险"。仅基于健康的考虑,而不考虑成本效益分析,这种饮食风险被认为是"不合理的不利环境影响"。第二种例外涉及"公共卫生农药",被定义为主要用于公共卫生项目

---

① §3(c)(5)(C),(D)

正如上面所提到的,申请者有责任证明他的农药符合这些标准。

1. 产品成分

第一个要求——农药的成分要保证它应有的作用,这反映出了《联邦杀虫剂、杀菌剂与杀鼠剂法》的消费者保护的本源;它和环境质量有很少的联系。核心的问题就是这个产品在控制害虫方面是否像它标签上所说的那样有效(如像宣传的那样致命)。

2. 标签

标签要求是《联邦杀虫剂、杀菌剂与杀鼠剂法》的历史基石。尽管它的有效性被强烈质疑,但在理论上,标签服务于消费者保护和环境保护的双重目标。它告诉农药使用者怎样使用产品能够最大程度上防治害虫而保证最低的个人风险。然而,美国环保署对一个标签的批准并不代表该农药是安全的。[①] 美国环保署为了保护环境,要求标签需对农药的使用设置警告或限制(如禁止水生使用)。因为《联邦杀虫剂、杀菌剂与杀鼠剂法》要求农药使用者依照标签说明使用,贴标签能使美国环保署监管农药使用者对农药的使用。

依据该法§2(P),"标签"包括农药包装或容器上的,附着或伴随农药的任何书面、印刷或图形形式。依据《联邦杀虫剂、杀菌剂与杀鼠剂法》而颁布的大量法规施加了精确的、详细的标签标准。例如,当使用农药时,通常可能会对非目标机体或环境造成危害,所以,标签必须有描述危害的特征和避免伤害的恰当的预防措施等这样的具体警告。同

---

① In re Starlink Corn Products Liability Litigation(N. D. Ill. 2002)

分,可能会被合成为用于湿地的农药。在这种情况下,美国环保署会参考现有的信息来帮助评估申请。当一个新产品和它预期的用途与目前已登记的农药相同或者非常相似时,美国环保署也能依据现有数据来评估产品的影响;这种"me too"登记的过程是相对简单的。

3. 再登记

最后一种登记类型是"再登记"。在修正案将《联邦杀虫剂、杀菌剂与杀鼠剂法》的目的确定为环境保护之前,已有成千上万的农药依照很宽松的标准进行了登记。因此,在 1984 年 11 月 1 日之前首次登记的含有活性成分的每一种已登记农药,都必须要依照新标准再经历一次登记过程,以评估它的安全性。

再登记过程一直非常缓慢。为了加速进程,国会在 1988 年修改了《联邦杀虫剂、杀菌剂与杀鼠剂法》,增加了新的§4,为再登记设立了一系列的最后期限。事实上,这些最后期限的要求并没有被遵守,在撰写本书时,再登记过程仍在继续。美国环保署估计在 2012 年之前不会完成。

3.2.4 登记标准

根据§3(c)(5),如果符合以下四个要求,美国环保署必须对农药进行登记:

- 它的成分保证了它应有的作用;
- 它的标签和其他所提交的材料符合《联邦杀虫剂、杀菌剂与杀鼠剂法》标准;
- 它将会发挥其预期功能而不会对"环境造成不合理的不利影响";
- 当按照广泛和普遍公认的惯例使用时,它一般不会对"环境造成不合理的不利影响"。

剂与杀鼠剂法》要求新申请者就数据使用向最初数据提交者进行补偿。在 Ruckelshaus v. Monsanto co.（S. Ct. 1984）案中,最高法院支持了这些规定的合宪性。虽然认同初审法院的调查结果:发展一种潜在商业用农药"通常要经过好几年,且每年要花费 500 万到 1500 万美元",法院还是驳回了 Monsanto 的《联邦杀虫剂、杀菌剂与杀鼠剂法》没有保证它能获得充分补偿的请求。法院认为,Monsanto 在充分了解这些规定的前提下,选择开发并提交它的数据,因此没有在危急关头获得"合理的投资回报的预期"。而且,法院认为,《联邦杀虫剂、杀菌剂与杀鼠剂法》提交数据的条件是与政府农药监管的合法目的有关的,Monsanto"自愿提交数据……"作为登记的经济优势的交换,很难被称为是一种营业收入。

2. 新注册

含有一种新活性成分的农药是最难登记的。因为美国环保署通常缺乏足够的现有数据来评估一个完全新的产品的环境影响,这个登记过程会是昂贵的和长时间的。仅开发测试数据这一项,平均每个新农药可能要花费到 5 百万美元。即使当所要求的测试都完成了,作为一般原则,美国环保署也只是在一定的条件基础上登记一个新农药。1996 年修正案增加了一种新的登记类别,使"轻微使用"登记具有了加快审查的资格。轻微使用的新农药的登记必须在申请完成后的 12 个月内批准或拒绝。

然而,其他两种类型的新产品登记要更容易获得。"新用途"登记和"同样的（me too）"登记。当一种新农药包含一种已经被登记但又有不同使用目的的活性成分时,"新用途"登记就出现了。例如,一种被登记用于森林的活性成登记程序开始于向美国环保署提交申请。除了申请者和农药的基本信息外,申请还必须包括:(1)打算使用的标签;(2)能够使美国环保署确定农药是否符合登记标准的足够的科学数据。这些科学数据可以包括由申请者实施的测试的结果或者引用美国环保署已获得的数据(公共文献中的或其他申请者先前提交的)。尽管§3(c)(3)要求美国环保署对申请尽可能迅速地做出决定,但这个过程通常需要多年才能完成。

所要求的科学数据的类型取决于农药的使用目的,如陆地粮食作物使用、水生非作物使用、林业使用。[①] 申请者必须提交产品对人类和家用动物毒性的数据,包括急性(高剂量、短时间的暴露)、慢性(长时间的反复接触)、亚慢性(短期的反复接触)测试结果。申请者还可能被要求提供产品的下列信息:(a)化学残留(允许保留在作物上的农药残留量);(b)环境的命运(对非目标生物的暴露率);(c)再进入保护(评估重新进入到处理领域对农场工人的危害所需要的数据);(d)喷雾偏差评估;(e)对非目标生物的毒性。一般来说,《联邦杀虫剂、杀菌剂与杀鼠剂法》允许申请者依靠美国环保署已经建立的包含以往申请所提交的信息的科学数据基础。一个申请者提交的数据往往与评估后一个申请者的申请是相关的,例如,当两种农药在成分和使用上相似时。但是,按照该法§10中所列的程序,申请者可以避免共享商业机密和其他"机密商业信息"。

为了防止数据共享方案作为一个无报酬的信息财产权利违背宪法第五修正案,在有些情况下,《联邦杀虫剂、杀菌

---

① 40C. F. R. §158.202 et seq

花园蜗牛、阻碍农业的自然植被都是"害虫"。为杀虫而使用的转基因生物也包括在这个定义中。

不幸的是,《联邦杀虫剂、杀菌剂与杀鼠剂法》没能解释农药定义中的第二个关键术语——"目的"的含义。这就引发了两个问题:(1)谁的意图?(2)意图是什么?美国环保署采用的规则规定,该部分关注的是产生者、销售者或经销商的意图,而不是产品使用者的意图。而且,这些规定把"意图"的含义扩大到纯粹的杀虫使用的知识。因此,下列任何一条都可以确定为是必要的意图:(1)产品可以作为农药来使用的陈述或暗示(来自标签或其他);(2)除了作为农药,这个产品没有任何重要的具有商业价值的使用;(3)这个产品将被作为农药来使用的实际的或推定的知识。正如第三巡回法院在 N. Jonas & Co., Inc. v. EPA(3d Cir. 1981)案中所解释的,意图是指根据《联邦杀虫剂、杀菌剂与杀鼠剂法》,产生者"想要让理性的消费者将其产品用于的那些用途"。

简而言之,《联邦杀虫剂、杀菌剂与杀鼠剂法》中的农药的定义已经远远超出了农业背景。使用上述讨论的标准,像家用空气净化器、游泳池添加剂这样的产品也被认为是农药而由《联邦杀虫剂、杀菌剂与杀鼠剂法》调整。目前,依据《联邦杀虫剂、杀菌剂与杀鼠剂法》登记的农药产品超过 15000 种。

3.2.3 登记过程

1. 登记程序

登记是《联邦杀虫剂、杀菌剂与杀鼠剂法》的核心。它使美国环保署能够掌控一种农药能否在美国被经销或销售,并因此而被使用。

然,是要确保农药是足够致命的;因此,正如 William Rodgers 教授所认为的那样,《联邦杀虫剂、杀菌剂与杀鼠剂法》的一条线是"把自然看作是敌人"。相反,1972年《联邦杀虫剂、杀菌剂与杀鼠剂法》修正案的目标是环境保护;它们增加了新的一条线,即认为自然是有固有价值的。由于这种内在矛盾,《联邦杀虫剂、杀菌剂与杀鼠剂法》作为保护环境的法令,其功效仍然是有缺陷的。

3.2.2 什么是"农药"

《联邦杀虫剂、杀菌剂与杀鼠剂法》管理的核心是"农药"。《联邦杀虫剂、杀菌剂与杀鼠剂法》调整的是"农药",而其他化学物质的销售则由与其相似的立法管理,尤其是《有毒物质控制法》(尽管《联邦杀虫剂、杀菌剂与杀鼠剂法》也调整和农药有相同目的的"装置"——例如,诱捕啮齿动物的装备——下面的讨论侧重于农药)。§2(u)对农药的广义定义是:(1)"用于防止、破坏、排斥或减轻任何害虫";(2)"用作植物调节剂、落叶剂或干燥剂"的"任何物质或物质的混合物"。因此,这个定义强调的只是物质的使用目的,而不是它固有的毒性。

这个标准有两个关键部分值得讨论——"害虫"和"目的"。《联邦杀虫剂、杀菌剂与杀鼠剂法》出于对农业产物的思考,"害虫"被定义在§2(t)中,包括任何昆虫、啮齿动物、线虫(一种虫子)、真菌或杂草。另外,《联邦杀虫剂、杀菌剂与杀鼠剂法》还授予美国环保署把几乎所有的生物指定为害虫的权力。美国环保署不是通过发布单独的"害虫"名录行使这项权力的,而是当几乎每一个动植物物种(除了人类)的存在对人类或环境"有害"时,就可以认定它是"害虫"。因此,对农作物有害的昆虫、家庭蟑螂、游泳池藻类、护人类健康和环境的主要的农药监管联邦法令。

《联邦杀虫剂、杀菌剂与杀鼠剂法》现在主要是一部产品许可法。正如一个人如果没有获得驾照就不能开车一样,该法§3(a)规定,除非已经在美国环保署进行了登记,否则农药不能在美国销售。登记决定取决于成本效益分析。因此,当监管的效益超过成本时,美国环保署通过拒绝或限制登记来保卫公众健康和环境。

《联邦杀虫剂、杀菌剂与杀鼠剂法》最具创新性的特征是它应对科学不确定性问题的方法:它把农药安全性的举证责任分配给了申请者。这为行业获得新数据提供了动力,把生成数据的成本施加给了申请者,如果不能提供足够的数据,那么就允许美国环保署通过拒绝登记来防范未知的风险。根据《联邦杀虫剂、杀菌剂与杀鼠剂法》,通过这种方式,科学不确定性减少了市场准入。

《联邦杀虫剂、杀菌剂与杀鼠剂法》还包括另外两个主要内容:

- 标签要求:每个农药必须具有经美国环保署批准的标签,描述它造成的风险、正确使用的说明和其他一些信息。

- 使用限制:《联邦杀虫剂、杀菌剂与杀鼠剂法》通过如下几种方式监管农药的使用。第一,以与标签说明不一致的方式使用农药是非法的。第二,特别危险的农药要登记为"限制使用",它们可能仅适用于经过认证的申请者。第三,根据《联邦杀虫剂、杀菌剂与杀鼠剂法》规定的程序颁布法规来保护农场工人免于暴露于农药。

实际上,《联邦杀虫剂、杀菌剂与杀鼠剂法》是两个完全相反的观点的一个折中。它原来的版本是致力于征服自对广泛的非目标物种,有时包括人类,也是有毒的。每年美国使用的农药超过十亿磅。

由于滴滴涕及类似产品源于大量增加作物产量的战时的研究,所以,第二次世界大战后杀虫剂在美国的使用迅速扩大。1947年,国会颁布了《联邦杀虫剂、杀菌剂与杀鼠剂法》[①]。就像它的始祖——1910年的《联邦杀虫剂法》,《联邦杀虫剂、杀菌剂与杀鼠剂法》最初是作为保护消费者的措施而颁布的,它并没有关注环境保护。这个最初的《联邦杀虫剂、杀菌剂与杀鼠剂法》有两个目标:(1)确保农药能够发挥它的基本功能(例如,它是有足够的毒性杀死目标害虫的);(2)通过标签说明来保护农药使用者的健康。实际上,该法令假定的是农药只会危及农民和其他使用者。尽管《联邦杀虫剂、杀菌剂与杀鼠剂法》要求农药产品需向农业部"登记",但是这种要求是没有用的;因为农业部无权拒绝登记。在这个时候,关于农药对人类健康和环境的长期影响还所知甚少。例如,1957年,在 Murphy v. Benson(E. D. N. Y. 1958)案中,尽管有受影响居民的激烈抗议,联邦地区法院还是拒绝禁止向纽约长岛郊区空中喷洒滴滴涕。

1962年,蕾切尔·卡逊著名的著作《寂静的春天》使美国公众意识到了杀虫剂的危害和现有法律的不足。1964年,国会授予农业部拒绝登记和取消现有登记的权力,增加了《联邦杀虫剂、杀菌剂与杀鼠剂法》的威力。执法权在1970年被转移到了新的美国环保署。后来一系列的修正案——尤其是1972年的《联邦环境杀虫剂控制法》——将《联邦杀虫剂、杀菌剂与杀鼠剂法》塑造成了目前的形式:保

---

① 7U. S. C. A. § 136 et seq

- 都准许美国环保署禁止或限制新的和现有的产品市场准入。

大多数联邦环境法律的定位是处理作为废物的有毒物质的(例如,《资源保护和恢复法》《综合性环境响应、赔偿和责任法》《清洁水法》和《清洁空气法》)。像《联邦杀虫剂、杀菌剂与杀鼠剂法》和《有毒物质控制法》这样的市场准入控制法律则把重点放在了产品上。作为一种监管有毒物质的对策,这种关注有一些优势。在许多情况下,这是防止像人类失去生命或重要环境恶化这样无可挽回的"下游"损害的最有效的手段;如果产品从来没有进入市场,它就不能造成伤害。这种方法也减轻了危险废物清理的压力;如果产品从来没有进入市场,它就不能变成废弃物。因为产生者的数量少,所以执行会变得很容易;因为这种方法不会涉及土地使用限制,所以当地的政治反对派也会最小化。最后,因为市场准入不可避免地与州际贸易联系起来,所以联邦监管的宪法基础也是完善的。尽管这种方法存在理论优势,但是在实践中,《联邦杀虫剂、杀菌剂与杀鼠剂法》和《有毒物质控制法》都被证明是令人失望的。

3.2 农药:《联邦杀虫剂、杀菌剂与杀鼠剂法》(FIFRA)

3.2.1 序言

农药监管引起了一个经典的悖论为了保护环境,我们对旨在改变环境的物质的反对应该到什么程度?农药是专为杀死或影响特定动植物种而特意引入到环境中的有毒物质。然而,大多数农药不仅对"目标害虫"是有毒的,而且

第 3 章 监管有毒物质的生产和销售

3.1 概述

有毒物质监管的基础是市场准入控制。杀虫剂以及其他许多有毒物质都是作为有用的产品生产出来的。假定一种杀虫剂叫 lemdipyle，它被成功地用来根除了近百种农作物上的蚜虫、甲虫、飞蛾和类似的昆虫。然而，lemdipyle 对人类和其他哺乳动物却是有毒的，即使相对很低的剂量都能导致死亡；它是农场工人中毒的主要原因。我们应该在什么情况下允许像 lemdipyle 这样致命产品的制造和销售？

监管有毒物质市场准入的两个关键性的联邦法令是：应对农药的《联邦杀虫剂、杀菌剂与杀鼠剂法》，以及涵盖大多数其他化学物质的《有毒物质控制法》。尽管有显著差异，但这两个"守门人"法令有着某些共同的特征：

- 都要求在产品制造开始之前通知美国环保署；
- 都规定向美国环保署提交测试数据和其他产品信息；
- 都要求美国环保署依据成本效益方法来决定是否监管一种产品；

康的监管,并且是一个专业管理者的决定,我们将不需要一步一步地证明因果关系。[①]

虽然有一个好的开始,但是司法对化学物质监管行动的遵从程度基本仍是未知的。事实上,正如在后面章节中详细讨论的,法院使这个领域中许多备受瞩目的监管努力都无效了。例如,在 Gulf South Insulation v. CPSC(5th Cir. 1983)案中,CPSC 关于脲醛泡沫绝缘材料的禁令被宣告无效,该禁令是经过 6 年调查研究的结果。美国环保署的石棉禁令——10 年研究的成果,在 Corrosion Proof Fittings v. EPA 案中被宣告无效。在 Industrial Union Department,AFL-CIO v. American Petroleum Institute(S. Ct. 1980)案中,最高法院取消了职业安全和健康署关于苯的限制条件。

但是,在 Massachusetts v. EPA(S. Ct. 2007)案中,最高法院 2007 年的判决标志着应对科学不确定性的一种新的司法方法。该案中,美国环保署拒绝监管温室气体,部分原因是因为数据不完整。法院回应:美国环保署不能通过有关气候变化的各个方面都存在不确定性、并得出结论因此在这个时间最好不予监管的方式,来逃避它的法定(监管)义务。如果科学不确定性如此严重,以致妨碍了美国环保署对温室气体是否促使全球变暖做出合理的判断,美国环保署必须这样说。那么,由于仅剩的一些不确定性,美国环保署就不想去监管温室气体……这是不能接受的。

[①] Reserve Mining Co. v. EPA(8th. cir1975)(在某种程度上认为,依据《清洁水法》中的相似的健康基础条款,应当禁止含有石棉纤维的废物排放到 Lake Superior,即使"危害的可能性是很有可能的"。)

花费 5000 万美元,那么监管 exomine 是合理的吗？或者,如果 exomine 禁令会拯救一个濒临灭绝的青蛙物种,但是需花费 1 亿美元,美国环保署应如何回应？

2.4 风险监管的司法反应

当然,美国环保署和其他机构监管危险废物和有毒物质风险的行动要受到司法审查。然而,相比传统普通法方法的建议,法院已被证明更多地支持这种监管。有两个原因可以解释这种区别。第一,法院认为,国会是把有关这个问题的联邦法令作为预防性法律的。因此,即使不能证明未来伤害的可能性,它们也会支持行政监管。第二,在这个舞台上,司法的作用通常是审查行政行为,而不是做出一个独立的决定。因此,与行政法原则标准一致,法院在评价机构的决定时,通常使用一个恭顺的审查标准。

哥伦比亚特区巡回法院对 Ethyl Corp. v. EPA(D. C. Cir. 1976)案的 1976 年判决象征着防范风险的新的司法意愿。应用《清洁空气法》以健康为基础的标准,即允许监管"将会危及公众健康或福祉"的物质,美国环保署命令减少汽油中的铅含量。铅添加剂的产生者们反对这项命令,他们认为,只有在能够证明汽车尾气铅排放会导致实际危害时,该条才允许美国环保署进行监管。法院回应：

判例法和权威定义都认为,危及意味着没有达到实际的伤害。……允许监管面临的危险的法令一定是预防性的法令。监管行动必须在危害发生之前进行。……当一部法令在本质上是预防性的时,证据是很难得到的、不确定的和相互矛盾的,因为它处于科学知识的前沿,旨在保护公众健场准入时所使用的基本方法。同样,如在第九章所阐释的,尽管依据《综合性环境响应、赔偿和责任法》在确定需要清理的程度时,公众健康保护和一些其他目标通常是必须考虑的,但是特定环境恢复措施的选择也必须是有"成本效益"的。

假定美国环保署依据《有毒物质控制法》考虑是否禁止exomine进入市场。使用《有毒物质控制法》的成本效益标准,美国环保署会衡量exomine禁令的效益和它的成本。监管的效益包括:(1)每5年拯救1个人的生命;(2)可能会减少由exomine引起的非致命的疾病。禁令的成本包括:(1)迫使大多数面包店破产(包括由于面包店工人失业而产生的经济和社会成本);(2)面包消费价格上涨。平衡的结果可能会倾斜于反对禁令,而不管exomine引起的公认的健康风险。或者,美国环保署使用《有毒物质控制法》的其他监管方式(例如,限制面包店使用exomine的数量;要求只有在安装了特定的工艺后才能使用exomine;或者要求面包店提醒消费者exomine的危险)进行成本效益分析。

尽管成本效益分析被广泛使用,但是仍存在一些弱点。由于数据缺乏、科学不确定性和其他原因,所有的效益和风险是可以量化的基本假设往往是有缺陷的。而且,在大多数情况下,监管成本(例如,添加新设备或改变生产方式的花费)比健康效益相对容易计算;危险废物和有毒物质带来的风险通常很难确定。这种差异往往倾斜于反对监管的分析。

最根本的是,在财务成本与人类健康效益(或环境保护)之间进行衡量的任何努力都出现了一个非常难的政策问题,即平衡点在哪里。例如,如果挽救一个人的生命需要

2. 可行性标准

第二种风险管理方法是,到目前为止在现行技术、经济和其他限制条件下维护公众健康是"可行的"。这种观点体现在一系列联邦法令中,包括:

• 《清洁水法》的有毒水污染物标准(§301(b)(2)(A):使用"经济上可行的最佳技术");

• 《清洁空气法》的危险空气污染物标准(§112(d)(2):可获得的最大程度的减少);

• 《职业安全和健康法》的有毒物质标准(§6(b)(5):监管那些"最充分的保证……没有员工会遭受健康或身体机能损害,在某种程度上可行的")。

这些标准只在法律规定的"可行性"限制下保护公众健康。例如,根据《职业安全和健康法》所使用的可行性方法,要确保工作场所的安全,禁止面包房使用 exomine 在经济上可能是不可行的;这一禁令会导致大多数面包房破产。相反地,这种方法可能要求安装能够减少危害面包店工人的 exomine 浓度的新的昂贵的工艺。尽管这种要求会增加面包的价格,但是在技术上和经济上都具有可行性。

可行性标准有时被攻击为是纵容可避免的健康风险。但是,因为它们比健康标准更容易执行,许多评论家认为,可行性标准最终能够提供更好的健康保护。

3. 成本效益标准

依据成本效益分析方法,只有在效益超过成本的情况下,监管才是合适的。它是联邦环境法律中主要的风险管理标准,尤其是在危险废物和有毒物质管理法律中。因此,正如在第三章所讨论的,成本效益分析是《联邦杀虫剂、杀菌剂与杀鼠剂法》和《有毒物质控制法》在决定有毒物质市害"。① 以健康为基础的标准的其他例子包括：

• 《清洁空气法》污染物标准（§109(b)(1)："必要的保护公众健康"标准）。

• 《安全饮用水法》最高污染水平控制目标（§1412(b)(4)）："对人体健康不会发生任何已知或预见的不利影响的水平，提供足够的安全边际的水平"）。

可能最著名的以健康为基础的标准就是《食品、药品和化妆品法》中被称为"德莱尼条款"的部分，它禁止使用"发现……在人或动物中致癌"的食品添加剂，而无论致癌风险的级别，也不管这种物质的益处如何。正如第四章所讨论的，这种绝对的标准是很有争议的。

抽象来讲，以健康为基础的标准通过忽略非健康关注点，为公众健康提供了最佳保护。在上述讨论的假设中，适用健康标准会导致在事实上禁止面包店使用 exomine，即使这会迫使大多数面包店关闭，也会使幸存的面包店将面包价格变成三倍。因为 exomine 是已知能够导致实验动物患癌症的，含有 exomine 的面包会被视为是"掺假的"，并且根据联邦法律这是不能出售的——依据上述"德莱尼条款"。但是，以健康为基础的标准的效果经常会被经济的、社会的和政治的考虑破坏。例如，在第五章中讨论的，《清洁空气法》中起初的危险空气污染物条款——依据健康标准的——是特别不成功的。意识到执行该条款将会关闭美国工业的主要部分，美国环保署通过拒绝将污染物指定为"危险的"来规避它。一般来说，在过去二十年，已经看到了一个不再依赖健康标准的转变。

---

① 21U.S.C.A.§346(b)(2)(C)(ii)(I)

设 exomine 会导致每 5 年死亡 1 人,那么这种风险足够重大到需要去监管吗?如果需要,什么样的监管方式适合将 exomine 风险减少到可接受的水平?另外,有人可能会问:(1)这种物质是"安全的"吗?(2)如果不安全,我们怎样把它变成"安全的"?这两个问题提出了一个基本政策问题:怎样的安全是"安全的"?或者,在危险废物清理的情形下,怎样的清洁是"清洁的"?

我国缺乏统一的风险管理政策。事实上,在如下这些基本问题上有广泛的分歧:(1)风险管理的目标是什么?(2)我们应如何严格地监管一个已知的风险?(3)哪些风险需要监管?因为我们的风险管理方法是严重支离破碎的,所以这些问题没能很容易地用一般术语进行回答。而管理危险废物和有毒物质的联邦法令体现了三种广泛的风险管理方法,每种方法下的法令都有相当大的差异。根据具体情况,国会指导联邦机构使用:(1)以健康为基础的标准;(2)可行性标准;(3)成本效益分析。因此,是否监管和怎样监管 exomine 将取决于可能适用的法令的具体规定。

1. 以健康为基础的标准

有时风险管理的首要目标是公众健康保护。以健康为基础的标准体现了这样的观点:对人类生命的风险从不需用经济的、社会的和其他因素来证明。因此,一些联邦法令要求,对化学品监管要在适当程度上保护人类健康,而不管随之而来的社会或经济后果。例如,1996 年的《食品质量保护法》要求美国环保署设定食品中农药残留的上限,以"确保能合理确定婴儿和儿童接触后不会对其造成危剂量而导致风险增加的可能太小以致于很难检测到。第三,评估长期暴露的影响的研究期间可能太短了。如果没有更多的研究,科学家将不会知道哪个解释是正确的。

3. **暴露评估**:人类和环境在多大程度上实际暴露于这种物质

美国环保署接下来必须确定人类和环境实际暴露于 exomine 的程度。暴露评估常被不完整的数据所困扰。例如,假设美国环保署要评估消费者对于 exomine 的暴露。假设面包中的 exomine 平均浓度水平是可以测量的。从该来源摄入的 exomine 数量,将会由于每个人的饮食而有很大不同。而且,即便假设是同等剂量的 exomine,有些人群(如婴儿、孕妇和老年人)可能会比其他人群更容易受到不良健康影响。最后,exomine 和其他致癌物质的结合可能会提高癌症风险,远远超出了仅有 exomine 可能出现的风险;然而,这种协同效应的数据很难获得。除了消费者,美国环保署还要考虑暴露于 exomine 的群体(例如,生产 exomine 的工人,使用 exomine 的面包房工人,暴露于 exomine 废弃物的人)。

4. **风险表征**:风险的总体特性是什么

最后,美国环保署必须评估风险的总体特性。它是结合危险识别、剂量反应评估和暴露评估数据而得出的最后结论。整体风险可用定性(如高风险)或定量的术语(如每年有 10 个新增癌症病例)表达。基于上述假定的 exomine 数据,假设美国环保署推断:在美国 exomine 可能将会导致每年有 0.2 个人死亡(即每 5 年死亡 1 人)。

2.3.2 风险管理:怎样的安全是安全的

风险管理是审查法律制度应怎样应对已知风险的。假靠性远不如流行病学研究和动物生物测试。

2. 剂量反应评估:在什么水平上暴露于这种物质("剂量")会产生不利影响("反应")

假定 exomine 会危害人类或环境,美国环保署接下来必须确定危害第一次发生时的剂量。对于确定导致疾病的最低暴露水平,流行病学数据通常太模糊了。于是,科学家通常依赖源自动物生物测试数据的外推法来预测剂量反应关系。例如,如果有 100 个啮齿动物,每个每周摄入 20 微克 exomine,后来有 5 个出现了"额外"的癌症肿瘤(也就是说,高于预期背景情况下的数量),那么,20 微克/周的剂量能导致啮齿动物患癌症的推理就产生了。但是,很难将这种结果转化为人类的相关数据。由于体重、新陈代谢、免疫系统及相关因素的不同,人类每周摄入 20 微克或更多的 exomine 可能不会遭受不利影响。

另一个问题涉及从高剂量到低剂量的推断。为了确保实验结果具有统计学意义(即不是偶然机会引起的),实验室动物通常被暴露于测试物质的程度会比人类实际暴露程度大得多。假设上述 exomine 的实验中,接收 20 微克/周剂量的啮齿动物有 5% 出现了"额外"的肿瘤,但是,接收 10 微克/周剂量的所有啮齿动物仍然是健康的。这种结果有三种可能的解释。第一,在 10 微克/周和 20 微克/周之间的某个地方可能有一个阈值,低于它就不会导致癌症。[①]第二,鉴于测试动物的数量(例如,1000 中有 1 个),因为低

---

① Chlorine Chemistry Council v. EPA(D. C. Cir2000)(因为证据显示的是阈值影响,而使美国环保署的三氯甲烷污染物规则无效,该规则假定剂量反应曲线是直线的。)

据来确定导致疾病的因素。他们研究的是疾病的发生和某一特定风险因素之间的相关性(例如,肺癌与吸烟之间)。例如,在"定群研究"中,科学家要确定,在日常生活中(例如在工作场所)暴露于 exomine 人群的发病率是否在统计学上大于未暴露人群的。另外,在"病例对照研究"中,科学家要评估疾病受害者是否比未受影响的人明显更多地暴露于 exomine 之中。周详的流行病研究能够提供有价值的人类风险的证据。然而,这种研究有各种弱点:(1)它经常很难将一种物质的影响与其他媒介物的影响分离开来;(2)从暴露于化学物质到疾病发生的潜伏期可能会很长(40 年);(3)很难收集数据,尤其是在暴露人群较少的情况下;(4)它经常很难基于高剂量推断低剂量情况下的结果;(5)现有技术不能评估新的化学物质,因为它是基于历史接触数据的。

• 动物生物测试:风险识别最常用的技术是动物生物测试,在测试中,实验动物在受控条件下被暴露于一种可疑化学物质之中。例如,为了评估 exomine,科学家可能会将啮齿动物群体暴露于该物质之中多年,然后对在一个对照组中发现的癌症和其他疾病发生率进行对比。测试动物的阳性结果一般(但慎重地)被认为是对人类有风险的信号。然而,种间比较并不是始终如一地可靠。而且,动物生物测试是昂贵的(超过 2 百万美元)、漫长的(两年多),并且获得的数据是有限的(通常只有一些暴露水平可以进行测试)。

• 其他技术:因为很多诱变物质(如损害 DNA 的那些物质)也是致癌物质,所以,确定一个特定化学品是诱变剂的短期实验可能会认为它也是致癌物质。此外,科学家有时会对一个可疑物质的分子结构与已知致癌物质的结构进行对比。尽管这两种技术相对快速和便宜,但是它们的可险时,应更多地把公众考虑进去,而不仅仅是可能性和危害程度。例如,人们低估了常见的、自愿遇到的以及认为是可控的危险的实际风险,比如开车。相反,应用同样的因素,人们往往高估了危险废物和有毒物质造成的量化的风险。根据这种观点,风险等于可能性乘以量级,再加上愤怒因素)。

在讨论风险时,区分背景风险和附加风险是很重要的。例如,每个人已经有预先存在的、在他的一生中患癌症的背景风险;这种风险约是 1/4。风险评估过程是要询问暴露于嫌疑物质会产生多大的附加风险(例如,癌症风险会增加 1/1000000)。

美国环保署和其他监管机构使用的风险评估方法是建立在"联邦政府风险管理:管理过程"之上的,这是 1983 年国家研究委员会所做的具有里程碑意义的研究。这种方法涉及四个步骤:(1)危险识别;(2)剂量反应评估;(3)暴露评估;(4)整体风险表征。以下将以上述讨论的假定物质"exomine"问题为例来讨论风险评估过程。美国环保署将会怎样评估它的风险呢?

1. 危险识别:这种物质是否会对人类健康或环境造成不利影响

美国环保署必须首先确定 exomine 是否会危害人类健康或环境。尽管评估对人体健康危害的最准确的方式是实验室研究,即把受试主体暴露于一个可疑化学物质之中,但这种实验在道德上是被禁止的。因此,科学家必须使用可替代的方法,主要是流行病学研究和动物生物测试。这些方法的可靠性往往是有争议的。

- 流行病学研究:流行病学专家尝试通过分析统计数

邦法令中的标准,美国环保署能够决定是否监管"exomine",并且,如果监管,怎样来监管。

风险监管过程通常分为两个阶段:(1)风险评估;(2)风险管理。首先,风险评估要评估某一特定化学品造成的风险。一旦风险是已知的,风险管理要解决的是法律制度应该怎样监管该风险。理论上,风险评估和风险管理之间有一个清晰的界限:风险评估是由科学家和其他技术专家执行的一个纯粹的科学努力,而风险管理只是一个由立法者和监管机构解决的公共政策问题。然而,在实践中是很难将二者分隔开来的。例如,风险评估不可避免地会引起重要政策问题(例如,当剂量反应曲线处于低剂量时,应做出怎样的认定?)。同样,联邦机构试图达成风险管理决定必须经常基于不完整的和不完美的数据。因此,科学不确定性遍及这两个阶段。

2.3.1 风险评估过程

某一特定物质能造成多大的风险?风险评估过程力图回答这个问题。它是用来确定一个物质是否值得监管的主要工具。最难的风险评估问题是,少量的特定物质经过很长一段时间是否会给人类健康带来有害影响。

监管方法将风险定义为两个因素的产物:危害的可能性(危害发生的可能性有多少?)和危害的程度(如果发生危害,它的严重性如何?)。简而言之,风险等于可能性与量级的乘积。例如,10%的可能性将有200人死亡,被认为要比50%的机会将有5人感染流感是更大的风险。这种定量的风险评估试图确定化学品造成的实际风险(虽然这个过程依然是主导模式,但很多人认为这是不完整的,因为它没有考虑公众对危险的反应,被称为是"愤怒"因素。在评估风的话,则不会得到司法救济。

关于普通法应对风险的方式,在最高法院1906年对Missouri v. Illinois(S. Ct. 1906)案的判决中有很好的阐释。密苏里州试图禁止芝加哥向密西西比河支流排放受伤寒病菌污染的污水,据说污染了圣路易斯居民使用供水系统,密苏里州认为这是一个公共妨害。每年数以百计的圣路易斯居民死于伤寒症。主要问题是当含有伤寒病菌的水到达密苏里州的时候,其效力是否还足以引起疾病。Holmes法官强调,完全依靠感觉不能发现污染——没有明显增加的污秽,没有新的味道。……原告的案件依赖于一个看不见的推理。各方都提出了专家证词来支持自己的立场,以致Holmes法官得出这样的结论:"双方专家证词之间存在绝对的矛盾"。面对这样相互矛盾的证词,法院认为密苏里州未能满足其举证责任,并拒绝限制芝加哥的排放。

2.3 监管风险的方法

与普通法观点相比,应对风险的监管方法关注的是防止潜在危害发生。因此,国会解决危险废物和有毒物质导致的风险的方式是,授权美国环保署和其他联邦机构监管这些物质,而无需确凿证据证明对人体健康或环境有害。在这一领域的典型的联邦法令授予了责任机构广泛的自由裁量权来决定:(1)监管哪些物质;(2)使用哪些监管方式。例如,假设美国环保署对"exomine"带来的健康风险表示担忧,"exomine"是假设的一种用于维护面包房设备的化学品。根据《有毒物质控制法》(见第三章)和其他适用的联的车相撞后,A起诉B;他们都宣称自己是在绿灯的时候进入交叉入口的。事实上只有一个灯是已经变绿的,但是哪一个呢?普通法在这种情况下功能良好。它的目标是查明一个历史事实——确定过去某一特定时刻每个灯的颜色。能够确定这一事实的足够的信息是已经存在的(例如,有洞察力的目击者、照片、刹车痕迹)。这些信息能被有才干的律师收集到,并且很容易被缺乏专业技术的法官和陪审团理解。相反,假设A在事件没有发生之前起诉B,并且要求法院保护他免遭被B的汽车碰撞的风险。普通法能为A的控诉提供相应的理论吗?怎样能确定这种风险?尤其是,A怎样能证明将来事件发生的可能性?

普通法体系的基本假设——根据已经存在的信息来确定真相,不适用于由危险废物和有毒物质造成的风险这种特殊案件。这些物质存在着科学不确定性的问题。在很多情况下,对某一特定物质的健康和环境风险进行评估所必备的数据是根本不存在的;它们超出了人类知识的前沿。而且,当能够获得这些信息的时候,它通常也是不完整的、不一致的。因此,普通法体系在很大程度上忽视了这种困境,求助于像举证责任这样的常见概念。

普通法方法几乎完全集中于证明危害的可能性。因此,寻求防止危险废物和有毒物质风险的原告,要遵循适用于所有民事案件的一般证据标准。他被要求通过一个优势证据来证明将来危害会实际发生。比较起来,这种方法在很大程度上忽视了风险引起的危害的严重程度。法律没有规定防止低概率/严重程度高的风险。因此,能够证明有51%可能性会导致几个人暂时性疾病的行为可能会被禁止。然而,如果一种有毒物质杀死几百人的可能性是10%

损害。即使是管理危险废物清理的关键性联邦法令——《综合性环境响应、赔偿和责任法》,其前提也是避免对人类和环境造成未来的伤害。因此,几乎被限定了,监管决定必须经常是基于不完整的、模棱两可的、不精确的信息。另一方面是选择性法规。一般而言,由联邦当局考虑现有科学数据和其他信息,具体问题具体分析来决定是否监管化学物质。而且,一旦做出了监管某一化学物质的决定,监管方式根据情况而有所不同。完全的禁止是很少有的。几乎经常采用的是为特定化学品制定限制较少的方法(如,数量上的限制、使用条件和警示要求)。

本章考查了应对风险和科学不确定性相互关联的问题的法律体系。简观普通法应对风险的方法,它关注于风险评估技术和目前联邦当局监管化学物质中使用的风险管理方法。然后,考查了联邦机构对于风险监管的一般的司法应对。

2.2　普通法对于风险的处理方式

妨害及其他普通法规则未能保护公众免受危险废物和有毒物质的危险。结果在这一领域由联邦法令占据主导地位,普通法规则只是一个配角,这在第十三章中讨论。在某种程度上,普通法失败的原因是在于它应对风险的简单方法。

普通法体系主要是调整和解决已实际发生的过往事件的纠纷,而不是潜在的将要发生的风险。更重要的是,普通法体系假设存在足够的信息来证明真相。例如,考虑一个简单的交通事故。假定 A 驾车向北,B 驾车向东。当他们例如,美国国家科学院研究发现,它所调查的商业用化学物质中有86%以上的物质缺乏足够的数据来评估其健康风险。因此,科学家经常无法回答两个关键问题:

- 哪些化学物质对人类和环境是有害的?
- 在多大程度上暴露于危险化学物质中是"安全的"?

例如,关于化学物质所引起的癌症风险只有有限的数据是可用的;对非癌症人类健康风险和环境风险的研究更少。而且,即便知道大剂量的化学物质能导致死亡或严重伤害,长时间的小剂量的影响通常是未知的。能够使科学家发现极微水平(即,兆分之一)化学物质的科技进步加剧了这种不确定性问题。简而言之,我们发现化学物质的能力远远超过了我们预测它们危险的能力。

鉴于科学不确定性,法律体系应怎样应对这些风险?一种选择是推迟任何回应,直到某一特定化学物质导致了严重的显著的损害(如,数以百计的人死亡)。但是,这种方法所导致的人类痛苦是不可忍受的;法规的目的是在第一时间防止危害的发生。第二种选择是在另一个极端,即禁止所有有潜在危险的化学物质。但是,这种严厉的规则会使现代工业社会停滞不前。在日常生活中,人类的食品、药品、住房、服装和交通都依赖于化学物质。制造业、采矿业、农业以及其他重要的产业都依赖于成千上万种已知或疑似有害的化学物质;并且这些产业所产生的副产品和废弃物也构成了类似的威胁。因此,人类和环境被暴露于各种各样的潜在危险物质之中。

有关危险废物和有毒物质的法规避开了这两种选择,走的是中间路线。一方面是一般预防性法规。联邦法规框架的主要目标是防止危害的发生,而不是环境恢复过去的

第 2 章 风险和科学不确定性

2.1 概述

生活充满了风险。正如最高法院在 Industrial Union Department, AFL－CIO v. American Petroleum Department(S. Ct1980)案中所认为的,"我们每天从事的许多活动——例如开车或呼吸城市中的空气——都会引起一些风险的发生或者重大健康损害"。

然而,由危险废物和有毒物质产生的独特风险造成了特别的公众恐惧。为什么?当然,部分原因是这些物质造成的危害的严重性:大规模的人类(或环境)死亡或严重伤害。例如,在印度博帕尔,一种有毒气体的释放就造成了成千上万人死亡。同样地,每年全世界由这些物质所引起的癌症病例不计其数。其余的答案存在于影响公众对这种风险的认知的因素。一般而言,人们常常会过高估计危险废物和有毒物质危害他们的可能性。这是因为:(1)这种风险对他们来说是不熟悉的;(2)他们并非自愿选择遭遇它;(3)他们没有能力控制它。

应对这种公众担忧的监管所遇到的主要障碍是:科学不确定性。关于化学物质对人类和环境的影响所知甚少。

都包含公民诉讼的条款。这些条款允许公民个人或组织起诉违反法令和监管方案的私人当事人。所有法案的附加条款都允许公民个人起诉违反法定指令的美国环保署。

- 技术变革：在这一领域的技术要比旨在规范它的法令发展的快得多。例如，快速发展的生物技术领域可以想象到能产生威胁环境的新的混合生物。由于国会还没有立法专门设计管理这个领域，美国环保署对此尝试利用《有毒物质控制法》，尽管《有毒物质控制法》是为监管有毒化学物质而起草的。

形成上,法院表现出了与美国环保署专业知识的巨大区别。它们会支持机构的行动,除非它是"任意的和无效的"或缺乏"实质性的证据"。然而,它们会仔细研究美国环保署的执法过程;许多规定就是由于程序性理由而被推翻了。但是,法院极少推翻美国环保署对一项授权法令的解释。然而,在两个领域中,法院继续在法律制定中扮演着主要角色。第一,根据《综合性环境响应、赔偿和责任法》,法院大多形成了补救被危险物质污染场所的责任管理标准。第二,与传统侵权行为实践直接联系,法院继续发展了由这些物质所导致的人身伤害和财产损害的赔偿管理规则。

• 州法律的作用:由于危险废物和有毒物质问题涉及重要国家利益,国会在这个领域进行了大量的立法。结果是,法律框架主要是联邦层面的。然而,州法律在两个领域中仍是最重要的。第一,在大多数情况下,联邦法律仅仅是设定一个下限,州不能低于这个下限。州通常会制定更为严格的要求。在这一领域,预先制止更为严格的州法规的情况还是少见的。第二,几乎没有联邦法律管理由有毒物质或危险废物引起的人身伤害或财产损害的责任,所以,这一领域仍然几乎完全由州法律管理。

• 州执法:州一直是一个重要的执法角色。在许多联邦监管方案中(尤其是那些监管有毒物质向空气、水体和饮用水排放的方案和管理危险废物处理、储存、处置的方案),美国环保署授权许多州作为法定方案的主要执行机构。美国环保署保持着主要的执法权力,并且如果州有不适当行为的时候,美国环保署可以介入。但是,依据这些法令的大量执法是由经过授权的州执行的。

• 私人实施:除了州执法,几乎所有的重要联邦法令

《资源保护和恢复法》将会控制它们的储存、处理和最终处置。

• 清理:《综合性环境响应、赔偿和责任法》是授权清理处理不当的危险物质的主要联邦法令,在第七章到第十二章中阐释。因此,如果"Kylonite"废物被丢弃到了他人的农场,《综合性环境响应、赔偿和责任法》可能会授权美国环保署清理这个场所。《资源保护和恢复法》也包含有重要的清理权力,在第十二章进行解释。

1.3.2 其他监管主题

把这些不同组别的法令组合在一起的其他共同主题包括如下:

• 关注人类健康:实际上,这些法令在很大程度上是保护人类健康的。尽管立法语言经常表达为对环境质量的关注,以及授权美国环保署保护环境而不是人类健康,这一法律分支在很大程度上被忽视了。

• 监管实施:美国环保署通过三种主要途径执行这些管理法令。第一并且是最重要的,它发布具有法律效力的管理法规,对美国环保署和受监管的公众都具有约束力。第二,美国环保署发布解释性裁决、政策声明和指导文件。这些材料提供了美国环保署监管重点的大量信息。第三,美国环保署能够提起执法诉讼,这些能将行政和司法判例置于他们的法律解释中。除了这些正式的监管工具,美国环保署还维护了巨大的关于有用信息的数据库。公众可以通过出版物、电话"热线"以及越来越多地通过网络来获得这些信息。

• 有限的司法作用:在这个领域里,法院在政策制定中扮演了一个相对次要的角色。一般而言,在规定的细节量的"Kylonite"排放到空气和水中。

- 处置:从化工厂和元件厂产生的"Kylonite"废物将会被丢弃。
- 清理:最后,任何处置不当的"Kylonite"废物将会被清理。

就像把拼图玩具组合在一起,如果把调整有毒物质和危险废物的各种联邦法令视为是致力于监管化学物质生命周期的不同阶段的话,那么这些法令更有意义。因此,本书的篇章就是围绕生命周期方法组织的。

- 生产/销售:管理化学产品市场准入的两部主要联邦法令在第三章有讨论。《联邦杀虫剂、杀菌剂与杀鼠剂法》(FIFRA)监管农药,而《有毒物质控制法》(TSCA)监管其他化学物质。"Kylonite"可能是由《有毒物质控制法》来禁止或限制的。
- 使用:有一些法令是监管化学品的使用的,在第四章有所介绍。根据《职业安全和健康法》(OSHA)的规定,在化学工厂和元件厂要通过安全装备保护工人避免暴露于"Kylonite"。如果含有"Kylonite"的电话给消费者带来危害,根据《危险物质法》(HSA)或《消费品安全法》(CPSA),"Kylonite"的这种使用可能会被限制。
- 释放:调整向大气和水体排放化学物品的三部主要联邦法令,即《清洁空气法》(CAA)、《清洁水法》(CWA)和《安全饮用水法》(SDWA)是在第五章阐述的。因此,向大气排放"Kylonite"可能由《清洁空气法》来控制,而水污染则会根据《清洁水法》和《安全饮用水法》解决。
- 处置:危险废物的处置是由《资源保护和恢复法》管理的,在第六章中阐释。如果"Kylonite"废物是有毒的,具体来讲,危险废物是指由《资源保护和恢复法》(RCRA)中 C 节所调整的物质。同样,虽然《综合性环境响应、赔偿和责任法》(CERCLA)调整更加宽泛的"危险物质"的清理,但它主要关注的还是已经被释放到环境中的危险废物。

1.3 危险废物和有毒物质管理

管理危险废物和有毒物质的法律主要体现于一系列复杂的联邦法令。大约有十几部主要法令和一些辅助法令共同组成的法律架构。在几乎所有情况下,国会要求美国环保署通过制定监管措施来充实这些法令。这种不同法令的增加——每一部都有自己的定义和监管规定——经常会导致重叠、前后矛盾和不一致。而且大约每 10 年,国会都会大幅修改每一个主要法令,进而增加了混乱。

1.3.1 管理架构:生命周期方法

理解这一复杂而分散的系统的关键是关注某一化学物质的"生命周期"。例如,考虑一个假设的新化学品,被称为"Kylonite",是用来生产手机零组件的。假定"Kylonite"是一种有毒物质。每一磅"Kylonite"都有一个可预见的、始于它的诞生(制造)终于它的灭亡(清理)的五个阶段的生命周期。

• 生产/销售:首先,它由化学公司制造出来,并且通过州际贸易经销到元件厂。

• 使用:在元件厂,"Kylonite"会被组装到电话机中,销售给全国各地的消费者。

• 释放:在化学公司和元件厂的生产过程中,会有少致癌症("致癌物质"),导致出生缺陷("致畸"),产生诱变("诱导有机体突变的物质"),或者损害神经系统("神经毒素")。认识到一种物质可能危及生命体的多种不同的途径,"有毒物质"的法定定义通常很宽泛。例如,《清洁水法》§502(13)把"有毒污染物"定义为:在被排放和被暴露之后,直接从环境中或间接通过食物链而摄取、吸入或吸收到任何生物体,将会导致生物体或他们的后代死亡、疾病、行为异常、癌症、基因突变、生理障碍(包括繁殖障碍)或身体变形的物质。有毒物质的例子包括石棉、杂酚油、甲醛、多氯联苯和氯乙烯。在最近几年,有毒物质的定义扩大到包括基因工程微生物,并且随着科技的进步,这种趋势还会继续。

另一方面,像造成全球气候变化的二氧化碳和其他温室气体不是有毒物质。正如最高法院在 Massachusetts v. EPA(S. Ct. 2007)案中所认为的,"与气候变化相关的损害是严重的并且已经充分认识到的"。但是这些损害是由极大量的温室气体引起的,不像有毒物质那样,只需少量就会导致伤害。

1.2.2 什么是"危险废物"

相反,危险废物是在一定条件下会给人类健康或环境造成威胁的、被丢弃的有毒的或危险的物质。例如,一桶废弃的有毒物质可以被认为是危险废物。废物被认为是危险的,是因为它们具有破坏财产和生命的潜在性。因此,除了它们对生命体的影响,腐蚀性的、易起化学反应的、可燃性的材料常被视为危险废物。这些材料本质上并不是有毒的,但是如果不正确地对待、运输、处置、储存就会变得有危险。

现，生活在化学品、石油、橡胶或塑料生产工厂一公里范围内的样本人群患某些癌症的发病率增加了。许多科学家现在相信，暴露于化学品至少能导致一些癌症病例。然而，责任化学品的特性、最低剂量水平、最低暴露期间以及证明因果关系的精确方法在很大程度上还是未知的。

1.2 "危险废物"和"有毒物质"的定义

正如这本书的标题所示，管理危险物质的法律大致区分了危险废物和有毒物质。在某种意义上，它们都包含于更广泛的"危险物质"。但是调整危险物质的法律是沿着两条主线发展的。第一，法律的主要部分是预防性的；它们控制有毒物质的制造、使用以及可允许的释放，目的是为了使人类和环境的暴露最小化。然而预防方案通常是不完善的，关于有毒物质的部分也不例外。第二，有追溯效力的法律分支发展起来了。它监管那些被称为危险废物的危险物质的处置和清理。

在这一领域还没有形成统一的术语。正如下面所要讨论的，每一部法令对它所调整的物质有不同的表述（例如，"有毒污染物质""有毒材料""极危险物质""危险物质"和"危险废物"）。然而，从广义上讲，有毒物质和危险废物通常是指由这两个法律分支所调整的那些材料。

1.2.1 什么是"有毒物质"

一般而言，有毒物质是相对少量就能致人死亡或严重伤害，或者对环境产生重大损害的材料。例如，一盎司二恶英就能杀死100000多人。除了这个一般的定义，一种有毒物质还有许多特殊的途径可以伤害生命体；例如，它可能导年,美国大型工业设施向环境排放的有毒化学物超过40亿磅。数十亿磅以上的被合成为产品或作为废物产生。例如,人类被广泛暴露于被称为是"人类合成的最剧烈的有毒物质"的二恶英之中。[①] 一盎司二恶英可能杀死100000多人。然而,人们会在香烟烟雾中、车辆排放的废气中、壁炉烟雾中、炭烤牛排中遭遇二恶英,甚至是读者们正在呼吸的空气中都会遇到二恶英。

1.1.2 有关化学品影响的数据并不充分

问题的另一方面更加麻烦:我们没有足够的数据来明确大多数化学品带来的风险。在一定程度上,几乎所有的东西对生物体都是有毒的。例如,一定数量的普通食盐能杀死一个人。但是,对于第二次世界大战以来合成的大多数化学品的毒性——不同的剂量以及经过不同的时间段——科学家缺乏基本的信息,尤其是在多大程度上暴露于这些物质之中是"安全的"。人类低剂量的暴露于许多现代化学品的长期效应也只是现在才开始了解的。另外,关于它们在环境中的持久性、在食物链中累积的潜在性,以及和其他物质结合产生更强效应的潜在性,我们知道的还不足够。

例如,长期暴露于环境中的化学品会导致癌症吗?根据联邦有毒物质与疾病登记署的研究报告,仅是生活在危险废物堆放场附近就能造成某些类型癌症的风险有小到中度的增加。并且超过1000万的人生活在1200多个危险废物堆放场所的一英里范围内,根据联邦法律,这些堆放场所是已被列为优先清理的堆放场。国家癌症研究中心还发

---

① United States v. Vertac Chemical Corp. (E. D. Ark. 1980)

世界大战后，大量新的合成化学物质被排放到环境中。这些物质中有些是有价值的产品（例如杀虫剂），其他的则是来自制造业、石油炼制及其他工业生产过程产生的废物或副产品。

唤醒国家意识到这些新化学物质的危险的事件是：1962年出版的蕾切尔·卡逊的著名的抵制滴滴涕（DDT）的《寂静的春天》。滴滴涕被认为是一种"神奇"的杀虫剂，它通过控制传播疟疾和其他致命疾病的昆虫，而拯救了数以百万计的人类生命，并且它通过消灭摧毁作物的害虫而提高了世界粮食供应量。但是，卡逊揭示出滴滴涕也危及到了人类和其他物种。它杀死了鱼、鸟和其他野生动植物，预示着地球可能会迎来一个真正寂静的春天。更不祥的是，在人体组织（甚至是人类母乳）中发现了高含量的滴滴涕，这是人们吃了有滴滴涕残留的水果、蔬菜、牛奶、肉和其他食物的结果。在现有的有限的科学数据基础上，卡逊认为，滴滴涕可能导致癌症和其他危及生命的疾病。《寂静的春天》在全国引发了一场关于化学物质造成人类健康和环境危害的激烈辩论。

1.1.1 广泛暴露于化学品

即使在今天，有完善的联邦立法，这个问题的严重程度也是超乎想象的。实际上，在我们日常生活的所有方面，比如食物、衣服、房屋、娱乐和交通，都依赖于潜在危险的化学物品。例如，仅"苯"这一种有毒化学品，被用于的产品就占了国家国内生产总值的10%。回到史前的、纯净的世界是不可能的。

人类和环境还要不可避免地继续面临着数以百万计的化学化合物。根据美国环保署的"有毒物质释放清单"，每

第1章 序 言

人类和环境经常被暴露于潜在的危险物质之中。即使是呼吸空气和喝水这样的基本活动都使我们暴露于化学产品、副产品和废物之中。目前已知存在的化学化合物超过1千万种。已知有少量的化学品能导致人类死亡或重大身体损害。然而,大多数化学物质带来的风险是未知的。虽然已拥有21世纪的科学技术,人们仍然担忧我们正在慢慢毒害着我们自己和这个星球。其实,生物工程、纳米技术以及其他领域的科学的进步使新的威胁日益提高。

这些危险废物和有毒物质主要是由联邦法令的复杂网络来调整的,辅以法规和判例法。通常,这些法令授权联邦机构(主要是美国环保署)监管危险物质生命周期的各个节点,包括它的制造、经销、使用、处置和清理。

1.1 监管背景:一种有毒的遗产

因广泛暴露于危险废物和有毒物质而出现的问题是比较新的。在遥远的过去,来自天然存在的物质的危险是很小的。例如,原始部落知道吃某种植物不安全;铅水管杀死成千上万的罗马人;以及英国的制帽工人因工作场所暴露于汞而受伤,出现了短语"像帽商一样疯狂"。然而第二次

14.2 赔偿和使不承担责任的协议 ………………… 404
14.3 保险 …………………………………………… 405
　14.3.1 普通责任保险 ………………………… 406
　14.3.2 产权保险 ……………………………… 409
　14.3.3 环境损害责任保险 …………………… 410
　14.3.4 超额保险 ……………………………… 410
14.4 破产 …………………………………………… 411
　14.4.1 债务人免责 …………………………… 411
　14.4.2 遗弃设施 ……………………………… 412

12.3.1	管辖权的重叠	357
12.3.2	环境恢复选择和限制	360
12.3.3	其他相互影响	363

第13章 普通法应对危险废物和有毒物质的方法 364

- 13.1 请求和抗辩 366
  - 13.1.1 就财产损失提起的诉讼 367
  - 13.1.2 人身伤害诉讼 376
- 13.2 因果关系 378
  - 13.2.1 简介 378
  - 13.2.2 毒性的证据 380
  - 13.2.3 暴露途经的证明 381
  - 13.2.4 不确定的原告 382
- 13.3 多个被告 386
  - 13.3.1 连带责任 386
  - 13.3.2 不确定的被告 387
- 13.4 救济措施 390
  - 13.4.1 损害赔偿 390
  - 13.4.2 衡平救济 393
- 13.5 程序上的应对 394
  - 13.5.1 简介 394
  - 13.5.2 "多重叉分" 395
  - 13.5.3 案件管理命令 396
  - 13.5.4 案例合并 398
  - 13.5.5 判例案件 399
  - 13.5.6 集体诉讼 400

第14章 避免对危险物质清理费用的责任 403

- 14.1 概述 403

11.1.2　基本要素 ……………………………… 317
　　11.1.3　救济措施 ……………………………… 320
　　11.1.4　抗辩 …………………………………… 323
　11.2　依据§113的分摊诉讼 ……………………… 324
　　11.2.1　简介 …………………………………… 324
　　11.2.2　提起分摊请求的程序选择 …………… 327
　　11.2.3　要素 …………………………………… 328
　　11.2.4　抗辩 …………………………………… 329
　　11.2.5　分摊 …………………………………… 331
　11.3　公民诉讼 ……………………………………… 335
　　11.3.1　一般规定 ……………………………… 336
　　11.3.2　审查的限制条件 ……………………… 337

第12章　依据《资源保护和恢复法》和《综合性环境响应、赔偿和责任法》的其他的危险废物清理选择 ………………………… 342

　12.1　"紧急的重大危害"诉讼：《资源保护和恢复法》§7003和§7002(a)(1)(B) ………… 343
　　12.1.1　历史和概述 …………………………… 343
　　12.1.2　要素 …………………………………… 345
　12.2　"修复行动"：《资源保护和恢复法》§3004和§3008(h) ………………………………… 349
　　12.2.1　简介 …………………………………… 349
　　12.2.2　关键术语 ……………………………… 350
　　12.2.3　程序和标准 …………………………… 354
　　12.2.4　临时状态的设施 ……………………… 356
　12.3　《资源保护和恢复法》和《综合性环境响应、赔偿和责任法》重叠的地方 …………… 357

9.2 第107条的责任标准 ·············· 254
 9.2.1 一般标准 ··················· 254
 9.2.2 什么是"导致响应费用发生" ··· 255
 9.2.3 谁是"潜在责任方" ·········· 257
 9.2.4 "有责任的"是什么意思 ······ 273
 9.2.5 潜在责任方对什么承担责任 ··· 276
9.3 抗辩事由和除外责任 ·············· 283
 9.3.1 第107条的抗辩事由 ········· 283
 9.3.2 诉讼时效 ··················· 292
 9.3.3 《综合性环境响应、赔偿和责任法》的
    例外 ······················· 293
9.4 执行 ···························· 294
 9.4.1 协议 ······················· 294
 9.4.2 诉讼 ······················· 300

第10章 《综合性环境响应、赔偿和责任法》：由政府命令的清理 ··························· 301
10.1 概述 ··························· 301
10.2 第106条的责任标准 ············· 302
 10.2.1 一般规定 ·················· 302
 10.2.2 "紧急的重大危害" ·········· 303
10.3 责任抗辩 ······················· 305
10.4 通过行政命令执行 ··············· 306
10.5 通过禁制令执行 ················· 310

第11章 《综合性环境响应、赔偿和责任法》：由私人主体提起的诉讼 ······················· 312
11.1 依据§107收回响应费用的私人诉讼 ··· 312
 11.1.1 概述 ······················ 312

7.3.4　费用收回诉讼：第107条 ·················· 229
　　7.3.5　超级基金：第111条 ······················ 230
7.4　《综合性环境响应、赔偿和责任法》的未来······ 232

第8章　《综合性环境响应、赔偿和责任法》：由政府执行的清理 ········· 234
8.1　概述 ·· 234
8.2　第104条的清理权力 ···························· 235
8.3　确定受污染场所 ································ 237
　　8.3.1　由设施题提供的释放报告 ··············· 237
　　8.3.2　员工"检举" ······························ 238
　　8.3.3　公众报告 ·································· 238
8.4　响应计划：国家应急计划（NCP）············ 238
8.5　对场所的评估 ···································· 239
　　8.5.1　初步评估和现场检查（PA/SI）········ 239
　　8.5.2　国家优先清单（NPL）··················· 241
8.6　对场所的临时性清理：污染清除行动········ 243
8.7　对场所的永久性清理：环境恢复行动········ 245
　　8.7.1　环境恢复调查和可行性研究（RI/FS）··· 245
　　8.7.2　环境恢复措施的选择过程 ··············· 247
　　8.7.3　执行环境恢复措施 ······················· 247
8.8　场所必须清洁到怎样的程度（"怎样的清洁是清洁的"）·· 248
　　8.8.1　第121条的框架 ··························· 249
　　8.8.2　美国环保署的回应：九个标准 ········· 250

第9章　《综合性环境响应、赔偿和责任法》：政府提起的费用收回诉讼 ··············· 253
9.1　概述 ·· 253

6.4 关于地下存储罐的特殊条款(USTs) ……… 192
　6.4.1 序言 ……… 192
　6.4.2 基本要素 ……… 192
6.5 公共和私人执行 ……… 195
　6.5.1 序言 ……… 195
　6.5.2 获得信息 ……… 195
　6.5.3 联邦实施 ……… 197
　6.5.4 公民诉讼 ……… 205
　6.5.5 重叠的州执法所产生的特殊问题 ……… 209
6.6 关于被选择的州方案的附加条款 ……… 210

第7章 《综合性环境响应、赔偿和责任法》介绍 ……… 213
7.1 概述 ……… 213
7.2 《综合性环境响应、赔偿和责任法》的制定 ……… 215
　7.2.1 背景:拉夫运河(The Love Canal)悲剧 ……… 215
　7.2.2 《综合性环境响应、赔偿和责任法》之前的法规 ……… 216
　7.2.3 最初的法案 ……… 217
　7.2.4 对《综合性环境响应、赔偿和责任法》的修订 ……… 218
　7.2.5 对《综合性环境响应、赔偿和责任法》的司法解释 ……… 220
7.3 《综合性环境响应、赔偿和责任法》的主要条款 ……… 221
　7.3.1 《综合性环境响应、赔偿和责任法》的关键定义:第101条 ……… 221
　7.3.2 由政府执行的清理:第104条 ……… 229
　7.3.3 政府命令的清理:第106条 ……… 229

5.4.1　序言 …… 114
　　5.4.2　历史 …… 114
　　5.4.3　法案的结构 …… 116
　　5.4.4　评价 …… 126
　5.5　三个法案的共同特征 …… 127
　　5.5.1　联邦和州法律的关系 …… 127
　　5.5.2　监控、记录保留和报告要求 …… 129
　　5.5.3　执行条款 …… 129
　　5.5.4　研究项目和外部咨询小组 …… 132

第6章　监管危险废物的处置：《资源保护和恢复法》
　　　　（RCRA） …… 134
　6.1　序言 …… 134
　　6.1.1　"从摇篮到坟墓"的监管 …… 134
　　6.1.2　危险废物统计数据 …… 135
　　6.1.3　历史发展 …… 136
　　6.1.4　与其他法律的关系 …… 138
　　6.1.5　组织结构 …… 141
　6.2　"危险废物" …… 142
　　6.2.1　序言 …… 142
　　6.2.2　固体废物 …… 145
　　6.2.3　危险废物 …… 156
　6.3　对危险废物产生、运输、处理、储存和处置的
　　　　监管 …… 166
　　6.3.1　对产生者的监管 …… 166
　　6.3.2　运输者的规定 …… 169
　　6.3.3　TSD设施和"土地禁令"的规定 …… 172
　　6.3.4　C节下的州和联邦的关系 …… 189

4.2.3　食品、药品和化妆品:《食品、药品和化妆品法》(FFDCA) ………… 65
4.3　雇员保护:《职业安全和健康法》(OSHA) …… 69
　　4.3.1　职业安全和健康标准 …………………… 70
　　4.3.2　有毒材料可暴露的限度 ………………… 70
4.4　公众一般保护 ……………………………………… 72
　　4.4.1　对公众的警示:《应急计划与社区知情权法》(EPCRTKA) …………………………… 72
　　4.4.2　有毒物质的运输:《危险物品运输法》(HMTA) …………………………………… 75
4.5　州监管 ………………………………………………… 76

第5章　依据《清洁水法》《清洁空气法》和《安全饮用水法》监管有毒污染物 ……………………………………… 78
5.1　序言 …………………………………………………… 78
　　5.1.1　与其他法律的关系 ………………………… 78
　　5.1.2　有毒污染物的当前释放 …………………… 79
5.2　《清洁水法》对有毒物质的管理 ……………………… 80
　　5.2.1　序言 ………………………………………… 80
　　5.2.2　历史发展 …………………………………… 81
　　5.2.3　当代制度 …………………………………… 84
　　5.2.4　评析 ………………………………………… 97
5.3　《清洁空气法》对有毒物质的管理 …………………… 98
　　5.3.1　序言 ………………………………………… 98
　　5.3.2　历史发展和概述 …………………………… 99
　　5.3.3　现行规定 …………………………………… 103
　　5.3.4　评价 ………………………………………… 113
5.4　《安全饮用水法》对有毒物质的监管 ………………… 114

　　　　(FIFRA) ·· 28
　　3.2.1　序言·· 28
　　3.2.2　什么是"农药" ·· 31
　　3.2.3　登记过程·· 32
　　3.2.4　登记标准·· 35
　　3.2.5　终止登记·· 38
　　3.2.6　报告要求·· 40
　　3.2.7　执行·· 41
　　3.2.8　《联邦杀虫剂、杀菌剂与杀鼠剂法》评价 ··· 42
　3.3　农药:州和地方的监管 ·· 43
　3.4　其他化学物质:《有毒物质控制法》················· 45
　　3.4.1　序言·· 45
　　3.4.2　什么是"化学物质" ···································· 46
　　3.4.3　被监管人员·· 47
　　3.4.4　测试程序·· 47
　　3.4.5　对现有化学物质的监管 ···························· 49
　　3.4.6　对新化学物质的监管 ······························ 54
　　3.4.7　报告和记录保持要求 ······························ 56
　　3.4.8　执行·· 57
　　3.4.9　《有毒物质控制法》评价 ·························· 58
　3.5　其他化学物质:州和地方监管 ···························· 59

第4章　监管有毒物质的使用 ·· 61
　4.1　概述·· 61
　4.2　消费者保护·· 62
　　4.2.1　危险物质和消费品:《联邦危险物质法》
　　　　　(FHSA) ·· 62
　　4.2.2　普通消费品:《消费品安全法》(CPSA) ··· 63

目 录

第1章 序言 ……………………………………………… 1
  1.1 监管背景:一种有毒的遗产 ………………………… 1
    1.1.1 广泛暴露于化学品 ………………………… 2
    1.1.2 有关化学品影响的数据并不充分 ………… 3
  1.2 "危险废物"和"有毒物质"的定义 ………………… 4
    1.2.1 什么是"有毒物质" ………………………… 4
    1.2.2 什么是"危险废物" ………………………… 5
  1.3 危险废物和有毒物质管理 …………………………… 6
    1.3.1 管理架构:生命周期方法 …………………… 6
    1.3.2 其他监管主题 ……………………………… 8

第2章 风险和科学不确定性 ………………………… 11
  2.1 概述 …………………………………………………… 11
  2.2 普通法对于风险的处理方式 ………………………… 13
  2.3 监管风险的方法 ……………………………………… 15
    2.3.1 风险评估过程 ……………………………… 16
    2.3.2 风险管理:怎样的安全是安全的 ………… 20
  2.4 风险监管的司法反应 ………………………………… 25

第3章 监管有毒物质的生产和销售 ………………… 27
  3.1 概述 …………………………………………………… 27
  3.2 农药:《联邦杀虫剂、杀菌剂与杀鼠剂法》

邦环保署，而不是有着相似名称的州机构。

有很多人的帮助才使本书成为可能。我们尤其要感谢伊丽莎白·林德斯科普夫·帕克（Elizabeth Rindskopf Parker）教授和克里斯汀·曼欧拉卡斯（Christine Manolakas）教授的不断支持。最重要的是，还要感谢我们家人的鼓励。

前　言

"危险废物和有毒物质法"作为法学院课程的一个科目以及律师的一个专业化领域是在最近才出现的。该领域中的法律尤为复杂,并且发展迅速。毋庸置疑,它的部分吸引力是在于它所呈现出来的法律、科学、经济学以及公共政策的交叉。

本书旨在为法学院的学生提供一个有关该主题的简洁清晰的概述。本书也可能会对寻求有关该领域介绍的律师有所帮助。与试图将一个复杂的主题简单化的任何一本书一样,本书需要进行总结的内容有很多。本书中所讲的主要的联邦法令在《环境法律法规摘选》中占据了 1,000 多页。这些法令又被数千页的法规、司法意见、行政决定和指导性文件进行了解释。尽管本书致力于介绍该领域的基本法律构成,但仍有许多细节被忽略了,并且有些话题(比如,核材料的特殊问题)也只是简短的提及。

为了与法院以及该领域中律师的习惯保持一致,本书通常使用的是这些主要联邦法令的通俗名称,而不是它们更为正式的名称(比如,使用的是《清洁水法》,而不是《联邦水污染控制法》)。而且,通常引用的是未编成法典的法案,而不是编成法典的版本(比如,使用《清洁水法》§311,而不是"33 U.S.C. §1321")。最后,本书中的 EPA 指的是联译丛由工作在环境法与能源法学术研究与法律实务一线的学者、专家担任译者。秉持译者文责自负的原则,在具体翻译过程中各书译者享有充分的自主性。

对于本译丛的几个体例问题说明如下。

第一,为充分体现译者负责的主旨,本译丛各书仅设译者,未设审校者。

第二,为了便于读者查找原文和深入学习,本译丛对书中涉及的部分人名、案例名称未做翻译,对于无法准确译为中文的地名也保留了英文原名。

第三,对于美国使用的诸如英尺、英亩、夸特、加仑等计量单位,本译丛遵从原著用法,未做换算。

译丛序言

我国环境法制建设离不开对国外经验的借鉴,在这方面,外国环境法译介起着不可替代的作用。美国作为现代环境法制建设的先行国家,其在解决诸多环境问题方面的做法受到国内理论和实践部门的广泛关注。然而,不无遗憾的是,目前国内有关美国环境法的译作并不多见,南开大学出版社组织翻译出版的本套《美国环境法与能源法译丛》,在一定程度上弥补了这一不足。

本译丛选自美国的《法律精要系列丛书》(Nutshell Series)。该系列丛书以简洁、明快的风格著称,每本书都由经验丰富的法学教授执笔,对相关法律的基本原理、法律规定以及重点案例做了精确、权威性的分析解读,深受读者的欢迎和喜爱。本译丛推出的七本书既包括对美国环境法与能源法的总括性分析,也包括对危险废物管理、有毒物质侵权等专门领域的重点解读,不仅涉及水法、动物法等传统环境法律部门,也包含了对气候变化与可持续发展这一新兴环境法领域的介绍,有助于国内读者更为全面深入地领会美国环境与能源法体系。

对环境法著作的翻译是一项极具挑战性的工作,其中不仅涉及相关法学术语,还涉及大量有关科学、技术、经济、管理等各方面的专业术语,需要译者付出艰辛的努力。本

危险废物和有毒物质法精要（第 2 版）

The Law of Hazardous Wastes and Toxic Substances in a Nutshell (2nd edition) by John G.Sprankling；Gregory S.Weber

©2013 LEG, Inc., d/b/a West Academic Publishing.

All Rights Reserved

This translation The Law of Hazardous Wastes and Toxic Substances in a Nutshell (2nd edition)by John G.Sprankling；Gregory S.Weber is published and by arrangement with LEG, Inc., d/b/a West Academic Publishing.

本书中文简体字版由西部学术出版公司授权南开大学出版社翻译出版。版权所有，侵权必究。

天津市出版局著作权合同登记号：图字 02-2014-257

3.3 农药:州和地方的监管

近年来,监管农药的州和地方法律的数量激增,尤其是针对《联邦杀虫剂、杀菌剂与杀鼠剂法》弱点而制定的。《联邦杀虫剂、杀菌剂与杀鼠剂法》§24(a)允许州对农药的出售或使用执行比联邦法律更为严格的监管。一些州建立了农药登记系统,实行比《联邦杀虫剂、杀菌剂与杀鼠剂法》更严格的标准。然而,为避免给州际贸易带来过度的负担,§24(b)禁止州监管标签。

"销售/使用"和"标签"监管之间的边界已被证明是难以捉摸的。例如,在 Chemical Specialties Manufactuters Association,Inc. v. Allenby(9th Cir,1992)案中,一个贸易组织认为,《联邦杀虫剂、杀菌剂与杀鼠剂法》优先于加州第 65 号提案,第 65 号提案要求企业警示消费者一些有毒物质的风险,包括很多农药的风险(详见第四章)。然而,第九巡回法院注意到,"标签"的法定定义并没有"包含伴随农药的各种类型的书面材料"。因为,所要求的警示提醒能通过张贴在商店的标志、报纸广告,以及其他非标签方式来提供,所以,法庭支持了州法律。

在 Wisconsin Public Intervenor v. Mortier (S. Ct. 1991)案中,最高法院考虑的是非联邦范围内的销售和使用的监管。Wisconsin 颁布条例,要求某些农药在其境内使用需要获得许可。在 Wisconsin 拒绝了 Mortier 的许可申请后,原告 Mortier 提起了诉讼,他主张《联邦杀虫剂、杀菌剂与杀鼠剂法》优先于地方法。然而,法院得出结论:

法律留下了足够的空间让州和地方来补充联邦的工作

……《联邦杀虫剂、杀菌剂与杀鼠剂法》没有寻求为农药的实际使用建立一个肯定的许可证制度。它必定没有把登记和标签要求与一般的全国农药审批等同起来(全国农药审批通常不考虑气候、人口、地理和水供应这样的区域和地方因素)。

法院还注意到,§24(a)中的优先标准只适用于州,而不适用于地方政府。因此,它得出结论,《联邦杀虫剂、杀菌剂与杀鼠剂法》没有明确地或隐含地预先阻止关于农药使用的地方法规。

在 Bates v. Dow Agrosciences LLC(S. Ct. 2005)案中,最高法院明确了新的清晰的联邦优先的范围。在这个案件中,旨在杀死杂草的农药也伤害了使用者的花生作物。当原告依照一系列州法律理论起诉时——包括严格责任、产生者疏忽、未能提醒、欺诈和违反保证——被告产生者声称,所有这些说法都被§24(b)条禁止州的标签要求预先阻止了。被告的理论是:不利的判决会迫使它改变产品标签,这是一种间接形式的州监管。法院的解释是,如果州法律被预先阻止,那它肯定是一个关于"标签或包装"的要求,这个要求是"除 FIFRA 所要求之外的"或"不同于"FIFRA 所要求的要求。依据这个标准,法院判定,管理严格责任、产生者疏忽、违反保证的州法律并没有被预先阻止,仅是因为它们没有要求产生者以任何特别的方式对其产品进行标注或包装。因此,法院得出结论,欺诈和未能提醒的主张都是以称得上是标签和包装要求的普通法原则为基础的;然而,它根据这些主张将案件发回重审,以确定是否符合第二个预先阻止因素。

3.4 其他化学物质:《有毒物质控制法》

3.4.1 序言

《有毒物质控制法》[①]于 1976 年颁布,是第一部以保护公众健康和环境为目的,监管化学物质的生产、销售和处理的综合性立法。它旨在填补只关注特定类别化学产品的《联邦杀虫剂、杀菌剂与杀鼠剂法》以及类似联邦法令的监管空白。《有毒物质控制法》是典型的"捕获所有"的法令,如果没有其他联邦法令监管一个特定化学物质的市场准入,那么就依照《有毒物质控制法》来监管。尽管它与《联邦杀虫剂、杀菌剂与杀鼠剂法》有相似之处,但《有毒物质控制法》大幅偏离了《联邦杀虫剂、杀菌剂与杀鼠剂法》的物质和程序双重的市场准入控制模式。而且,正如 Zygmunt J. B. Plater 教授和其他人已经观察到的那样,《有毒物质控制法》是"最复杂、混乱和无效率"的联邦环境法。

与《联邦杀虫剂、杀菌剂与杀鼠剂法》相似,《有毒物质控制法》本质上是利用成本-效益方法来决定是否允许产品市场准入的产品许可法令。与《联邦杀虫剂、杀菌剂与杀鼠剂法》不同的是,受《有毒物质控制法》调整的产品可以被销售、经销和处理,而无需美国环保署的事前批准;美国环保署必须积极地干预禁止或限制产品。而且,受《有毒物质控制法》调整的物质是假定安全的。因此,又不像《联邦杀虫剂、杀菌剂与杀鼠剂法》,由美国环保署承担监管必要性的证明责任。这些区别在很大程度上源于《有毒物质控制

---

① 15 U.S.C.A. § 2601 et seq

法》的立法历史。参议院支持《联邦杀虫剂、杀菌剂与杀鼠剂法》的分类登记制度,而众议院几乎反对这个领域的任何监管。作为这场争议妥协的产物,《有毒物质控制法》被证明是可悲的、无效的。

3.4.2 什么是"化学物质"

《有毒物质控制法》的管辖范围非常广泛,扩展到了任何"化学物质"和"混合物"。§3(2)把"化学物质"定义为"具有某一特定分子特性的任何有机或无机物质……"然后它排除了已经由其他联邦法调整的的物质,例如农药(《联邦杀虫剂、杀菌剂与杀鼠剂法》)、食品、药品和化妆品(《食品、药品和化妆品法》)、核材料(《原子能法》),以及定义中排除的"混合物"。§3(8)把"混合物"定义为,"两种或以上化学物质的结合",这种结合不会自然发生,并且也不是一种化学反应的结果。实际上,除了在别处被监管的某些物质外,《有毒物质控制法》可能适用于几乎任何形式的物质,无论是自然的或人工的。因此,根据上述定义,水可能会被认为是"化学物质"。为了方便,在下面的讨论中使用"化学物质"一词作为"化学物质"和"混合物"的简称。当然,依照字面意思,"化学物质"也包括生命形式,因此,《有毒物质控制法》也适用于通过生物技术产生的转基因生物。

《有毒物质控制法》把所有的化学物质分成了两类:现有的化学物质和"新的化学物质"。最初的《有毒物质控制法》§8(b)要求美国环保署编制和维护一份在美国"生产或加工"的所有化学物质的清单。在1980年完成时,清单列了大约62000种现有物质。在1980年以后第一次生产或加工的任何物质(没有包括在最初的《有毒物质控制法》清单中的)都被认为是"新的化学物质",要受到更严格的监管。1980年以后,大约32000种新的化学物质被加入到清单中。

3.4.3 被监管人员

《有毒物质控制法》监管的两种主要人员是"产生者"和"加工者"。"产生者"是在美国生产或制造化学物质,或将化学物质进口到美国的人。"加工者"的定义更加广泛了,扩展到了范围广泛的非化学品产生者和其他企业。根据§3(10),"加工"包括为了销售,而"准备"作为物质或混合物的"一个组成部分"的一种化学物质或混合物。例如,在其产品中加入了甲醛的纸巾产生者,就会被认为是一个"加工者"。《有毒物质控制法》中的一些条款也适用于在贸易中"销售"化学物质的人。

3.4.4 测试程序

《有毒物质控制法》赋予了美国环保署监管化学物质和混合物销售和经销的强大权力。但是,除非能证明监管的必要性,否则美国环保署不能行使这项权力。假定美国环保署正考虑对一种假设的现有化学物质"zaline"实施限制。美国环保署怎样能获得必要的数据来确定zaline是否呈现出了"损害健康的不合理风险"而能够来监管它呢?

《有毒物质控制法》和《联邦杀虫剂、杀菌剂与杀鼠剂法》对这个问题的解决是不同的。依据《联邦杀虫剂、杀菌剂与杀鼠剂法》,申请者负有安全证明责任,并有责任提供支持自己立场的足够的数据,而无需美国环保署的任何证明。然而,依据《有毒物质控制法》,美国环保署只有在确定个案符合了§4的门槛标准时,才能强制进行测试。如果符合§4标准,美国环保署会通过规则,来要求产生者或加工者依据美国环保署的标准来测试zaline,并提交关于健康和环境影响的测试结果数据;测试费用由产生者或加工者承担。然后,美国环保署利用这些数据来决定是否监管该物质。根据《有毒物质控制法》,美国环保署承担最初测试和最终监管必要性的证明责任。

§4(a)规定,如果符合下面三个要求,美国环保署可以发布规则要求测试像 zaline 这样的物质:

• 没有足够的数据和经验来预测制造、经销、加工、使用或处置物质或混合物对健康或环境的影响。①

• 测试这些物质的这种影响对发展此类数据是有必要的。②

• (a)制造、销售、加工、使用或处置物质或混合物"可能引起损害健康或环境的不合理风险"③或者(b)这些物质或混合物正在或者将要被大量生产并且可能大量进入环境或者可能有重大的人类暴露。④

《有毒物质控制法》所坚持的美国环保署通过规则强制实施测试已被证明是麻烦的;这样的规则制定是缓慢而昂贵的。而且,在一些实例中,美国环保署要求测试的规则已受到受影响产生者的质疑。在某种程度上,激发这些质疑的主要原因是成本;被要求的测试可能是非常昂贵的,每种物质的花费会达到 200 万美元。然而,更根本的是,鉴于预算限制,美国环保署可能不能够收集到足够的信息来监管一种物质,除非它能强制企业实施测试。相应地,生产者为

---

① §§(4(a)(1)(A)(ii),(B)(ii))
② §§(4(a)(1)(A)(iii),(B)(iii))
③ §4(a)(1)(A)(i)
④ §4(a)(1)(B)(i)

了逃避监管就会抵制测试规则。

解释§4的主要判决是Chemical Manufacturers Association v. EPA(D. C. Cir, 1988)案,该案是一个行业组织抨击美国环保署对二甲氨基苯甲酸(EHA)测试规则的要求。哥伦比亚特区巡回法院发现 EHA 引起了伤害健康的不合理风险,驳回了原告对美国环保署的控诉。Chemical Manufacturers Association 服从法院对三个关键问题的解释,大大扩大了美国环保署§4的权力。

• 为确定一个不合理的风险,美国环保署仅仅需要证明"怀疑的理论依据",即人类被暴露于这些物质,并且在那个暴露水平下,该物质具有足够的毒性引起这样的风险。

• 在这个过程中,并不要求美国环保署提出记录人类暴露的直接证据;暴露可能来自物质生产和使用的情况下。

• 少量的、短时的人类暴露可能足够支持一个测试规则;因此,如果一项全国性的调查显示大约有50个人可能偶尔与 EHA 有皮肤接触,这就足以证明暴露发生了。

但是美国环保署很少行使它要求测试的权力。事实上,自1979年来,在《有毒物质控制法》清单上的62000种现有化学品中,美国环保署要求进行测试的还不到200种。相反,美国环保署通常很喜欢与产生者和加工者达成自愿测试的协议。在 National Resources Defense Council, Inc. v. EPA(S. D. N. Y. 1984)案中,美国环保署的初始自愿测试计划被宣告无效,后来美国环保署形成了现行易于实施的同意协议的广泛规定。

3.4.5 对现有化学物质的监管

1. 引起"不合理的损害风险"的现有化学物质

理论上,美国环保署监管现有化学物质的主要手段是

《有毒物质控制法》§6(a)。在制定《有毒物质控制法》的时候,国会坚信美国环保署会行使这项权力来审查62000种已经在使用的化学物质,并施加适当的限制。但是,在《有毒物质控制法》实施的第一个28年中,美国环保署只对五种这样的物质(多氯联苯、氯氟烃、二恶英、六价铬和石棉)实施了限制。而且,在Corrosion Proof Fittings v. EPA (5th Cir. 1991)案中,第五巡回法院的判决——在很大程度上使美国环保署的石棉禁令失效——严重削弱了该条的实用性,导致很多人质疑整个方案的可行性。

§6(a)规定,如果美国环保署找到一个"合理的基础"得出结论,生产、加工、销售、使用或处置一种化学物质呈现出了"不合理的健康或环境损害风险",那么,它可以通过一项监管该物质的规则。在这个过程中,§6(c)要求美国环保署考虑:(1)该物质对人类健康和环境的影响;(2)人类和环境暴露于该物质的程度大小;(3)该物质的效益;(4)该物质的替代品的可用性;(5)该规则的合理可确定的经济后果。其实,美国环保署只有在监管的效益超过成本时,才必须进行监管。

一旦美国环保署得出结论认为是符合§6的标准的,它会从(a)款所列的限制条件中选择适当的应对措施。它必定选择"应用最不繁重的要求"来应对风险。例如,依据具体的情况,美国环保署可能:

- 禁止制造、经销或加工;
- 限制可能生产或经销的数量;
- 禁止为了特定的目的使用该物质;
- 要求警示说明;
- 禁止或调整处置方式;

● 要求产生者向经销者、消费者和公众告知不合理的风险。

关于§6的程序,最著名的例子是美国环保署禁止石棉的不成功的努力。在禁令之前,石棉由其他联邦机构进行分散监管(如消费品安全委员会、食品和药物管理局、职业安全和健康署),但是,没有一个机构有权力监管石棉整个生命周期造成的所有风险。在对石棉进行了一个10年期的研究后(编辑了一个45000页的管理记录),美国环保署决定,依据《有毒物质控制法》实施一个综合性的解决方案。1989年,它得出结论:(1)石棉对人类健康造成了不合理的风险;(2)恰当的环境恢复办法就是制定一个综合性的产品禁令。因此,美国环保署通过了一项规则,禁止大部分用途的石棉(如服装、屋面材料、刹车片、纸和管道)的制造、经销、和加工。

然而,在 Corrosion Proof Fittings 案中,作为解释§6的第一个重大判决,第五巡回法院取消了禁令中的绝大部分内容。实际上,它认为,美国环保署漫长的综合研究在法律上不足以证明这个环境恢复方法的正确性。法院尤其批评了美国环保署的方法学的三个方面:

● 未量化的效益:法庭批评美国环保署在成本—效益分析中,没能量化2000年以后拯救的生命的美元价值。它认为,使用未量化的效益"制定了一个美国环保署衡量其行动成本的徒劳无功的要求……"实际上,法院要求有一个远远超过美国环保署使用方法的更为详细的成本效益分析过程。

● 最不繁重的监管:法院发现,美国环保署没能证明,产品禁令是避免不合理风险的最不繁重的监管。它得出结论,美国环保署应在采取产品禁令之前评估§6所列的所有的不繁重的监管可选方案(对每一种可能的方案进行正式的成本效益分析):"美国环保署不能像它在本案中所做的那样,简单地跳过几个梯级……"

• 替代产品:最后,法院认为,美国环保署没有充分考虑到替代产品的风险。它似乎建议在采取禁令之前,美国环保署应该对成千上万种可能的石棉替代品进行风险评估。

更重要的是,法院对美国环保署成本-效益分析中的人类生命的价值提出了质疑:"美国环保署让本法庭相信,当国会在制定让美国环保署在其监管中应考虑经济影响的要求时,认为在十三年中花费20亿～30亿美元拯救七个生命(每个生命大约花费3亿～4亿美元)是合理的。"鉴于美国环保署赋予生命的高价值,法庭得出结论,"正如《有毒物质控制法》所要求的,对它监管的经济审查是毫无意义的"。总的来说,第五巡回法院好像对美国环保署的决定的智慧的关注要多于方法论本身。虽然注意到它不是"一个必须做出艰难决定——以一个怎样适当的支出来防止发生因石棉引起的死亡风险——的监管机构",但法庭还是照做了。

至少,Corrosion Proof Fittings案标志着,依据§6的完全的产品禁止是难以维持的。然而,更重要的是,这项判决表明§6的门槛如此之高,在很多情况下是行不通的,而不论是否寻求救济。在许多方面,石棉是《有毒物质控制法》监管的最简单的候选者之一。也许是科学研究历史上最多研究的有毒物质,它对人类健康的威胁已确立了数十年;而且,石棉产品已广泛分布于整个美国,每年危及数以百万计人的健康。简而言之,如果石棉禁令是《有毒物质控制法》潜在功效的试金石,那么《有毒物质控制法》是失败的。由于不愿把它的稀缺资源耗费在使用一个笨拙工具上,美国环保署把它对《有毒物质控制法》的关注从§6转移到§5(a)(2)中它的"重要的新使用"权力之上。事实上,在Corrosion Proof Fittings案判决后的16年里,美国环保署没有启动任何规则制定程序来限制产品或禁止任何现有化学物质的使用。

2."紧急危险"物质

在紧急情况下,美国环保署可以寻求直接的司法救济。第7条授权美国环保署对"紧急危险"的化学物质和混合物——那些呈现出"严重或广泛损害健康或环境的危急和不合理的风险"的物质提起诉讼。在依据§6发布规则之前,如果生产、加工、销售、使用或处置这种物质或混合物可能导致这样的伤害的话,那么美国环保署可以在联邦地区法院提起民事诉讼;它可以寻求的救济包括扣押、通知购买者、通知公众、召回、更换或再购买商品。§7(b)(1)特别允许法院授权"这些临时的或永久的救济对保护公众健康和环境是必要的"。尽管与《联邦杀虫剂、杀菌剂与杀鼠剂法》§6(c)(1)(当杀虫剂造成"迫在眉睫的危险"时,允许暂停其注册)相似,但《有毒物质控制法》的这个相似条款在很大程度上被美国环保署忽视了。

3. 对现有物质的"重要的新使用"

尽管在历史上对一种物质的使用可能是无害的,但是,对该物质新的使用可能会危及人类健康或环境。因此,§5(a)要求,"重要的新使用通知"(SNUN)要在生产或加工新使用的物质之前90天,连同支持测试数据一并提交给美国环保署。只有在美国环保署发布了要求新使用通知的规定（被称作是"重要的新使用规则"）后,这项要求才启动。理论上,90天的期间能够使美国环保署依据§6(a)来分析,限制拟议的新用途对避免不合理的人类健康或环境风险是否是适当的。然而,实际上,90天的期间已被证明太短了,不能使美国环保署进行彻底的评估。

4. 对多氯联苯(PCBs)的特殊规则

在制定《有毒物质控制法》时,国会意识到了多氯联苯对人类和环境造成的直接威胁。在生产高峰期,美国每年大约生产8000万磅多氯联苯,作为阻燃剂或塑料组件使用。每年有大量的多氯联苯被排放到环境中,事实证明它们在环境中是异常持久的、有生物累积性的和有毒的。因此,§6(e)通常禁止"以完全封闭的方式以外的任何方式"生产、加工、销售或使用多氯联苯。

3.4.6 对新化学物质的监管

美国环保署监管新化学物质的权力要比其监管现有物质的权力广泛得多。一般来说,计划生产一种新化学物质的任何人都必须在生产开始之前90天向美国环保署提供"预生产通知"(PMN)。[1] 在这90天期间内,美国环保署决定是否禁止或限制生产、加工、销售、使用或处置这种物质。

1. 预生产通知

预生产通知必须阐明关于这种新物质的基本信息,包括它的化学特性、商品名称、预期的最大产量、使用的目标类型。[2] 另外,预生产通知必须提供证明生产、加工、销售、

---

[1]　§5(a)
[2]　40. C. F. R. §720.45

使用或处置新物质不会引起伤害健康或环境的不合理风险的测试数据,但前提是这些数据是提交者可用的。由于美国环保署没有要求在预生产通知中提供具体的毒性数据,因此,此类信息是很少被提交的。而且,美国环保署很少行使它要求测试新化学品的权力。

预生产通知和附带的测试数据中所包含的信息通常包括商业秘密和其他机密材料;§14(c)允许预生产通知提交者通过标明为机密来保护这些数据不被公开披露。

2. 限制新化学物质

《有毒物质控制法》提供给了美国环保署监管新化学物质的三项工具。第一,如果美国环保署有足够的信息和时间,它可以依据上述讨论的其§6(a)的一般职权对这种物质进行监管。第二,如果美国环保署在§6(a)的规则颁布之前,有足够的数据推论出这种物质会引起伤害人类健康或环境的不合理风险,它可以发布一项"试行规定"或"试行命令"来临时禁止或限制该物质。[1] 然而,在大多数情况下,美国环保署评估新化学物质的能力因数据缺乏和时间有限而被减弱。尽管如此,§5(e)——美国环保署的第三项工具,为这些情形提供了监管工具。

如果有以下情形,就会适用§5(e):

• 美国环保署的信息不足以对这个物质的健康和环境影响做出一个合理的评估。

• 没有此类信息:生产、加工、销售、使用或处置这个物质可能会引起不合理的伤害风险,或者这个物质将会大量生产,并且会大量的进入环境或可能导致"重大或实质性

---

[1] §5(f)

的人类暴露"。

如果符合这些标准,美国环保署可以发布一项试行命令来禁止或限制这项新物质的生产、加工、销售、使用或处置。这个步骤启动了一个复杂的程序,在通过一个最终的美国环保署命令或一个禁制令实施限制时可能达到高潮。然而,事实上,这个程序很少被使用,主要是因为90天的审查期限太短了,甚至都不能完成这个快速的过程。美国环保署只对在1976年至2005年期间审查的约32000种化学物质中的四种新化学物质实施了正式限制。相反,美国环保署通常使用其§5(e)的职权作为杠杆,与预生产通知的提交者协商达成同意令。这些同意令通常是:(1)延缓90天的审查期间;(2)临时限制新物质;(3)要求提交者实施进一步的测试并为进一步的评估向美国环保署提供结果数据。

3. 生物技术产品的特殊规则

根据美国环保署的生物技术政策,预生产通知的要求适用于故意设计成包含不同来源的遗传物质的微生物。另一方面,除了源于"基因组合",如果遗传工程被用来创造微生物,那么由此产生的产品就被当作"现有化学物质"来对待;因此,如果它是一个病原体,就必须要接受"重要的新使用"审查,如果不是,它只需遵守§8的报告和记录保持要求。

3.4.7 报告和记录保持要求

第8条强加给了产生者和加工者各种报告的义务。例如,§8(d)要求提供给美国环保署关于某一化学物质对人类健康和安全影响的研究。另外,§8(c)要求产生者、加工者和销售者维护化学品引起的人类健康或环境重大不利反应的记录。这个规定包括消费者个人健康伤害或损害的投诉、工人疾病或伤害的报告,以及对环境损害的报告。美国环保署可以使用这些记录中的数据来决定是否监管可疑的化学物质。

3.4.8 执行

就像《联邦杀虫剂、杀菌剂与杀鼠剂法》,《有毒物质控制法》也规定了一系列的处罚。对违反《有毒物质控制法》的人,美国环保署最用的处罚就是民事罚款。§16(a)规定,美国环保署可以实施高达每天25000美元的民事罚款。美国环保署的政策一直是基于违法的性质、程度和情形来计算罚款的金额("基于严重性的处罚"),接下来要决定是否根据不同的条件(如支付能力、之前违法的历史和过失程度)修改这一金额。① 为了收到民事罚款,美国环保署启动了一项行政程序对所谓的违法者提起民事行政申诉。被告有权在行政法审判之前对控诉进行听证,并且可以就不利的裁决向联邦法院提起上诉。但是,实际上,美国环保署的大多数民事处罚是通过协议来解决的,而不是通过诉讼。此外,政府能够:(1)对故意违法者实施刑事处罚(这项权力很少行使);(2)在地区法院获得一项禁制令以确保遵守《有毒物质控制法》;(3)通过诉讼以查封非法生产、加工或销售的物质。

像大多联邦环境法一样,《有毒物质控制法》也包含公民诉讼条款。第20条规定,在适当的提交通知后,"任何人"可以起诉违反《有毒物质控制法》任何条款的或依据

---

① Newell Recycling Co., Inc v. EPA(5th Cir. 2000)(根据严重性条件,支持了134.5万美元的罚款。)

§4、§5或§6发布任何规则的任何人。然而,该条并不允许公民挑战美国环保署的自由裁量决定。[①]

3.4.9 《有毒物质控制法》评价

总而言之,《有毒物质控制法》是失败多于成功。最初的期望是《有毒物质控制法》能够通过阻止危险新化学品进入国家市场,而起到一个"看门人"法令的功能,但这个期望仍未实现。《有毒物质控制法》的大门几乎是敞开的。《有毒物质控制法》没有强制要求生产者检测新化学品的毒性;它很少要求生产者向美国环保署提供他们所掌握的任何毒性数据。因此,企业通常不对新化学品的毒性进行检测。正如 the Government Accountability Office 在 2005 年所报告的,"《有毒物质控制法》没有要求化学公司检测新化学品的毒性……并且,据美国环保署官员称,化学公司通常不会主动自愿从事这样的检测"。因此,Government Accountability Office 得出结论,"美国环保署缺乏足够的数据来识别新化学品的潜在健康和环境风险"。

同样的,《有毒物质控制法》对现有化学品的审查以及进行必要监管的方案都是非常薄弱的。《有毒物质控制法》好像是授予了美国环保署监管这些化学品的广泛权力,但是在实践中却很难行使。因为发布检测规则太繁琐,美国环保署必须经常自己收集足以评估现有化学品的科学数据。从这种耗时长且成本昂贵的过程中得出的数据,可能不足以满足§6监管所要求的较高的举证责任。正如 Government Accountability Office 2005 年得出的结论,

---

① Physicians Committee for Responsible Medicine v. EPA(公民不能迫使美国环保署为高产量的化学品建立强制检测程序。)

"美国环保署没有例行地评估现有化学品,关于它们的健康和环境风险只有有限的信息,并且发布的控制这些化学品的规定是很少的"。

最后,《有毒物质控制法》没有与科技变化保持一致进行及时修正。例如,法律文本没有明确地提到生物技术产品。但因为没有其他的相关联邦法律,所以基于它们是"化学物质"的理论,由《有毒物质控制法》来监管这些物质。当然,由此产生的监管框架没有考虑到新奇的生命形式所带来的独特挑战。《有毒物质控制法》退化的另一个例子是它不能充分监管纳米技术——在分子水平上的有毒的工程产品。一些产生者推断,纳米技术不应作为"新"化学品进行加强"审查",理论依据是:虽然它的物理性质——并且因此产生潜在的风险——有很大不同,但它与清单上的"现有"化学品的分子结构是一样的。因此,在很多情况下,产生者在销售新的纳米材料之前没有提出预生产通知。因为《有毒物质控制法》是于1979年正式通过的,是在纳米技术出现之前很久,所以《有毒物质控制法》不能处理这样的问题。

3.5 其他化学物质:州和地方监管

州或地方政府能在多大程度上监管化学物质?《有毒物质控制法》§18规定了在三种情况下允许这样的非联邦监管。第一,如果美国环保署已经发布了有关某一特定物质的《有毒物质控制法》规则或法规,州仍然可以在它境内禁止这个物质的使用。第二,即使美国环保署依据《有毒物质控制法》积极地监管了某一物质,它有权通过一个规则允许州或地方政府采用比《有毒物质控制法》"更高程度的保护"的标准。第三,如果美国环保署当前没有监管一种物质,州和地方政府可以自由地去进行监管。事实上,由于《有毒物质控制法》的弱点,州越来越多地发挥着它们在监管各种物质中的权威,包括像汞这样的有毒物质。

第 4 章 监管有毒物质的使用

4.1 概述

在允许有毒物质进入市场后,联邦法律是怎样监管它的使用的呢?正如第三章所讨论的,美国环保署可能会依据《联邦杀虫剂、杀菌剂与杀鼠剂法》或《有毒物质控制法》施加一定的使用限制,作为市场准入的一项条件。然而,除此门槛之外,有毒化学物质的使用由一系列令人眼花缭乱的联邦法令管理,每一个都是针对问题的不同方面。而且,每个联邦法令都由一个不同的联邦机构执行,并且因此而受到机构的议程、优先权和赞助者的影响,这些都增加了混乱。

鉴于这种分散,也就并不奇怪由此产生的监管框架是以空白、重复和矛盾为特点的。即使是哪些有毒物质值得监管这个基本的问题,根据特定的法令和涉及的机构,也有着不同的答案。本章审视了大量突出解决这一问题的最重要的联邦法令,并且也简要讨论了这一领域的州立法。

4.2 消费者保护

4.2.1 危险物质和消费品:《联邦危险物质法》(FHSA)

《联邦危险物质法》[①]授权美国消费品安全委员会监管各种不同的消费品。作为监管的先决条件,委员会必须把这个产品界定为"危险物质"。依据该法案,"危险物质"的定义有两个方面:第一,这个物质必须是有毒的、腐蚀性的、可燃的、易燃的一个刺激物,一个强大的敏化剂,或者通过分解、加热或其他手段能产生压力。在这个意义上,"有毒的"意味着"能够通过被摄取、吸入或通过身体任何表面被吸收,造成人身伤害或疾病"的物质。[②] 第二,这个物质必须能"在任何习惯或合理可预见的处理或使用期间或作为其一项直接结果,导致实质的人身伤害或实质的疾病"。[③]。对一种危险物质进行界定的过程是很正式的;该法案规定了审判听证,包括配套的证据规则以及对证人的交叉询问权。尽管如此,依据该法案,还是有大量的产品(如某些化学品、玩具飞镖、"樱桃爆竹"烟花和儿童指画颜料)被归类为危险物质。

1. 标签要求

该法案所授权的主要监管工具就是产品标签。打算"用于家庭的或由孩子使用的"所有危险物质必须具有一个标签,内容包括:(1)适当的警示语(如在高毒性物质上标有

---

① 15 U.S.C.A §1261 et seq
② §1261(g)
③ §1261(f)(1)(A)

"危险");(2)主要风险的描述(如"蒸汽有害");(3)描述采取什么样的行动或预防措施来避免风险;(4)适当的急救指南;(5)处理和存储指南。① 例如,在对动物的生物检测后证明二氯甲烷能致癌,委员会认定它为危险物质,并对含有它的家用清洁剂、洗涤剂和其他各种产品提出标签要求。

2. 产品禁令

仅标签还不能提供足够的保护。在一定条件下,委员会可能会禁止用于家庭或由孩子使用的危险物质进行州际贸易。② 为了指定一种"被禁止的危险物质",委员会必须首先判定,在家庭中存在或使用的物质的危害程度或性质是这样的,即只有通过产品禁令才能充分保护公众健康和安全。例如,在 United States v. Articles of Banned Hazardous Substances Consisting of an Undetermined Number of Cans of Rainbow Foam Paint(2d Cir. 1994)案中,第二巡回法院支持了委员会的把儿童泡沫指画颜料归类为被禁止的危险物质的决定。法庭认为,颜料需要由儿童从加压罐中分离出来,而儿童太年轻,理解不了标签的警告;而当颠倒使用这个加压罐时,是易燃的,具有实质性伤害的风险。

4.2.2 普通消费品:《消费品安全法》(CPSA)

调整消费品安全的主要联邦法律是《消费品安全法》③,该法也是由美国消费品安全委员会执行的。依据该法案,"消费品"被定义为,为了给消费者在家庭或饭店、学

---

① § 1261(p)
② §§ 1261(q)(1),1274
③ 15 U.S.C.A § 2051 et seq

校或其周围进行娱乐或其他方面使用,而生产或销售的任何物品。[1] 因此,对含有有毒或危险物质的产品,《消费品安全法》和《联邦危险物质法》的规定尴尬地重叠了;这两个法案有可能都适用于同一个产品。尽管有这一重大重叠,但依据《消费品安全法》的监管程序(非正式规则制定)所要求的要比《联邦危险物质法》要求的(审判听证)少得多,这就激励着委员会使用《消费品安全法》。§2079(d)试图解决这一重叠;该条款规定,只有在委员会采用一个规则,即《消费品安全法》对产品的监管是基于公共利益时,这种产品的伤害风险才可以依据《消费品安全法》进行监管。

1. 消费品安全规则

该法案授权委员会为呈现出不合理"伤害风险"的消费品正式通过"消费品安全规则",不合理"伤害风险"被定义为"死亡、人身伤害、严重或频繁的疾病的风险"。[2] 为颁布这样的一个规则,委员会必须判定:(1)这项规则对消除或减少与产品相关的伤害风险是合理必要的;(2)该项规则所预期的收益与它的成本之间有合理的关系;(3)该规则施加了"防止或充分减少伤害风险的最不繁重的要求"。[3] 消费品安全规则有两种基本类型。第2056条授权通过包含性能要求、产品包装和标签要求的"消费品安全标准"。如果没有可行的消费品安全标准来充分保护公众,那么委员会可以依据第2057条正式通过一项规则,宣告该产品是被禁止的危险产品并禁止它的经销、销售和使用。

---

[1] §2052(a)(1)
[2] §2052(a)(3)
[3] §2058(f)(3)

2. 案例研究：甲醛的故事

尽管委员会有广泛的权力,但以它第一次试图禁止这种产品的命运为标志,委员会监管含有毒物质的消费品的努力是相当有限的。经过6年的调查后,委员会于1982年禁止在家庭和学校中安装脲醛泡沫绝缘材料(UFFI)。它的调查显示,脲醛泡沫绝缘材料排放大量的甲醛气体,是一种在实验室动物中发现的诱发癌症的有毒物质,会导致人类患癌症的风险增加1/20000。在 Gulf South Insulation v. CPSC(5th cir 1983)案中,因没大量证据支持,第五巡回法院推翻了这个禁令。尽管承认了委员会的研究——"表明脲醛泡沫绝缘材料明显提高了家中甲醛的水平",但法院发现,它们是受到了欠佳的方法学的不良影响;例如,它注意到所选择的进行调研的许多脲醛泡沫绝缘材料家庭是因为之前就有与脲醛泡沫绝缘材料有关的健康投诉,而不是随机选择的。同样,法庭在委员会的剂量反应评估中发现了一个"疑问因素",它注意到用于动物生物测试的老鼠数量太少,并质疑委员会的很低剂量的甲醛就能致癌的假设。

4.2.3 食品、药品和化妆品:《食品、药品和化妆品法》(FFDCA)

最突出的以健康为基础的法规可能就是《食品、药品和化妆品法》①,该法案授权食品和药品管理局保护食品、药品和化妆品的整体安全。尽管复杂的法案令人混乱,但它的中心主题很简单:在美国只销售"安全的"食品、药品和化妆品。正如最高法院在 Young v. Community Nutrition Institute(s. ct. 1986)案中所解释的"法案所寻求确保的是

---

① 21 U.S.C.A §301 et seq

国家食品供应的纯净……"因此,在州际贸易中运输或接收任何"掺假"的食品、药品或化妆品都违反了该法案,可能会对违法者施以民事和刑事处罚。[①] 以下的讨论关注于该法案众多监管对象中的两个方面:食品添加剂和农药残留。

1. 食品添加剂

一系列的物质——包括调味品、营养品和防腐剂——被直接加入到食品中。其他的一些物质可能间接地被加入到食品中,比如通过与包装相关的方式。理解错综复杂的《食品、药品和化妆品法》的起点是食品添加剂的定义。依据该法案,食品添加剂是符合以下两个方面的物质:

• 成为任何食品的一个"组成部分",或影响任何食品的"特性"(除了农药残留或色素添加剂以外)。

• 没有经过有资质的专家"公认"是"已通过科学程序充分显示出""在其预期使用条件下是安全的"。[②]

这个定义最突出的部分就是(在某种程度上令人联想到《联邦杀虫剂、杀菌剂与杀鼠剂法》),它把安全证明责任分配给了食品添加剂产生者,而不是食品和药品管理局。例如,由于科学不确定性而不能被证明安全的物质就假定是不安全的。因此,作为一个一般的规则,任何含有食品添加剂的食品都被认为是"掺假的"——从而是不可被销售的——而不管成本、技术或其他因素。[③] 食品和药品管理局维护着一份"一般被认为是安全的"添加剂清单。任何权益人(包括添加剂产生者)都可以申请一种物质是或不是食

---

① §§331,333

② §321(s)

③ §§348(a),342(a)

品添加剂的行政裁决。

然而,这个一般的规则受到一个主要例外情况的限制。即使一种食品添加剂不是"公认安全的",食品和药品管理局可以发布一项规定,批准它的使用是基于发现它拟议的用途实际上是安全的。[①] 为达成这项决定,食品和药品管理局必须考虑的条件包括:添加剂可能的消费、人类饮食中添加剂的累积影响和专家公认的适宜使用动物实验数据的安全因素。[②] 因此,假如,即使一种添加剂不是公认安全的,食品和药品管理局可以在一定条件下(只允许在特定食品中使用,或施以标签或包装要求)允许它的使用。食品和药品管理局在这个领域的主要监管方法就是限制加入食品中的添加剂的数量,这被称为"容限"。

食品和药品管理局管理转基因食品的方法是饱受争议的。一般来讲,它对这些食品没有要求任何特殊的审查过程。因此,依据《食品、药品和化妆品法》,通过基因工程被加入到食品中的基因并不认为是一种"食品添加剂"。所以,产生者也就没有责任证明转基因食品是安全的。这种方法在 Alliance for Bio–Integrity v. Shalala(D.D.C. 2000)案中得到了支持。

最后,食品和药品管理局的监管权力范围受到了所谓"德莱尼条款"的限制,这在本质上是例外的例外。任何添加剂若"被发现经人或动物食用后致癌"都要被认为是"不安全的"。[③] 德莱尼条款(在该法案的其他地方也有发现)

---

① § 348(a)
② § 348(c)(5)
③ § 348(c)(3)(A)

被普遍谴责为是不理智的癌症恐惧症的产物。实质上,如果一种物质在任何条件下(如极高剂量)会对实验室动物致癌,那么它就不能被批准使用于食品中,即使对人类的风险是微不足道的(如一万亿分之一)。这就导致了"德莱尼悖论"——有微小致癌风险的物质被禁止,而有导致致命疾病而非癌症的重大风险的替代物质则可能会被允许。

在 Public Citizen v. Young(D. C. Cir. 1987)案中,哥伦比亚特区巡回法院驳回了食品和药品管理局规避《食品、药品和化妆品法》另一条中所包含的德莱尼条款的努力;该条要求,在使用"色素添加剂"之前要列入食品和药品管理局的"名录"(登记的一种形式)。该案例以两种染色剂为中心——尽管这两种染色剂对实验动物致癌——但对人类的致癌风险是微小的;其中一种添加剂,橙色 17 号呈现出了只有一百九十亿分之一的日益增高的人类致癌风险。尽管对法官不是"拘泥于字句的毫无希望的奴隶"有异议,但法院拒绝采用食品和药品管理局的具有可忽略风险的物质不受德莱尼条款限制的主张。

2. 农药残留

依据该法案,农药残留的"容限"由美国环保署而不是食品和药品管理局来决定。作为一个一般的规则,含有任何农药残留的任何水果、蔬菜、其他"未加工农产品"或加工食品都被认为是"掺假的"(并因此不能被销售),除非:(1)残留量在美国环保署已设定的农药容限范围内;或者(2)特殊豁免。① 因此,种植者积极减少农药的使用,为的是能使他们的农产品符合美国环保署的容限要求。

---

① §346a(a)(1)

美国环保署通常只有在它确定了这个容限是"安全的",才会为农药残留设定一个容限。在这里,"安全的"是指,能"合理确定"对残留的总计暴露不会导致危害,包括所有可预见的日常饮食暴露。① 不出所料,该法案规定了这个标准的例外情况。即使美国环保署不能确定暴露于残留物对人类健康没有威胁的下限水平(如一些致癌物),它仍可以在一定条件下(比如,使用农药保护消费者来应对可能会带来更大风险的健康危险,或者使用规定的量化安全限度)设定残留物容限。② 对婴儿和儿童吃的食品有更高的保护要求。③

4.3 职员保护:《职业安全和健康法》(OSHA)

工作场所是人们暴露于有毒物质的最大的源头。对这种暴露的健康影响的关注推动了 1970 年《职业安全和健康法》④的通过。尽管《职业安全和健康法》涉及各类工人安全问题(如安全眼镜和机器使用限制),但它尤其强调防止工人遭受有毒材料和有害物理因素侵害的重要性。该法案确立了一项一般责任,即雇主要提供给工人"不存在导致或可能导致雇员死亡或严重身体伤害危险的工作和工作场所"。⑤

---

① §346a(b)(2)(A)
② §346a(b)(2)(C)
③ §346a (b)(2)(C)
④ 29 U. S. C. A. §651 et seq
⑤ §5(a)(1)

4.3.1 职业安全和健康标准

该法案的中心是§6,该条授权劳工部长颁布"职业安全和健康标准",即要求雇主利用具体方法保护雇员的规则。[①] 实际上,这项职责是由职业安全和健康署实施的。保护的方法可能包括:(1)标签或其他适当的警示手段;(2)保护装备;(3)管制或技术程序;(4)监测和测量雇员的暴露;(5)雇员医疗体检。在有毒物质法规中,最重要的标准就是"可暴露的限度"(PEL)。"可暴露的限度"限制了一个雇员在一定时间期间内可暴露于物质的数量(如平均8小时内不超过5ppm)。

4.3.2 有毒材料可暴露的限度

在 Industrial Union Department, AFL－CIO v. American Petroleum Institute(S. Ct. 1980)案中,最高法院审查了设立职业安全和健康标准的程序。许多行业组织反对劳工部将苯的"可暴露限度"从10ppm减少到1ppm的决定。劳工部宣称新的"可暴露限度"依据的是§6(b)(5),该条款是适用于"有毒材料"和"有害物理因素"标准的特殊条款。该条款要求劳工部设定的标准是"能最充分确保;有一定可行性;以最充分的证据为基础的;即使是雇员经常暴露于危险,也不会遭受重大健康或机能能力的损害……"

梳理了众多观点,大法官 Stevens 得出结论,劳工部在管理程序中忽略了一个关键的步骤并由此使"可暴露限度"无效。他把§3(8)解释为,授权做出下限决定——在依据该法案采用任何职业安全或健康标准之前——即在工作场所的暴露造成了严重健康风险并且新标准是"合理必要的

[①] §6(a)

或适当的"。因此,管理机构的责任是依据大量证据证明,长期暴露于 10ppm 苯多半可能会呈现出严重健康损害的重大风险。

大法官 Stevens 得出结论,劳工部没能提供有理由降低"可暴露限度"的重大风险的任何证据。在一定程度上,他的观点可以看作是在这个过程中所使用的关于早期风险评价方法的评论。更重要的是,这表明了一项重新燃起的司法意愿,即重新评估有关哪些风险值得监管的行政决定。这个观点还提供了什么是"重大风险"的指导。法院评论道:

例如,如果一个人死于喝了加氯水而导致的癌症的可能性是十亿分之一,那么,这种风险显然不能被认定为是重大的。另一方面,如果经常吸入汽油蒸汽,2%的苯将会致命的可能性是千分之一,那么有理智的人可能会认为这是风险重大的。

American Petroleum Institute 经过广泛的流行病学研究和动物生物检测,证明接触 10ppm 苯会导致患白血病的风险更大,大约是 11/175,七年后,劳工部再一次降低苯的"可暴露限度"到 1ppm。然而,在这期间,有成千上万的工人被暴露于了更高水平的苯,而依照最初的"可暴露限度"这本来是可以避免的。

为建立一个"有毒材料"和"有害物理因素"的标准,劳工部必须首先满足 American Petroleum Institute 阐明的下限测试,接着要满足上述 §6(b)(5) 的特殊要求。在该第二步骤中,考虑到经济和技术限制,劳工部必须将风险减少到"可行的"程度。

- 经济可行性:如果它的成本"不会威胁到一个产业

的存在或竞争结构",即使是会有一些"边缘公司"被取代,那么,这项标准也被认为是经济上可行的。① 正如最高法院在 American Textile Manufacturers Institute, Inc. v. Donovan(S. Ct. 1981)案中所确立的,劳工部并不需要通过成本—效益分析来证明一个新标准是适当的。

• 技术可行性:如果"现代技术至少被用于设计出一些可能符合'可暴露限度'并且企业通常能够采用的工业战略或装置",那么,这些标准被认为是技术上可行的。②

4.4 公众一般保护

4.4.1 对公众的警示:《应急计划与社区知情权法》(EPCRTKA)

在1984年印度博帕尔造成成千上万人死亡的有毒气体释放事件中受到警醒,国会制定了《应急计划与社区知情权法》③。该法案有两个目标:(1)发展应对有毒物质释放的地方应急计划;(2)为公民和地方政府提供关于危险化学品使用、生产或储存的信息。

1. 应急计划

该法案的应急计划侧重于"极危险物质"(EHS),也就是国会认为的对人类健康最危险的物质。④ 目前的清单⑤,包括甲醇(导致博帕尔灾难的物质)和350多种其他有毒物

---

① United Steelworkers of America v. Marshall(D. C. Cir. 1980)
② United Steelworkers of America v. Marshall(D. C. Cir. 1980)
③ 42 U.S.C.A. § 11001 et seq
④ § 302(a)
⑤ 40 C.F.R. Part355, Appendix A

质。该法案授权每一个州确定一个地方应急计划委员会;每个委员负责制定应对其区域内极危险物质释放的计划。① 计划必须要有的内容,如:(1)确认使用极危险物质的设施;(2)确认极危险物质可能的运输路线;(3)如果发生了极危险物质释放,设施所有者和应急处置人员应遵循的方法和程序;(4)查明这种释放发生的方法;(5)疏散计划;(6)培训方案;(7)计划演习的方法和日程安排。②.

为促进这一进程,该法案对生产一定限制数量的极危险物质或其他危险化学品的"设施"的所有者和经营者设置了披露义务。"设施"是指所有的建筑物、设备、结构体和坐落于单一地点上或共同管理的毗连地点上的其他固定物。③ 起初,为了准备和更新地方应急计划,这些所有者和经营者必须向州和地方官员报告他们的设施所产生的极危险物质和危险化学品的类型和数量。④ 如果一定限制数量的极危险物质确实从设施中溢出、泄露或被"释放"到环境中,那么,所有者和经营者必须立即向政府当局报告,以便地方应急计划能够被实施。⑤ 当从这种设施中释放出一定限制数量的《综合性环境响应、赔偿和责任法》中规定的"危险物质"时,也会启动应急报告责任(见第七章)。

2. 公众信息

公众有权利知道在他们社区有哪些有毒物质正被使用吗?§313——也许是该法案中最重要的并有争议的部

---

① § 301
② § 303
③ § 329(4)
④ § § 302(c),311,312
⑤ § 304(a)

分——肯定地回答了这个问题。它要求工业界每年都要提供这一信息接受公众检查。依据这些信息编制成的初始《有毒物质释放清单》(TRI)震惊了全国：报告显示，1987年，向环境排放了超过104亿磅的"有毒化学品"。负面报道所产生的风暴驱使很多公司大量减少了它们的排放。

《有毒物质释放清单》目前包含600多种依据§313被列入清单的"有毒化学品"。[①] 一般而言，拥有10个或以上的雇员，生产、制造或使用规定数量的有毒化学品的设施的所有者和经营者，必须每年向美国环保署提交一份统一的"有毒物质排放表"。[②] 这份报告必须包括：(1)估算设施中产生的每种有毒化学品的最大数量；(2)描述处理或处置废弃物的工作方法；(3)排放到环境中的每种有毒化学品的数量。[③] 美国环保署必须基于这些报告所提供的信息，建立、维护并使公众能得到一份电子版的"国家有毒化学品清单"。[④] 公民通过个人电脑访问这个数据库，就能很容易地获得有关他们区域有毒化学品使用情况的信息。

只有在一种化学品直接导致严重人类伤害时，它才可能被列入《有毒物质释放清单》。因此，在American Chemistry Council v. Johnson (D. C. Cir. 2005)案中，哥伦比亚特区巡回法院宣告美国环保署的MEK清单无效。美国环保署将MEK列入清单是因为它是臭氧形成的原因之一，显然是一种有毒化学品。但是，法院发现，MEK自己并不

---

① 40C. F. R. §372.65
② §313(b)(1)(A)
③ §313(g)(1)(c)
④ §313(j)

能直接危及人类,最多是一个间接威胁。它注意到,美国环保署对"有毒化学品"的广义解释甚至都可以把水列入到《有毒物质释放清单》。

4.4.2 有毒物质的运输:《危险物品运输法》(HMTA)

运输和处理增加了有毒物质和危险废物带来的风险。装运危险废物的卡车可能会遭遇交通事故;装运氯的火车车厢可能会脱轨。由交通部执行的《危险物品运输法》[①]是监管"危险物品"运输的最重要的联邦法。其他的联邦机构(如美国环保署、职业安全和健康署)也被授权监管运输的有关方面,并一贯遵从交通部的指示。

该法案适用于任何"危险物品""贸易"(通过铁路、公路、航空、水路、管道或其他)中的运输。如果运输一种"一定的数量或形式可能会对健康和安全或财产造成不合理风险"的特殊物质,交通部可以依据§5103(a)指定它为危险物品。有2000多种物质(包括有毒的、易爆的、放射性的、易燃的、可燃的和腐蚀性的物质)就是这样被认定的;当前的清单列在49C.R.F.§172.101。尤其是依据《危险物品运输法》,所有《资源保护和恢复法》中的"危险废物"和所有《综合性环境响应、赔偿和责任法》中的"危险物质"也都被认为是"危险物品"。

根据该法案,交通部颁布了一系列保障危险物品在州内、州际和对外贸易中运输安全的规定。在C.F.R中,这些规定占了1000多页,这些规定对运输的所有方面都强加了标准,包括运输文件、容器、包装、标签、标语海报、包装材料、处理、装载、路线、卸载、临时存放、检查、雇员培训和应

[①] 49 U.S.C.A.§5101

急准备状态。① 除了实际的运输者,"导致"危险物品被运输的人或生产、养护运输容器的人都要遵守这些要求。② 该法案还要求运输某些危险物品的运输者(以及"导致"这种运输的人)向交通部进行登记。③

4.5 州监管

杂乱无章的州管理方法加剧了这一领域中管理的分散。一般而言,管理有毒物质使用的联邦法并不完全优先于州法律。例如,《消费品安全法》允许州采用比联邦法律防护性更强的消费品标准;这就使得即使是在 Guif South Insulation 案中,联邦禁令被废除之后,仍允许马萨诸塞州依据州法规禁止脲醛泡沫绝缘材料。④ 同样,根据《职业安全和健康法》,州可以实施它们自己的"至少和联邦标准同样有效的"工人保护计划,但也有各种限制,比如,不能过度地加负荷于州际贸易。依据《应急计划与社区知情权法》《联邦食品、药品和化妆品法》《危险物品运输法》和《联邦危险物质法》,至少也有部分州法规被准许。

其中一个最有名的这种州法规的例子就是 1986 年的《加利福尼亚安全饮用水和有毒物质执行法》⑤。经投票通

---

① 49C. R. F. parts171—180

② § 5103(b)

③ § 5108(a)

④ Borden, Inc. v. Commissioner of Public Health(Mass. 1983)(支持了脲醛泡沫绝缘材料使用的州禁令。)

⑤ Cal. Health&Safety Code § 25249.5 et seq(也被称为"加州第 65 号提案"。)

过,该法案禁止拥有10个或以上雇员的公司将任何人故意暴露于确知会导致人类或实验动物癌症或繁殖毒性的化学物质,除非公司证明该物质是安全的,或者公司提供了恰当的预警。法定安全检测要求证明,物质"假定在州已知的导致癌症的水平上终身暴露,也不会造成重大风险"。科学不确定性的责任当然就由受影响的公司来负担了。因为这个安全标准很难达到,在实践中,该法案与"德莱尼条款"类似,影响了极微小可能导致癌症的物质的使用。因此,很多加利福尼亚公司使用这些化学物质是通过在标签、发票、广告、销售点招牌等设置消费者警示,以符合该法案的要求。然而,因为这些警示标识随处可见(如在所有的加油站,大多数的酒吧、超市和办公大楼),反而大多被公众忽视了。

第 5 章　依据《清洁水法》《清洁空气法》和《安全饮用水法》监管有毒污染物

5.1　序言

5.1.1　与其他法律的关系

本章分三个步骤探究理解这三部法令对有毒物质的管理。第一步考虑每部法案中应对有毒物质的具体规定。在《安全饮用水法》[①]中识别这些规定很简单,因为几乎整个法案都是致力于应对有毒物质的。但是,在《清洁水法》[②]和《清洁空气法》[③]中,这个任务要复杂得多,因为管理有毒物质的规定深陷于应对更广泛污染物的立法中。由于这个原因,理解这两部法案必须采取第二个步骤。要理解它们应对有毒物质的方法,就需要对这两个法案的整体法律制度有所了解。因此,接下来的讨论要把每个法案对这些物质的处理放置在更广泛的整个法案的情境中。它是根据对这三个法案一些共同特征的讨论而得出结论。

[①] 42. U. S. C. A. § 300f et seq
[②] 33. U. S. C. A. § 1251 et seq
[③] 42. U. S. C. A. § 7401 et seq

然而,孤立地理解每个法案是不够的。对这三个法案必须进行第三个步骤。这就需要考虑特定法案与管理有毒物质的其他法律之间的关系。尤其是,它还涉及这些法案与管理危险废物的两个主要法律之间的关系,即《资源保护和恢复法》和《综合性环境响应、赔偿和责任法》。因此,最后一步需要考虑第六章到第十二章所涉及的物质。

5.1.2 有毒污染物的当前释放

尽管依据《清洁水法》《清洁空气法》和《安全饮用水法》进行了数十年的管理,但令人难以置信的是美国仍然一直有大量的有毒污染物排向周围的水和空气。例如,根据美国环保署的2004年《有毒物质释放清单》,那年美国有15.5亿磅危险污染物被排放到大气中(相比之下,地表水接收的24100万磅有毒污染物还算相当少的)。这些数字反映出了,在控制有毒物质向周围环境有害排放方面取得的重大进步和面临的重大挑战。

一方面,2004年的数据表明,向大气中排放的有毒物质量比1988年下降了约33%。另一方面,近几年的下降量并不算大。2004年空气排放物的数据显示比前一年下降了2%。2004年向地表水排放的污染物比前一年实际增加了10%。无论如何,许多环保主义者和健康拥护者都认为,当前的排放量仍是过高的。找到允许排放的"安全"水平,尤其是向大气中的排放,并不是一项容易的任务。尽管大气的分散性能够吸收大量的污染物,并能将它们的浓度减少到接近限量,但居住在排放源附近的人们也可能会遭受健康威胁。这在有大量有毒物质排放源的城市地区尤其真实。而且,正如第二章所讲的,尤其是一些致癌物,它们可能根本就没有"安全"暴露水平,所谓"安全"暴露水平就是在这个浓度水平之下暴露于这些物质不会产生额外的癌症风险。在这样的情况下,尽管大气的分散性能够减少癌症风险,但并不能完全消除它。

阐释这种持续存在的大气污染物排放并不难。排放者包括重要的企业群体和公众活动。从重要的化学公司,到市政垃圾焚毁炉,再到当地干洗店的每项活动,都可能会受到《清洁空气法》的管理。由于会涉及重大的经济和公共利益,也就并不奇怪在这个领域的大多数监管行动都会遇到来自企业的批评性反应和严重抵抗。实际上,对这些抵抗的行政上以及立法上的应对,就形成了当前的《清洁空气法》《清洁水法》和《安全饮用水法》的体系。

5.2 《清洁水法》对有毒物质的管理

5.2.1 序言

《清洁水法》[①]监管有毒物质向国家水域排放的方法有三种:(1)以技术为基础的标准;(2)以水质为基础的标准;(3)以损害为基础的标准。最主要的方法就是以技术为基础的标准。这些以技术为基础的标准要求废水排放者通过使用可用的处理技术,将他们的有毒污染物排放削减到可能的水平。对于不同的有毒污染物和不同的行业,美国环保署首先确定削减这些排放的"最佳可用技术"是什么,然后要求所有的排放者符合那些水平要求。

当这些技术基础标准没有充分削减有毒污染物时,就会适用第二套标准。这些以水质为基础的标准是作为法案

---

① 33. U.S.C.A. § 1251 et seq

所要求的水质计划方法的一部分而设置的。这些标准通常是由执行美国环保署职权的州政府设定的,这些标准帮助每个州达到法案的使国家水体"可以养鱼与游泳"的总体目标。它们允许州对有毒物质排放施加的限制高于那些仅要求通过技术基础标准而施加的限制。

最后,该法案还包括第三套标准。这些以健康为基础的标准关注的是与特定有毒物质相关的人类健康风险。

5.2.2 历史发展

1. 1972 年以前的方法

在 1972 年以前,《清洁水法》(当时被称为《联邦水污染控制法》(FWPCA))主要通过三个步骤的水质计划过程来监管向国家水体的排放。有毒物质排放包含在这个过程中。

第一,州应该调查它们边界范围内的水道,把这些水道分成若干部分,并确定每一部分的主要用途。例如,Smith 决定,围绕 Smithville 的那段 Smith River 可以用于休闲钓鱼和划船;流经 Smithville 的那段 Smith River 可以用于港口和滨水产业;Smithville 下面的那段 Smith River 可以用于远洋运输和城市废水稀释。

第二,州可以建立水质规范和标准来保护这些设定的用途。"规范""包括州水域用途划分和这些水域的水质标准……"[①]"标准"是"州水质规范的要素,以成分浓度、含量或者叙述语句来表示,代表一个特定的使用"。[②] 将河流指定为"可以养鱼与游泳"通常要求最有保护性的水质标准。

---

① 40C. F. R. § 131.3(i)
② 40C. F. R. § 131.3(b)

例如,为保护设定于 Smithville 上的那段 Smith River 的休闲钓鱼用途,州可能会建立溶解氧的标准,溶解氧是鱼呼吸的必备物质。在它的水质控制计划中,州可以通过数字的或者叙述的方式设置溶解氧的标准。用数字的方式表示,该计划可能要求"在任何时候,在有关河流段至少要有 5ppm 溶解氧"。对同一河流段的同一标准,如果表示为叙述性的语言,可能就是简单的一句:"在任何时候,都应当有足够的溶解氧能够使鱼维持生活"。

有毒物质的排放标准经常表示为叙述性语言。因为当时被监管的很多有毒物质在水中是不溶解的,所以认为是没有必要将它们量化表示(如 ppm)。它们在水体中可能只是不易被察觉的。因此州的计划可能仅"禁止在对鱼类有害的数量上排放有毒污染物"(当然,这种叙述性的标准并没有解决水溶性的或沉没成为水底沉积物一部分的有毒物质的存在,这些有毒物质后来会以它们的方式在食物链中发挥作用)。

第三步是最重要的。在这一步骤中,州必须弄明白怎样才能确保它的标准得到满足。继续上面的例子,州必须要确定向 Smithville 上面的河流排放可能影响溶解氧或有毒物质标准的排放者。如果合并排放使溶解氧减少到低于标准,州必须在不同的排放者中分配允许的排污限量。

理论上,这些努力能够发挥作用。但是实践中,由于种种原因,它们很少能奏效。例如,在任意一个州,为达到与水体用途相适应的保护标准,在决定特定排污分配中,政治可能会起到巨大的作用。州通常不愿参与到那样的政治活动中。结果就是会有额外的压力来下调特定河流段上的受保护的用途。即使是某一个州愿意保护一些有更高环保要求的用途,但是州际动态会使其处于不利地位。任何一个州可能只指定它的水体主要用于工业或废水稀释。在这样的州,少量的污染削减是必要的,而在寻求使其水体能够"养鱼与游泳"的州可能会要求它的企业承担昂贵的污染控制措施。生意可能会蜂拥至前面那个州,使后面那个州处于经济不利地位。评论家称这种动态为"宽松竞赛",因每一个州的经济利益而减低环境监管,而不是鼓励更高的水质量。

即使一个州想要保护它的水体达到更高的能够养鱼和游泳使用的质量,它也面临着其他的执行问题。这些问题尤其希望有叙述性表达的标准。例如,假定 Smith 关于 Smithville 之上的 Smith River 的水质控制计划是"有毒污染物的排放在数量上不能对鱼类有危害"。进一步假定,尽管有这一标准,在河流的那段还是发生了鱼类死亡。州水质控制工程师就确定是致命数量的假设的有毒物质 DDZ 导致了鱼类死亡。州管理者就要找出谁在相关的时间内排放了 DDZ。如果有许多排污者,每一个都可能会将手指指向别人。

对在达到有毒水平之前已在河底沉积数年的有毒物质的执行问题则要更加困难。在这种体制下,生物体内积累(物质以它们的方式在食物链中发挥作用,使有毒物质浓度增加的过程)和协同作用(两个相对无害的物质结合形成第三种更危险的物质)造成了额外的大量的执行问题。

2. 1972 年以后的发展

为应对出现的这些以及其他的问题,从 1972 年起国会制定了三部修正案。这些修正案大大改变了对一般水污染和特殊有毒污染物的监管。依据里程碑式的 1972 年修正案来处理有毒物质的最初努力是失败的。该方案要求一个单调乏味的、物质接着物质的、以风险为基础的分析。除了像滴滴涕或多氯联苯这样有最充分记录的物质外,伴随着风险分析的科学不确定性导致了过多的延误和声势浩大的诉讼。① 实际上,最终美国环保署依据该方案仅监管六种物质。②

尽管在目前的法律中仍然保留有物质接着物质的以风险为基础的方法,但在 1977 年和 1987 年《清洁水法》修正案中,国会强调了两种不同的水污染物监管方法。因此,在 1977 年的立法中,国会采用了以技术为基础的方法。在 1987 年修正案中,国会恢复了水质标准。

5.2.3 当代制度

在 1972 年立法中,国会确立了完全禁止向国家水道"排放超标准数量的有毒污染物"作为其政策。③ 根据当前的方案,《清洁水法》试图通过两种主要的方式实现崇高的"零有毒物质排放"目标:(1)以技术为基础的要求;(2)以恢复水质计划为基础的要求。另外,该法案还包含许多应对水有毒物质残留的和新兴的方法。

1. 以技术为基础的要素

该法案的以技术为基础的要素是它监管制度的中心。在这方面,对有毒物质的处理要遵循以技术为基础的排放标准。

---

① Environmental Defense Fund v. EPA(D. C. Cir. 1978)(支持了美国环保署的多氯联苯零排放标准。)
② 42 C. F. R. Part 129
③ § 101(a)(3)

(1)污染源

该法案将水污染源分成两种:点源和非点源。点源是指可识别的、固定的以及独立的传输途径……污染物通过这种途径……可能被排放。定义明确排除"农业用途的雨水集中排放和农业灌溉回水"。[1] 点源最容易想象成一个直接向水体排放的污水管。非点源最容易想象成雨水从山坡上流淌并排放到附近的河流。该法案主要监管点源,尽管非点源在近年来日益受到立法上和管理上的注意。这种分散的规定要求工业废水在输送到公共处理厂之前要进行预处理。实际上,这些条款规定要求这样的间接排污者采取与干扰、通过或其他与公共处理厂不相容的任何点源污染物同样的污染控制措施。[2]

(2)污染物类型

在点源领域,该法案把污染物分成了三个不同的组:(1)常规污染物;(2)有毒污染物;(3)非常规、非毒性污染物。常规污染物包括像生物需氧量、悬浮物、大肠杆菌和PH这样的物质。[3] 法律上对非常规、非毒性污染物的定义中包括氨、氯、铁和总酚类化合物。[4] 在这些非常规、非毒性污染物的存在也暗示着有毒物质的存在的情况中,就好像它们是有毒物质一样,经常被监管。[5] 该法案有规定,美国环保署能够依据这些条款规定将新物质增加到常规和非

---

[1] §502(14)
[2] §307(b)
[3] §304(a)(4)
[4] §301(g)
[5] 40C.F.R.122.44(e)(2)(ii),125.3(h)(1);Rybachek v. EPA(9th Cir. 1990)

常规、非毒性污染物清单上。①

把一种污染物归类为有毒污染物可能有三种方式。第一,该法案指定了必须作为有毒物质进行监管的65种物质。② 第二,它规定了美国环保署在修改清单增减特定物质时必须要考虑的六个因素。在修改清单时,美国环保署必须"考虑污染物的毒性、持久性、降解性、受影响的生物在任何水域中通常的或潜在的存在、受影响生物的重要性、有毒污染物对这些生物的影响的性质和程度"。③ 第三种方式和第二种是紧密相联的:把有毒污染物广义定义为"依据美国环保署获得的信息,那些会导致任何生物或它们的后代死亡、疾病、行为异常、癌症、基因突变、生理障碍(包括繁殖障碍)或身体变形的物质"。④

(3)排放限制和许可

在对污染物的来源和类型进行分类后,该法案对点源污染排放施加了大量的以技术为基础的限制。每个点源必须将其废水中的污染物质削减到特定污染物控制技术和方法所采用的限量水平。这些限量水平首先由法令规定,接下来,如下面所讨论的,由美国环保署具体执行。接着,美国环保署的一般要求就通过许可制度适用于单个的排污者。每个排污者必须获得许可,来限制它的特定污染物排放符合美国环保署标准所允许的限量水平,该许可通常是从美国环保署授权的州政府那里获得。这些标准和许可制

---

① §304(g)(4)
② §307(a)(1);40C.F.R.401.15
③ §307(a)(1)
④ §502(13)

度被称为"国家污染物质排放削减制度"(NPDES)。对违反"国家污染物质排放削减制度"的行为一般由州来执行。但是美国环保署保留后备执行权力。

(4)削减时间表

在1972年修正案中,国会设定了一个时间表,要求所有现有污染源适用行业内"目前最可行的控制技术"(BPT)将它们的污染削减到要求的限量水平[1]这就是指在一个行业类别中"平均最好的"污染削减措施。[2] 国会预期在第二轮技术改进中能有更多的削减。最终,第二轮一直延长至1989年才完成。

从1977年修正案开始,第二轮所要求的措施取决于所涉及的污染物质的类型。例如,对常规污染物,国会要求应用"最佳常规污染物控制技术"(BCT)进行进一步削减。[3]对有毒污染物和非常规、非毒性污染物,国会要求适用某一特定类别的点源"经济上可行的最有用的技术"(BAT)削减到限量水平。[4](对那些不会造成人类健康或环境损害的非常规、非毒性污染物的排放,国会也授权美国环保署放宽其BAT标准[5])。在设定有毒物质排放BAT限制时,美国环保署必须考虑上述认定一个物质为有毒物质的相关因素,并考虑其他监管机构对一种物质的有效控制将要或可能达到的程度。[6]

---

[1] § 301(b)(1)(A)

[2] EPA v. National Crushed Stone Ass'n(S. Ct. 1980)

[3] § 301(b)(2)(E)

[4] § 301(b)(2)(A)(emphasis added),307(a)(2)

[5] § 301(g)(1)(2)

[6] § 307(a)(2)

上述这些标准适用于现有污染源。新污染源要适用更为严格的"新污染源执行标准"(NSPS)。① 在现有污染源标准颁布之后,第一次试图要排放的潜在污染源就被要求采用"最佳可得示范性控制技术"(BADT)。这些更加严格的标准认识到,要求未建造的设施追加投资污染控制设备比要求现有设施容易得多。另外,它们最小化了新污染源向任何先前已存在的问题上再添加污染的机会。

(5)以技术为基础的标准的实施

美国环保署通过四个步骤来确定某一个特定污染物或某一类污染物的"BAT"或"BADT"。第一,对每一个单独的污染物或每一类污染物,美国环保署要确定其排放的污染源(如工厂)。第二,它把这些污染源分成众多的工业群和子群。② 例如,纸浆和造纸厂归为一类排污者,无机化学品制造商归为另一类。这些群组里的子类可能开启特定种类的纸或化学品制造。第三,美国环保署调查特定排放者,测量它们的目标污染物的实际排放。第四,基于排放者实际的实践以及法律标准,美国环保署要求一个特定产业群中的所有排放者符合与选出的"模范"排放者相同的排放限量水平。③ 因此,在一个既定类别中,所有排放者是被同一对待的,而不论它们的位置。④ 这些统一的国家标准消除了导致上述"宽松竞赛"的其中一个诱因。

对每一类污染物,美国环保署都要设置日和月的最大

---

① §306
② §306(b)(1)(A)
③ Waterkeeper Alliance v. EPA(2d Cir2005)
④ American Iron&Steel Institute v. EPA(3d Cir. 1975)

许可量,表述为废水总量或物质许可浓度这样的词语。这些污水限制有着相似的缩写,它们之间的区别取决于两个主要因素:(1)基于"最前沿"技术和实践所需要的履行的程度;(2)一个给定标准的成本效益关系。对比§304(b)(1)(B)(用于设置"BPT"的因素)和 §304(b)(2)(B)(用于设置"BAT"的因素),尤其是在设置"BAT"时,美国环保署必须考虑"相关设备和设施的年限、使用的过程、不同类型控制技术的工程方面的应用、过程变化、取得这些污水削减的成本、非水质环境影响(包括能源需求)……"①。"BAT"和其他标准之间的另一个区别在于差异的可用性和排污者运营中的强制性变革在污染削减中所发挥的作用——而不是它的处理技术。最后,对于有毒物质,法案特别要求美国环保署建立"一个足够的安全边际"的废水标准。②

"BPT"和"BAT"的比较说明了这些区别。在设置"BPT"前,美国环保署及其顾问会调查实际排污者的现有水污染控制实践。美国环保署将"BPT"解释为,某一特定污染物的现有排放者所能获得的"平均最好的"结果。在确定什么是"平均最好的"时,美国环保署最初只看"管道末端"的水污染控制技术;它通常不要求排放者在源头更改产生废水的操作。另外,美国环保署还需要实施至少一项成本效益分析来比较这些削减措施的成本和收益。③

与此形成鲜明对比的是,"BAT"反映了在每次调查中,产业群中最好的单个执行者所能达到的污染削减水平。

---

① Texas Oil &.Gas Ass'n v. EPA(5th Cir. 1998)
② §307(a)(4)
③ §304(b)(1)(B)

在设置"BAT"时,美国环保署考虑的只是遵守的成本;它不必具体地确定额外增加的污染控制的努力所带来的收益超出了这些额外努力的成本。[1] 另外,在设置"BAT"时,美国环保署考虑的是"整个工厂",而不仅仅是排污管道的末端。因此,在源头减少废水的操作改革也包含在内。美国环保署设定"BAT"时,意识到合规的成本可能会迫使一部分特定产业关闭。[2] 只有在排污者能够证明它的排放在一些基本方式上不同于其产业类别中其他成员时,"BAT"对有毒物质的差异才被允许。[3]

在建立这些标准时,美国环保署通常不要求一个特定的许可证持有者使用对照组所使用的精确的技术。许可证持有者只需确保从它的排污管排放出来的物质浓度不能超过对照组源头所达到的浓度。然而,实际上,只有一种方式能够达到最好的执行者所达到的浓度,那可能就是安装与它们使用的相同的污染控制设备。[4]

美国环保署必须对每个产业类别中的实际排污者的执行情况至少每三年进行一次再调查。[5] 理论上,随着加工和处理技术的提高,"BAT"标准也将会提升。那么当某一产业类别中的排污者的许可证到期需要更新时,它们就必须提升自己的工作以符合新的"BAT"标准。法案要求这样的更新至少每 5 年一次。[6]

---

[1] EPA v. National Crushed Stone Ass'n(S. Ct. 1980)
[2] Waterkeeper Alliance v. EPA(2d Cir2005)
[3] §301(1)(n)
[4] Rybachek v. EPA(9th Cir. 1990)
[5] §307(a)(3)
[6] §402(b)(1)(B)

2. 以水质为基础的要素

虽然以技术为基础的制度代表了《清洁水法》应对有毒物质的方法的核心,但它并不是孤立的。1972年以前法案的水质计划方法仍是"BAT"方案的重要补充。事实上,1987年的清洁水法修正案就证明了这一点,国会通过重振水质计划方法来支撑"BAT"方法。通常,当"BAT"不能单独确保充分的水质量时,美国环保署和州能够施加确保充分水质量的任何必要的额外排放限制。① 然而,这些额外限制的可能性和有效性仍然是一个有争议的问题。

根据1972年以前的规定,每个州必须制定水质标准和实施计划。② 这些规定的轮廓仍与之前的规定保持一致。每个州必须确定其水体的用途,并颁布保护那些用途的标准。但是目前的规定在很多方面都背离了先前效力较弱的规定。这些区别中反映了一般水质量要考虑的五个因素将会对有毒物质污染产生一些效果。其他三个则专门致力于对水质计划中的有毒物质发挥作用。这些规定共同致力于应对1972年以前的制度所固有的问题。

在这五个一般条款中,有三个是要求州要致力于将它们的水体符合高质量的用途。第一,在确定水体用途时,州必须"保护公众健康或福祉,并提高水质量……"③。第二,州必须明确地考虑既定水体的全方位的用途。水质标准必须考虑水体的"公共供水的用途和价值;鱼和野生生物的繁

---

① § 302(a). see e.g., Friends of the Earth v. EPA(D. C. Cir 2006)
② § 303
③ § 303(c)(2)(A)

殖;娱乐目的;农业、工业和其他目的;航运的目的和价值"。① 州不能再仅是简单地把河流确定为是"开放的下水道",它至少得评估那个用途与其他用途之间的关系。② 第三,整个指定的过程控诉了国家水体零污染物排放和使国家所有的水体可以养鱼与游泳的双目标的背景。③ 尽管在很大程度上是激励性的,但这些条款为下列更为具体的有毒物质条款奠定了基础。

第四个一般条款是关于水体在不违背指定的用途前提下,计算其所能够容纳的污染物数量的。每一个州必须识别出没有达到水质标准的水体,而不论其是否适用了点源技术基础排污标准。④ 对每一个水体,必须计算出能使其符合标准的污染物日最大负荷总量,并考虑"季节变化和安全边际,这是考虑到缺乏关于排污限制和水质量之间关系的知识"。⑤ "日"负荷指的是单独的每一天,而不是一季度或一年度的平均值。⑥ "日最大负荷总量"是"关于一个具体的水体以及污染物在一年四季达到和维持水质标准的一项书面的、量化的分析"。⑦ 对那些被美国环保署认定为"适宜测量日最大负荷量"的污染物,州必须在它们的计划中包含这些负荷量。1978年,美国环保署得出结论认为"所有

---

① § 303(c)(2)(A)

② Ohio Valley Environmental Coalition v. Horinko(S.D.W.Va.2003)

③ § 101(a)(1)(2)

④ § 303(d)(1)(A)

⑤ § 303(d)(1)(C)

⑥ Friends of the Earth v. EPA(D.C.Cir.2006);compare National Resources Defense Council, Inc. v. Muszynski(2d Cir.2001)

⑦ 40C.F.R. § 130.2(h)

污染物"都适宜计算"日最大负荷总量"。当然,这种日最大负荷量的分配继续引起了政治问题。为使水体符合指定的用途,州必须评估美国环保署所确定的所有污染物的日最大负荷量。① 这一要求能够使美国环保署为将来的监管行动建立数据库。当州没能建立水体的"日最大负荷总量"时,美国环保署可以发布自己的。②

第五个一般条款是关于非点污染源对水质量问题的影响的。③ 随着点源逐渐被监管,国会认识到每年都有非点污染源通过它们自己的方式进入国家水体,在污染物总量中占据很大一部分。因此,在 1987 年修正案中有一整章的内容用于管理这些非点污染源。这些规定要求州从非点污染源中确认出违反水质标准的水体,并建立控制非点源污染的"最佳管理方法"(BMPs)。④ 对没能提交这种计划的州,也没有具体的处罚;当然,法案规定州的实施情况决定着它能否获得联邦拨款的资格,法案以此来鼓励计划的发展。

除了上述五个水质条款,还有其他三个条款是专门关于有毒物质在使州水体能够达到其指定用途中的作用的。第一,对每一个由国会或美国环保署列为是有毒的物质的,美国环保署必须颁布水质基准。⑤ 在其他法定要求的因素中,这些基准必须包括污染物对健康和福祉的影响;它的聚

---

① § 303(d)(3)
② Pronsolino v. Marcus(N. D. Cal. 2000)
③ § 319
④ § 319(a)(1)
⑤ § § 304(a)(1),303(c)(2)(B)

集或扩散能力;对生物群落的影响。① 一旦颁布这些基准,州必须将这些基准作为其水质标准的一部分。② 法案要求采用具体数字的基准,以此来避免使用叙述性的基准而带来的问题。③ 当不能获得这种数字基准时,州必须采用基于生物监测的基准。④ 生物监测关注的是,在检查中发现于或暴露于特定水道段的水体中的鱼类的健康。⑤

第二,尽管适用"BAT",但1987年修正案仍要求州确认出其水体中的来自任何污染源的——点源或非点源——阻碍水体达到适用的水质标准的有毒污染的水平⑥(这一要求是对上述必须颁布日最大负荷量的清单的补充)。州必须单独列出那些完全由于点源有毒排放而违反水质标准的水体。⑦ 对后面这个清单上的水体的每一段,州都必须要确认出阻碍水体达到适用标准的点污染源,以及每个点污染源排放的污染物数量。⑧ 另外,州必须建立"单独的控制策略",在三年内,将确认的点污染源的有毒物质排放数量削减到足以符合所适用的水质控制标准。⑨ 由于这些条款所要求的工作基本上降至州来执行,所以美国环保署能够很成功地满足法定最后期限。

第三,法案对有毒物质特别实行了以水质基础和技术

---

① §304(a)(1)
② §303(c)(2)(B)
③ §303(c)(2)(B)
④ §303(c)(2)(B)
⑤ Edison Electric Institute v. EPA(D. C. Cir. 2004)
⑥ §304(l)(1)
⑦ §304(l)(1)(B)
⑧ §304(l)(1)(C)
⑨ §304(l)(1)(D)

基础相结合的污水限制。在限制有毒污染物方面,这两组限制一前一后地运行。一般,当技术基础限制不能单独使水体符合其指定用途时,法案要求美国环保署对点污染源施加额外的污水限制。① 这些施加于点源的额外的限制,是"国家污染物质排放削减制度"许可程序的一部分。② 遵守这些额外的以水质为基础的污水限制的有毒物质排放者,每五年可以寻求一次对这种额外要求的放宽。为获得这五年的放宽,申请者必须证明它将"在它经济能力内最大程度地控制有毒物质",并且这些最大的努力将超越"BAT",朝着达到水质目标"有更进一步进展"。这对申请者来说是一项很难达到的标准。

3. 附加条款

(1) 以损害为基础的基准

尽管自1977年修正案之后一直处于暂时搁置状态,但允许美国环保署完全基于对人类或环境健康的影响,而将一种物质作为有毒污染物进行监管的最初条款一直保留在法案中。③ 这一条款是仿照1970年的《清洁空气法》§112制定的。这两个条款都是通过与每个污染物相关的损害风险分析来考虑一种物质的。为了支持更具保护性的监管,这两个条款都要求美国环保署设置一个安全边界,以解决任何不确定性的问题。法律没有要求,可以说甚至没有许可美国环保署考虑这些监管所造成的工业或经济成本。④

---

① § 302(a)
② § § 402(a)(1),(b)(1)(A)
③ § 307(a)(1)
④ Hercules Inc. v. EPA(D. C. Cir. 1978)

由于受到近乎绝对的自由裁量权的影响,这样就不得不依据这一条款进行监管,在这个领域,充满着诸如成本、迟延和诉讼等不确定因素,并且在《清洁空气法》条款下,这些类似的困难更加强化了,所以,在可预见的未来,美国环保署利用其权力发布以损害为基础的基准是不可能的。

(2)替代基准

1987年修正案要求美国环保署建立关于有毒物质的有毒水质基准的可替代信息。依据传统的基准,美国环保署确定的是一种污染物一次所允许的数量或浓度。依据替代基准,美国环保署能够察看多种有毒物质对个体物种或整个生态系统造成的共同的影响。例如,"生物评估"基准指望的是从暴露于废物流或周围水体的测试物种中观察到的影响。如果在实验室被暴露于样本废物流或周围水体之后,有太多的测试动物表现出急性毒性,那么就认为是违反了水质标准。[1]

(3)点污染源 BMPs

法案用一个关于点污染源的附加要求来补充了以水质为基础的和以技术为基础的污水限制。对依据法案被作为有毒物质进行监管的任何物质,美国环保署必须要求工业点源采用"最佳管理方法"(BMPs)。[2] 这种方法包括控制有毒物质的"厂址径流、溢出或泄漏、污泥或废物处置、未加工物质的排水系统"。[3] 像其他的污水限制一样,BMPs 也是通过"国家污染物质排放削减制度"许可程序施加的。

---

[1] Edison Electric Institute v. EPA(D. C. Cir2004)
[2] §304(e)
[3] §304(e)

（4）特定有毒物质排放的禁止

无一例外，法案禁止排放任何"放射性的、化学或生物战剂、任何高水平放射性废物、任何医疗废物……"[1]法案还单独定义了"医疗废物"[2]。对其他的术语则没有定义。

（5）石油和危险物质污染

在1989年阿拉斯加"埃克森·瓦尔迪兹"溢油事故之后，法案大大加强了与1990年《油污法》在监管溢油和危险物质向水域排放方面的共同运行。[3] 而《油污法》则是大量吸收了《综合性环境响应、赔偿和责任法》。法案将它们结合起来，禁止向国家水域、海岸线和相邻海域排放石油和其他"危险物质"。[4] 根据"国家污染物质排放削减制度"许可程序已获得的排放许可被排除在这些禁止以及责任方案之外。[5]《清洁水法》委托美国环保署定义"危险物质"。并且它指示美国环保署要包括那些"对公众健康或福祉（包括海洋资源）呈现出危急的重大的危险"的物质。[6] 法案要求制订应急反应计划；建立一个综合的责任机制；授权从责任主体那里收回清理费用；建立一个帮助资助清理的信托机制；要求国家资源损害赔偿；致力于油轮的设计和操作。

5.2.4 评析

《清洁水法》所采用的应对有毒物质的大量不同方法，证明了监管者在应对有毒物质排放问题上所面临的困难。

---

[1] §301(f)
[2] §502(20)
[3] 33 U.S.C.A. §§2701—2761
[4] §311(b)(3)
[5] §311(a)(2)
[6] §311(b)(2)(A)

虽然1987年修正案已经过去二十多年了，但是对这一立法下的多层面的先进方法的追踪记录目前尚不清楚。一方面，以技术为基础的排污限制在减少点源污染方面似乎是成功的，至少是达到了与"BAT"相关的水平。另一方面，仅2004年就有近2.5亿磅的有毒物质排放到水域。批评者指责美国环保署设置的"BAT"太弱了。而且还有很多有毒物质不受法案的监管，因为美国环保署在增添要求适用"BAT"的有毒物质上是非常缓慢的。

由1987年修正案重振的水质计划方法，产生了大量的州计划修正案和单独的控制策略。然而，在这些计划中，有关有毒物质排放的基准在州与州之间有很大的区别。而且，各州和美国环保署实施这些策略的积极性在很大程度上还未经检验。识别这些控制策略是执行许可证的过程还是仅仅是漂亮地写在纸上，还为时过早。最后，虽然已经注意到要监管非点源有毒物质排放了，但这些排放仍在很大程度上超出了监管范围。由于上述原因，国会可能在它下次修订《清洁水法》时，重新考虑有毒物质的范畴。

5.3 《清洁空气法》对有毒物质的管理

5.3.1 序言

像《清洁水法》管理有毒废水向国家水体排放的条款一样，《清洁空气法》管理有毒气体向国家空气排放的条款也是一个极复杂的法律法规体系的组成部分。这两个法案现在都采用一种由其他方法支持的以技术为基础的方法。如上所述的，《清洁水法》主要依靠的是以水质为基础的方法，以健康为基础的方法暂时搁置且很大程度已被遗忘。相比之下,《清洁空气法》期望将以健康为基础的方法作为它的主要支撑。但在以健康为基础的后备方法得到发展并能够被评价之前,1990年《清洁空气法》修正案中大量技术基础方法的最后期限仍会进入到21世纪。

在过去的每一年,有关1990年《清洁空气法》有毒物质条款的案件数量都在增加。以下会简短讨论其中一些。除了那些案件,学生和律师感兴趣的是能通过参考1990年修正案的大量立法历史和美国环保署后续的规章解释,而看到更为清晰的法律条款。如果这些原始资料没能阐明一个条款,那么他们也可以参考涉及《清洁水法》可比条款的判例法。但是,在做出大规模吸收其他环境法律的决定之前,必须格外谨慎;因为,法律条款中的细微区别会招致有本质区别的解释。

5.3.2 历史发展和概述

尽管国会在1955年和1963年就制定了空气质量控制法律,但直到1967年,联邦空气法才开始形成它目前的框架。在1967年的《空气质量法》中,国会要求各州制定与联邦"标准"相符的并且提供控制技术建议的空气污染物实施标准(如最大允许排放量)。

在《清洁空气法》里程碑式的1970年修正案中,国会是以它早前的立法为基础的。对常规空气污染物(被称为"基准污染物",因为1967年立法已经建立了关于大多数的这些普遍污染物的"基准"),国会要求美国环保署建立主要和次要的"国家环境空气质量标准"(NAAQS)。[①] 目前,"基准"污染物清单包括像二氧化硫、空气污染颗粒、氮氧化物

---

① §109

和铅这样的物质。主要标准是为保护人类健康不受这些常规污染物的影响;次要标准是为了保护像美观或气味这样的"福祉"财富不受常规污染物的影响。① 各州接着要制定方案,被称为是"州实施计划"(SIPs),以实施"国家环境空气质量标准"。这些计划通常要求各州通过复杂的计算机模型,来确定由现有固定排放源(如工业烟囱)产生的污染有多少能被吸收,而不违反"国家环境空气质量标准"。② 如同《清洁水法》,新排放源被要求需符合严格的、以技术为基础的排放限制,而不管州遵守"国家环境空气质量标准"的程度。③ 如果预期的污染物水平超过了标准,那么州必须决定哪些固定排放源必须要削减它们的排放。附加条款则规定了移动排放源,也即汽车的污染防治。任何排放限制都置于由州或地方空气质量控制委员会发放的固定排放源许可证中。在1977年和1990年的修正案中,对未能实现常规污染物"国家环境空气质量标准"的州规定了附加要求。

1970年《清洁空气法》修正案对有毒污染物采取了不同的策略。在制定§112时,国会建立了"国家危险空气污染物排放标准"(NESHAPs)。与"国家环境空气质量标准"不同,"国家危险空气污染物排放标准"适用于单个的排放者。在§112中,国会要求美国环保署对那些"合理可预见的,会导致死亡率的增加,或严重的、不可逆转的、丧失能力的不可逆疾病的增加"的污染物(不是常规污染物)设立

---

① §109(b)
② Cleveland Electric Illuminating Co. v. EPA(6th. Cir. 1978)
③ §111

特殊的健康基础标准。① 国会还进一步要求美国环保署在发布这些健康基础标准时,要包括一个"足够的安全边际"。②

与依据1972年《清洁水法》的以健康为基础的有毒污染物条款而导致美国环保署痛苦且缓慢的过程的原因一样,依据1970年《清洁空气法》危险空气污染物条款,美国环保署的跟踪记录也是糟糕的。自国会仿照1970年空气有毒物质条款制定1972年水有毒物质条款之后,这就并不奇怪了。最初,法院施加了一个障碍,拒绝美国环保署通过命令工作方式改革的形式来监管石棉排放。③ 在Adamo Wrecking案中,法庭抛出了一个刑事控告,因为它发现美国环保署的改变工作场所的命令不符合"排放标准"的法律定义。虽然国会根据1977年清洁空气法修正案(§112(h)(当前的版本))拒绝了Adamo Wrecking公司,但在有毒物质监管的道路上还有更多的障碍。

三个关键的问题是:(1)缺乏关于多数潜在有毒空气污染物对健康影响的足够数据;(2)如果美国环保署的结论认为,所要求的"安全边际"不允许释放致癌物质,那么关闭主要工业的潜在性;(3)完成一种物质接着物质的排放监管所必须的时间长度。结合这种方法本身固有的延迟,可以确信的是,鉴于所涉及的经济风险和美国环保署大多数数据的缺乏,每一个以健康为基础的标准都有可能在法庭上受到挑战。出现的其他问题是关于美国环保署的权力的,即

---

① §112(a)(1)(1970年修正案。)

② §112(b)(1)(B)(1970年修正案。)

③ Adamo Wrecking Co. v. United States(S. Ct. 1978)

考虑合规成本作为证明以技术基础方法代替§112所要求的健康基础方法是美国环保署的正当权力。实际上,美国环保署希望通过要求适用类似《清洁水法》的"BAT",能找到一个监管路径的捷径。在 National Resources Defense Council, Inc. v. EPA(D. C. Cir. 1987)案中,关于所要求的"安全边际"和美国环保署制定健康基础标准考虑合规成本的权力之间关系的漫长诉讼,结束于 Bork 法官的著名的观点。在那个关于空气有毒物质"氯乙烯"的观点中,Bork 法官认为,美国环保署在发布标准时可以考虑合规成本,但是这只能在它确定了完全基于健康风险的空气有毒物质的"安全"暴露水平是什么之后。

事实上,美国环保署依据§112最初的版本监管氯乙烯的努力是该条款失败的例证。1975年,美国环保署提出以技术为基础对氯乙烯进行监管。有关这个提议的诉讼导致了美国环保署设置氯乙烯零排放的目标。1977年美国环保署提议制定新的氯乙烯规定。这些提案设定了比1975年提案低的容许水平,但是仍没达到环保组织所追求的零排放目标。1985年,美国环保署发布了最终的氯乙烯规定。这标志着实际上又重新返回了最初的1975年提议。关于那个提议的诉讼导致了 Bork 法官的上述观点。他在判决中否定了1985年的规定,因为美国环保署没能在考虑合规成本之前考虑安全性。因此,在§112最初制定之后的整个15年中,美国环保署事实上是从头再来:它仍没有可实施的氯乙烯规定。

有关氯乙烯规定的问题是独一无二的,还是美国环保署制定所有有毒物质规定都要经历的曲折过程,甚至十年的延迟都可能被原谅。但是没有任何建议说明哪个是真的。到1990年,最初制定§112条之后的20年,美国环保署只颁布了八种危险空气污染物的标准。而且,在氯乙烯判决后的3年里只增添了一种物质——苯。因此,1990年国会打算完全大修空气有毒物质法律。讽刺的是1990年《清洁空气法》修正案条款的来源,国会借鉴的是1977年和1987年的《清洁水法》修正案。因此,其有毒物质监管条款曾一度是以《清洁空气法》为模型的法案,成为目前《清洁空气法》的有毒物质条款的模型了。

5.3.3 现行规定

1. 以技术为基础的标准

与《清洁水法》相似,《清洁空气法》的有毒物质规定主要是:(1)确认出必须作为有毒物质进行监管的具体物质;(2)要求把污染源分成不同的类别;(3)对那些物质的排放者实施以技术为基础的标准;(4)考虑通过州强制许可制度运行。

(1) 有毒物质

进入有毒物质监管清单的方式有两种:第一,国会指定了美国环保署必须作为有毒物质进行监管的189种物质。[1] 第二,国会规定了一个修订的、以伤害为基础的定义。这一规定要求美国环保署增添"可能引起不利人类健康影响或不利环境影响的威胁"的污染物。[2] 法律提及了关于致癌物、诱变剂、畸胎剂和其他已知类别的有毒物质的不利健康影响的广泛范围,但并不仅限于此类物质。它不仅包括对人类健康有害的物质,还包括了导致环境危害的

---

[1] §112(b)(1)
[2] §112(b)(2)

物质。它进一步把这样的危害定义为:合理预见的"对野生生物、水生生物或其他自然资源的重大的、广泛的不利影响"。① 它不包括依据国家环境空气质量标准或依据平流层臭氧的规定进行监管的特定污染物的有毒监管。②

(2)排放污染源

法案以技术为基础的排放限制主要依据的是某一特定污染源排放的危险污染物的数量。它把"大型污染源"定义为"固定污染源或坐落在一个连续区域的一组污染源,并且在一般的控制技术条件下"能够至少"每年排放10吨任何危险空气污染物或每年排放25吨危险空气污染物的任何混合物"。③ 关于这一数量的展望是,在这个大型污染源的定义下,大量的干洗业将会关闭。低排放量的排放者在"面源污染源"定义下,也将会关闭。面源污染源包括危险空气污染物的任何其他来源,除了机动车。④ 它们包括木炉子以及小型干洗店和汽油加油站这样的企业。然而,由于"效力……持续潜在的生物体内物质积累"或其他因素,美国环保署可能会减少按照"大型污染源"对待的排放量,也就是低于10/25吨的水平。

在依据《清洁水法》实施了近20年后,1990年的《清洁空气法》修正案要求美国环保署把大型污染源和面源污染源按照工业类别划分。⑤ 因为面源污染源的清单可能比大型污染源的清单更加多样化,国会告诉美国环保署怎样把

---

① §112(a)(7)
② §112(b)(2)(e)
③ §112(a)(1)
④ §112(a)(2)
⑤ §112(c)

它的污染源类别区分优先次序。它给了美国环保署五年时间建立起一项面源污染源的清单,以能够确保监管"代表90%面源污染源排放的、在最多的城市中对公共健康有最大威胁的30种危险空气污染物的面源污染源……"①后一个条款为以削减75%的与城市空气有关的癌症风险为目标的城市空气有毒物质方案奠定了基础。②

(3)排放限制

在特定的污染源类别中,这两种污染源适用不同的基于技术基础的排放要求。大型污染源必须取得危险空气排放的"可以实现的、最大程度的削减"。③ 通俗一点说,这是要求排放减少到适用"最大程度可用的控制技术"(MACT)可以达到的水平④(正如上面所提到的,自1977年以后,美国环保署要求的削减排放不仅是来自于技术变革,即来自于污染控制装备,也要来自于过程的变革、成分的变化、工作时间和操作者培训⑤)。法律进一步区分了新污染源和现有污染源的"MACT"。对新污染源的定义是"在所适用的排放标准最初试行之后,又新建或重建的污染源",针对新污染源所规定的"MACT"不得比相似污染源"最佳控制技术"所能达到的减排效果低。⑥ 对现有污染源,如果该类别中的污染源少于30个,"MACT"要严格于最佳的五个现有污染源所能达到的平均排放限制,如果超

---

① §112(c)(3)
② §112(k)
③ 112(d)(2)
④ 112(g)(2)
⑤ 112(d)(2)
⑥ §112(d)(3)

过30个,就是最好的12%的污染源。① 在任何情况下,为某一特定类别的污染源设定"MACT"时,美国环保署要考虑"实现该项减排标准所需的成本,对与空气质量无关的健康和环境的影响以及对能源的需求"。②

关于设定"MACT"的诉讼集中于§§112(d)(3)和(d)(2)所考虑的步骤之间的关系。美国环保署首先要看§(d)(3)的要求,以确定有哪些是已经实际达到的。这些设置被称为"下限"或最低严格水平。一旦这些确定了,美国环保署接下来要看§(d)(2)的要求,并考虑是否使用一个较高(较严格)的标准。在解读§§(d)(3)和(d)(2)的要求时,美国环保署必须处理一系列的污染源实施中的变化性。随着时间的推移,对同一污染源采取的措施可能会有很大的变化。对不同污染源采取的措施也会有所变化。在一系列情况下,最终导致了Cement Kiln Recycling Coalition v. EPA(D. C. Cir2001)案,哥伦比亚特区巡回法院提出了美国环保署在设定"MACT"时考虑变化性的责任。它推翻了美国环保署的解决方案:以使用最佳污染控制技术的污染源所达到的最差排放水平为基础设定下限。同样,在Northeast Maryland Waste Disposal Authority v. EPA(D. C. Cir. 2004)案中,法院驳回了美国环保署的下限设定。它总结到,"美国环保署再一次不正确地利用可行性(不正确地依靠使用该技术的某一类别中所有污染源的排放变化性,而不是依靠最佳污染源的变化性)来掩饰实际可达到的要求"。

---

① §112(d)(3)
② §112(d)(2)

关于美国环保署的对极低风险污染源不设定"MACT"标准的自由裁量权,仍存在一个悬而未决的问题。[1] 如果一个类别中的所有污染源都是"低风险的",美国环保署会使用§112(c)(9)(B)赋予其的权力,把这一类别的污染源"从清单中删去"。[2] 受企业青睐的这些删除,受到了环境和健康倡导者的批评。

面源污染源会受到可能的不严格的削减。法案要求面源污染源减少排放,达到"MACT"相关的水平或者依据美国环保署的自由裁量权的"一般可用控制技术或管理方法"(GACT)。[3] 美国环保署必须至少每8年审查并修订"MACT"和"GACT"。[4]

法律允许来自"MACT"的一些差异。它允许有遵守"MACT"标准的6年的延展期,污染源要在美国环保署提出适用"MACT"标准之前,减少它们90%～95%的危险空气排放。[5] 额外的延展期有5年,是赋予那些依据适用于没能达到"国家环境空气质量标准"的那部分州的规定,已对排放削减进行投资的污染源。[6] 如果有必要用额外的时间来安装污染控制设施,那么短暂的、一年或两年的延展期也是可能的。[7] 除了这些延展期,避免"MACT"要求的主

---

[1] 67 F. R. 47,894(July 22,2002)
[2] 69 F. R. 45,944(July 30,2004)
[3] §112(d)(5)
[4] §112(d)(6)
[5] §112(i)(5)(A)
[6] §112(i)(6)
[7] §112(f)(4)(B),(i)(3)(B)

要途径是总统豁免。① 要获得这一资格,污染源必须证明,实施这种标准的技术是不可用的,并且是出于国家安全利益而授予一项豁免。虽然是可再续的,但每一项这样的总统豁免,可能会持续不超过两年。

(4)在制定"MACT"标准中美国环保署的表现

在1990年《清洁空气法》修正案中,国会试图向美国环保署施加一些相对严格的制定"MACT"的期限。具体的期限是1992年、1994年、1997年和2000年。作为对美国环保署满足最后期限的激励,国会制定了被称为是"MACT的严厉措施"。② 按照严厉措施,如果美国环保署错过了任何污染源类别的"MACT"最后期限18个月,那么那个类别中的每个大型污染源可能会适用个案的"MACT"决定。为避免这些具体个案决定,美国环保署管理许可程序的很多职责就转移给了州,而美国环保署仅致力于满足最后期限。

从20世纪90年代中期开始,十几年来,美国环保署对几乎所有的污染源类别制定了初始的"MACT"标准。与1990年之前极慢的监管步伐(20年中有七部标准)相比,20世纪90年代中期开始,美国环保署平均每年颁布10部。这些单独的规则许多涉及多种污染物质。例如,1994年,美国环保署针对来自合成有机化学工业的有害有机空气污染物颁布了"MACT"标准。③ 这些标准涵盖了§112(b)中所列的189种污染物中的111种。

---

① §112(i)(4)
② §112(j)
③ 40 C.F.R. §633.100

作为规定一部分,美国环保署为多达25个排放点的污染源建立了一个平均排放程序。这项规定是依据法案其他部分发展起来的著名的——或者臭名昭著的——"气泡"概念的近亲。这样的概念想象成是同一个人控制的连续排放点上的一个假设的泡沫。只要这个泡沫下的所有污染源的所有排放至少少于要求的10%时,"MACT"就适用于整个群组,否则就要分别对待,适用于每一个污染源。这些方法给了污染源所有者一些灵活性,以选择如何使他的投资在污染削减上做出最大的整体贡献。①

尽管相比1990年之前的表现取得了巨大的进步,但是美国环保署仍然滞后于所制定的最后期限。直到2004年,它最终没有完成对污染源类别颁布初始的"MACT"标准。并且,尽管有一个八年的《城市空气有毒物质综合战略》,但是到2007年早期,美国环保署也只对所要求的70个面源污染源类别中的16个制定了规则。根据2003年和2006年发布的法院命令,美国环保署要到2009年之前为其余54个类别制定规则。

(5)许可证制度

为实施它的规定,法案考虑了一个以州为基础的许可方案。新污染源,或打算改建工厂的现有污染源必须申请许可证。② 一旦被授予建造许可,持证人10年内不必遵守任何额外的、随后颁布的有后效的风险标准。③ 不进行工

---

① §112(g)(1)(允许一些污染削减抵消一些污染增长,并且因此来避免新污染源"最大可实现的控制技术"和许可要求。)
② §112(g)(2),(i)(1)
③ §112(i)(7)

厂改建或重建的现有污染源,不需特别获得许可证。而且,法案仅仅禁止现有污染源进行违背"MACT"或"GACT"标准的操作。① 还有,法案预计大多数州将会采取一项包含现有大型污染源的方案。② 这些方案一贯地是以许可证为基础的。

(6)移动污染源

除了上面简述的大量固定污染源的方案外,§202(1)也要求美国环保署监管移动污染源产生的危险空气污染物。到1992年,美国环保署要研究监管移动污染源的必要性和可行性;到1995年,要颁布任何必要的规定。尽管一再进行诉讼,以及坚定的美国环保署的承诺,截至2005年,美国环保署仍没有颁布这些规则。③

2. 以危害为基础的因素

认识到即使是"MACT"也可能无法消除危险空气污染物对健康的所有风险,国会还建立了一项以危害为基础的后备制度。在"MACT"发布之后的八年内,美国环保署能够要求额外的排放削减,以避免任何不可接受的剩余风险。④ 在提出任何这种额外限制之前,美国环保署与卫生局长协商向国会报告危险空气污染物对健康仍然存在的风险。⑤ 国会为初始报告设定了一个1996年的最后期限。使用1996年数据,美国环保署在2002年发布了一份初始的《全国范围内的空气有毒物质评估》。使用1999年的数

---

① §112(i)(3)(A)
② §112(j)(1)
③ Sierra Club v. Leavitt(D. D. C. 2005)
④ §112(f)(2)(A)
⑤ §112(f)(1)

据,它在2006年发布了第二份评估。每一份评估都考虑了估计的排放量、浓度和风险。

针对1990年之前以危害为基础的方法所存在的不确定性,法案进行了一些小的改进;但是,它并没有通过任何有意义的方式消除这些不确定性。它开始含糊不清地合并使用1990年之前的语言,即如果有必要"提供一个充分的安全边际来保护公众健康",那么就需要这样的标准。[1] 但是,尚不清楚该引用是为了把1990年之前判例法的哪一部分包括进来。认识到危险空气污染物对其他环境价值的影响,目前法律允许美国环保署要求比保护人类健康需求更大的限制。但是,在采取这一额外步骤之前,美国环保署必须考虑"成本、能源、安全和其他相关因素"。[2] 可能因为法律没有明确地要求美国环保署,在提供"保护人类健康的充分的安全边际"之前考虑"成本、能源、安全和其他相关因素",国会并没有想要美国环保署在提供健康边际时考虑这样的因素。

法案提出了美国环保署对致癌物的风险评估。对于致癌物,如果以技术为基础的标准"不能将个体一生中最多暴露的多余癌症风险减少到百万分之一",那么美国环保署必须颁布以健康为基础的标准。[3] 但是法案没有指示美国环保署如何进行这一项艰难的风险评估。不过,法案的其他条款要求美国环保署与国家科学院协商来评估它的风险评

---

[1] §112(f)(2)(A)
[2] §112(f)(2)(A)
[3] §112(f)(2)(A)

估协议。① 国家科学院在20世纪90年代早期发布了一份在总体上支持美国环保署风险评估方法的报告,但是提出了许多改进其程序的建议。

1998年,美国环保署发布了生物风险评估的指导方针。依据该指导,美国环保署从问题描述、分析和风险特性描述这三个方面来进行风险评估。此外,它还包括诱变性、致癌性、生殖毒性和神经毒性的指导方针。

3. 其他规定

除了上述讨论的以技术和危害为基础的标准,以及本章结论部分阐述的报告和研究外,还有两个其他的规定是值得关注的。

(1) 突发性的释放

首先,为了应对像曾发生在印度博帕尔以及其他地方的悲剧,法案包含了致力于解决突发性释放的规定。② 1994年,根据法案的要求,美国环保署列出了"由于突发性释放而呈现出导致死亡、伤害或对人类健康或环境严重不利影响的最大风险"的100种物质。③ 这个清单部分是参照《应急计划与社区知情权法》;部分是法律所要求的一个清单;部分是由于考虑到了三个因素(严重的急性健康影响、突发性释放的可能性和人类暴露的重大可能性)。④ 对于每一个被列出的物质,美国环保署必须确定释放量的限度。在确定这些限度时,美国环保署要考虑"物质的毒性、

---

① §112(o)(1)
② §112(r)
③ §112(r)(3)
④ §112(r)(4)

反应性、挥发性、分散性、可燃性或易燃性"。[①]

　　法案建立一个化学品安全与风险调查委员会,来调查突发性释放以及对风险管理和响应计划提出建议。[②] 美国环保署有权要求突发性释放报告和响应。

　　(2)焚烧装置条款

　　最后,还有适用于废物焚烧装置的特别条款。[③] 依据《清洁空气法》进行监管的焚烧装置包括那些《资源保护和恢复法》没有涉及的[④],见第六章。这些条款要求美国环保署为新污染源,对焚烧装置排放中常见的 11 种物质建立具体数值限制。[⑤] 也要求为现有污染源制定指南。[⑥] 附加条款管理排放监测、操作员培训和州许可。[⑦]

5.3.4　评价

　　在国会上次大幅修改《清洁空气法》之后,现已近二十年了。一旦美国环保署开始致力于解决在适用"MACT"标准后仍存在的那些剩余风险,那么将可能会重新加入监管战役。最有可能的是,国会将会在它自己再次涉及有毒物质之前,就给予美国环保署大量的机会来解决这些剩余风险。但是,国会不会再像 1970 年制定初始的健康基础监管方案那样,再给美国环保署同样的 20 年时间。事实上,很可能进一步立法。尽管在过去的 30 年里做了大量的科

---

① §112(r)(5)
② §112(r)(6)(C)
③ §129
④ §129(g)(1)
⑤ §129(a)(4)
⑥ §129(b)(1)
⑦ §129(c)(d)(e)

学和管理上的努力,但大量的困难、费用和不确定性仍伴随着以健康为基础的风险评估。既然太多的风险评估最终都会带来政策选择,所以为了解决可能的管理僵局,国会肯定将会进行干预。

5.4 《安全饮用水法》对有毒物质的监管

5.4.1 序言

尽管不像前两个法案那样在法学院中被看重,但是《安全饮用水法》(SDWA)[①]在有毒物质监管中发挥着越来越重要的作用。它的影响是重大的。它使许多小的农村供水系统受到破产的威胁,因为这些供水系统要寻求方法在人口较小的供水区域花费成本来进行法案所要求的重大改进。它迫使一些大的城市供水区域考虑十亿美元水平的投资来改变它们的水处理方法,以避免与来自某类型污染源的水氯化相关的有毒副产品。依据该法案颁布的标准可能会作为《综合性环境响应、赔偿和责任法》的"适用的或相关的和适当的要求"(ARAR),来确定受污染的地下水场所必须达到的清洁水平。[②] 最后,法案要求那些违反水适用标准的水供应商,每年都要告知数以百万计的消费者这些违规情况。这些警示经常藏在水账单背后,就形成了迷人的、甚至是可以获得普利策奖的违规情况报告。

5.4.2 历史

现在被称为是《安全饮用水法》的法律,最初是于 1994

[①] 42 U.S.C.A. 300f et seq

[②] Ohio v. EPA(D.C.Cir.1993)

年制定的,叫做"公共卫生法案"。这部法律中可强制执行的条款在很大程度上是针对传染性水传播疾病的。1962年,公共卫生署根据该法案发布了针对其他饮用水污染物的非强制执行的指导方针。1974年,国会彻底修改了这部法案,并确定了它目前的这个通俗名称。为了方便起见,以下的讨论和引文将使用这个通俗名称,而不是更正式的"公共卫生法案"。

在1974年立法之后的第一个十二年,美国环保署只为22种污染物颁布了规定。国会对这种慢进度再一次表示不满意,在1986年对该法进行了大量的修订,并且有许多规定一直保留到其目前的形式。修正案的篇幅是该法案的两倍。尤其是1986年的规定,要求美国环保署在三年内对83种具体污染物进行监管,并且在此后的每三年要对另外的25种污染物进行监管。此外,它们增加了新的方案来控制饮用水中的铅。

1996年,国会再次修订法案。在确定被监管污染物的优先顺序上,1996年修正案给了美国环保署更大的自由权。国会给美国环保署五年时间来选择是否监管尚未被监管的五种最糟的污染物,取代了1986年修正案所要求的"每三年25种污染物"。附加条款主要是关于日益受关注的微生物污染物;要求具体的成本/效益和风险削减分析;法案修改后的实施、通知、豁免,以及公民诉讼条款;鼓励水源保护和节约。这些条款中有许多是为了减轻对小的农村水供应商监管责任的。

针对2001年9月11日的恐怖袭击,2002年国会再次修改该法案。通过了《公共卫生保障和生物恐怖主义防范应对法》①,它包括"饮用水保障和安全修正案"。另外,它要求对可能遭受潜在恐怖袭击的水系统进行各种漏洞评估。

5.4.3 法案的结构

1. 序言

在基本结构上,尽管法案也引进了《清洁水法》的技术基础标准,但它最接近于《清洁空气法》。就像《清洁空气法》的"国家环境空气质量标准",《安全饮用水法》建立了联邦主要和次要标准制度。主要标准的目标是保护健康,而次要标准则致力于保护公众福祉,尤其是影响颜色和味道的物质。就像《清洁空气法》的"州实施计划",《安全饮用水法》也希望州来制定主要计划和执行联邦标准,联邦实施则作为后备支持。像《清洁水法》一样,《安全饮用水法》要求美国环保署在制定饮用水标准时,使用"BAT"。

在 the Commerce Clause. Nebraska v. EPA(D. C. Cir. 2003)案中,哥伦比亚特区巡回法院支持了《安全饮用水法》的合宪性。

2. "公共供水系统"

法案适用于"公共供水系统"。从广义上来定义,这包括至少有 15 个服务接点的,或者"定期"为 25 个人提供服务的供应商。② "公共供水系统"的一个子类,被称为"社区供水系统",包括那些服务于"由系统为这个地区的常住居民提供服务所使用的"15 个或更多接点的或为居住 25 年

---

① Pub. L. No. 107－188,116 Stat. 594
② §1401(4)(A)

的居民提供服务的供应商。① 不包括为小的或农村供水系统提供一些服务的接点。② 对于由"公共供水系统"提供的水,美国环保署颁布了有关的主要和次要饮用水规则。③

3. **阈值基准**

国会要求美国环保署颁布符合三项要求的污染物规定。首先,美国环保署必须确定"可能对人体健康有不利影响"的污染物。④ 在这一个步骤中,美国环保署只需找到一个存在一些不利健康影响的最小概率。在法律语言上,既不要求损害的确定性,也不要求损害的可能性。在1996年之前,这是唯一的阈值基准。然而,在1996年修正案中,国会收紧了这一开放式的权力。它增加了两个阈值基准。依据第一个新基准,美国环保署至少必须要找到,"在公共供水系统中存在着经常涉及公众健康问题的污染物的重大可能性"。⑤ 依据第二个新基准,它的"唯一判断"是,美国环保署必须确定监管这个污染物能"带来一个有意义的减少健康风险的机会……"⑥

4. **清单程序**

为了帮助美国环保署确定监管污染物的优先顺序,国会建立了一项清单程序。这一程序包括正式发布的清单、监管决定的时间表、具体的成本/效益、健康风险评估以及可行性分析。所有这些要求被设在了法案的中心位置——

---

① §1401(15)
② §1401(4)(B)
③ §1401(1),(2)
④ §1412(b)(1)(A)(i)
⑤ §1412(b)(1)(A)(i)
⑥ §1412(b)(1)(A)(iii)

§1412(b)。这一款包括十五部分,占据了法典的大部分。

在1996年之前,国会就曾要求,每两年,美国环保署要对1986年修正案之后建立起来的清单上的以前不受监管的25种污染物颁布规定。依据1996年修正案,国会给了美国环保署更多的实质性的自由权。从1998年2月开始,其后的每5年,美国环保署必须出台一个新的未受监管的污染物清单。① 清单必须包括:正式发布的《综合性环境响应、赔偿和责任法》的危险物质和依据《联邦杀虫剂、杀菌剂与杀鼠剂法》登记的农药。其他的物质必须包括那些"已知的或可预见会发生在公共供水系统中,并且可能需要监管的"污染物。美国环保署向清单增添物质或从清单中删除物质的决定,在司法上是不可审查的。

从2001年8月开始,其后的每五年,美国环保署必须决定是否监管清单中的五种物质。不像1996年之前的法律,美国环保署不必为那五种物质发布规定;它只需决定"是否监管这些污染物"。② 监管的决定必须是基于"最佳可得的公众健康信息"的。一项不监管污染物的决定是可立即在法庭上审查的。监管的决定则只有在最终的规定正式颁布后才是可审查的。一般而言,在决定一项污染物需要被监管之后,美国环保署要用三年半的时间来完成这一过程。③

在选择监管物质方面,国会要求美国环保署考虑,潜在污染物对"由于暴露而明显会有不利健康影响的较大风险

---

① §1412(b)(1)(B)(i)
② §1412(b)(1)(B)(ii)
③ §1412(b)(1)(E)

的"特殊人群的影响。[①] 例如,婴儿、儿童、孕妇和老年人,通常被认为是这种"敏感受体"。

5. 规则

对决定要监管的每一个污染物,美国环保署必须首先建立"最高污染水平控制目标"(MCLGs)。[②] 这些非强制的目标是设置"对人类健康没有已知的或可预见的不利影响的,并且留出了足够的安全边际的水平"。[③] 在制定"最高污染水平控制目标"时并不考虑遵守成本。美国环保署现已对大量的物质设定了"最高污染水平控制目标"。有接近二十四种污染物的目标被设置为零。

除了"最高污染水平控制目标"外,对每一个被监管的污染物,美国环保署必须建立"最高污染物水平"(MCLs)或处理技术。[④] 一般来讲,"最高污染物水平"是交付给用户的水中,污染物的最高容许浓度。[⑤] 美国环保署必须对所列出的每一个污染物设定"最高污染物水平",除非它能确定设定这种限量在技术上和经济上都是不可行的。[⑥] 例如,对于不溶解于水的物质,要检测它们的存在在技术上和经济上可能都是不可行的。在这种情况下,美国环保署必须具体说明一项确保所列出的物质能充分从水源中消除的处理技术。事实上,这要求适用类似"BAT"的技术。例如,美国环保署可以要求通过过滤或消毒,将污染物减少到

---

① § 1412(b)(1)(C)
② § 1412(a)(3)
③ § 1412(b)(4)(A)
④ § 1401(1)(C)
⑤ § 1401(3)
⑥ § 1401(1)(C)

可接受的水平"。① 实际上,这两种技术已被要求适用于像蓝氏贾第鞭毛虫、病毒、某些细菌等这样的污染物。②

尽管"最高污染物水平"通常设置的是"可行的"水平,但"如果技术、处理方法和其他用于确定可行性水平的手段"本身又增添了健康风险时,1996年修正案给予了美国环保署设置比可行的"最高污染物水平"更加严格水平的有限的权力。③ 这种风险的增添可能是由于其他污染物浓度的增加或妨碍了被要求满足其他主要饮用水规定的处理方法的有效性。在这种情况下,法案允许美国环保署从可替代的监管方法中进行成本和效益平衡。

如果检测一种污染物的水平在技术和经济上是可行的,那么美国环保署必须设定"尽可能接近最高污染水平控制目标"的"最高污染物水平"。④ 在设定"最高污染物水平"背景下,"可行性"是指"使用最佳可用技术、处理方法和其他手段……是可行的"。⑤ 在某些方面,用于描述"最高污染物水平"的"BAT"的法律语言建议使用比《清洁水法》所要求的更为先进的技术。实际上,《安全饮用水法》的"BAT"似乎处于《清洁水法》的两个标准:"BAT"(对现有污染源所要求的)和"BADT"(对新污染源所要求的)的中间某处。如同《清洁水法》和《清洁空气法》,国会允许美国环保署在依据《安全饮用水法》设定"BAT"时,考虑合规成

---

① § 1412(b)(7)
② 40 C.F.R. § 141.70
③ § 1412(b)(5)
④ § 1412(b)(4)(B)
⑤ § 1412(b)(4)(D)

本。① 但是不像其他两个法案,国会特别建议新兴的技术,即使没有被采纳,也应考虑"BAT"标准。这些新兴技术必须经过实地检验,仅有实验室证明是不充分的。② 而且,不像其他两个法案的技术标准,对最大的类污染物之一——合成有机化合物,国会建立了一项基准"BAT"标准。它专门明确了对"颗粒活性炭"的控制是"可行的"。③ 因此,对这些化学物质,美国环保署设定的"BAT"必须至少是与使用这种处理技术相关的水平。1996 年修正案要求美国环保署发布一份对小型公共供水系统可行的工艺和处理方法的清单。④ 就像其他法案的技术标准一样,美国环保署必须定期审查并修订这些技术标准,根据《安全饮用水法》,至少是每六年进行一次。⑤

次要规则包括对影响颜色和味道的非有毒物质设定"最高污染物水平"。大约已对十几种物质设定了次要规则,包括铝、氯化物、铜和银(这些物质在更高的浓度下,也会造成健康危险)。⑥ 次要规则是对州不具有约束力的目标。

6. 所要求的成本/效益分析

在设定"最高污染物水平"或处理方法时,美国环保署必须进行全面的成本/效益分析(如果美国环保署选择维持

---

① §1412(b)(4)(D)
② §1412(b)(4)(D)
③ §1412(b)(4)(D)
④ EPA 815-R-97-002(1997 年 8 月)
⑤ §1412(b)(9)
⑥ 40 C.F.R. §143.3

1986年以前的最高污染物水平,那么就不做这种要求了①)。风险评估条款要求美国环保署考虑与每一个"最高污染物水平"相关的"可量化的和不可量化的"健康风险削减的收益和成本。② 在进行这些评估时,美国环保署必须使用"最佳可用的、经同行评审的科学支持研究",③并要确保"关于公众健康影响的信息陈述是全面的,提供了有用信息的和可以理解的"。④ 通常,美国环保署会把"最高污染物水平"设定于"最大健康风险削减收益的成本是合理的"水平。⑤

7. 规避规定的许可和豁免

法案允许一些规避规定的许可和免责。要想获得规避主要标准的许可,供水系统必须给执法机构一定的满意度,即尽管是适用"BAT",但它的原水供应也具有阻止达到"最高污染物水平"的特征。⑥ 另外,申请获得许可必须证明,"这种许可不会导致不合理的健康风险"。⑦ 在美国环保署建立替代"最高污染物水平"的处理方法时,如果申请者能证明其原水源的纯净性而使处理方法不必需了,那么也有可能获得许可。⑧

尽管法案要求每当获得一项许可时,要建立"遵守时间

---

① City of Waukesha v. EPA(D. C. Cir. 2003)
② § 1412(b)(3)(C)
③ § 1412(b)(3)(A)
④ § 1412(b)(3)(B)
⑤ § 1412(b)(6)(A)
⑥ § 1415(a)(1)(A)
⑦ § 1415(a)(1)(A)
⑧ § 1415(a)(1)(B)

表",①但法律中并没有直接防止这种许可周期延长的规定。事实上,许可能变为实际的豁免,但是美国环保署有权力审查并拒绝许可。②

实际上,1996年修正案为小型公共供水系统建立了永久豁免。少于10000个顾客的供水系统如果不能负担主要饮用水标准,可以申请一项许可。③ 国会要求美国环保署对每一个受监管的污染物指定出适用于不同规模的供水系统的批准许可技术。④ 1986年之前的规则或微生物污染物是不能获得许可的。⑤ 小型系统的许可是无期限的,尽管它们必须每五年审查一次。⑥

除了由许可发展而来的事实上的豁免,法律也规定了明确的豁免。要想获得"最高污染物水平"或处理方法的豁免,申请者必须证明三件事情。第一,它必须证明有"令人信服的因素"阻止了其遵守这些技术。⑦ 法令特别地允许"经济因素",如合规成本就是这样"令人信服的因素"。第二,它必须证明,在美国环保署颁布相关"最高污染物水平"或处理方法时,它已经在从事业务了,或者如果它是一个新的供水商的话,它没有合理的饮用水替代水源。⑧ 第三,它必须证明"获得这样的豁免不会导致不合理的健康风

---

① § 1415(a)(1)(A)
② § 1415(a)(1)(E)−(G)
③ § 1415(e)(1),(3)
④ § 1412(b)(15)
⑤ § 1415(e)(6)
⑥ § 1415(e)(5)
⑦ § 1416(a)(1)
⑧ § 1416(a)(2)

险"。① 就像许可程序一样,豁免程序也要求一个"遵守时间表"。② 对一些豁免的延期和周期续延也是可能的。③ 不过,美国环保署有权审查和拒绝豁免。④

8. 执行

像《清洁水法》和《清洁空气法》一样,《安全饮用水法》考虑了由州来承担确保实施国家规定的主要责任。⑤ 美国环保署保留了后备执行的权力。⑥ 但是,法院保留着传统的衡平司法权来衡量和平衡强制遵守一项美国环保署命令的成本和效益。⑦

9. 发布通知

也许法案最出众的规定就是它的公众通知要求了。每一个受监管的供水商必须将有关违背"最高污染物水平"或处理方法,以及它获得的任何许可或豁免的情况告知它的消费者。⑧ 所要求的通知"必须不能含有过于技术的语言或使用很小的字体","必须不能用使通知的目的落空的格式","必须不能含有使通知的目的变为徒劳的语言"。⑨

根据违规的严重性和不利健康影响的潜在性,美国环

---

① § 1416(a)(2)
② § 1416(b)(1)
③ § 1416(b)(2)(B)
④ § 1416(d)
⑤ § 1422
⑥ § 1422(c),1423(a)
⑦ United States v. Massachusetts Water Resources Authority(1st Cir. 2001)
⑧ § 1414(c)
⑨ 40C.F.R. § 141.205(c)

保署规定把违规的领域划分为三个层次。[1] 第一层次包括,短期暴露就会对人类健康有严重不利影响的重大可能性的情况。第二层次包括,对人类健康有严重不利影响的可能性的情况。第三层次覆盖所有其他情况。

违规的严重性决定着通知的时间和方式。对第一层次的违规,在知道了违规后的 24 小时内,供水系统必须立即联系其服务的所有人。它还必须在广播和电视台播放,张贴引人注目的通知或当面递交通知。[2] 第二层次的违规必须在 30 天内,在指定的时间间隔重复通知。这些违规情况可以通过新闻稿、公开发布、网络发布、报纸广告或单独的邮件等方式报告。通常这些单独的邮件包含在用户的用水账单中。第三层次的违规必须在供水系统知道违规之后,不晚于一年的时间内报告。它可以使用多种方式,包括邮寄、张贴、发布或电子邮件通知。它也可以在下一段所描述的报告中包含这样的通知。

1996 年修正案增添了一项适用于"社区供水系统"的附加通知要求。每个社区供水系统每年必须向它的每一个用户提供一份"用户信心报告"。[3] 这些报告必须描述监管标准,并说明在其供水系统的水中已经发现的污染物。小型供水系统可以只复制它们的年度报告来提供给用户,以此来替代大量的邮件。

10. 其他规定

除了一般规定外,法案还包括致力于解决具体特定饮

---

[1]　40 C. F. R. §141.201. See also Appendices A and B to Subpart Q of 40 C. F. R. Part 141

[2]　40 C. F. R. §141.202(c)

[3]　§1414(c)(4)

用水问题的一些规定。特殊规定是适用于砷、硫酸盐和氡的监管的。① 法案还有一部分是调整地下饮用水供应的。在这一领域特别关注的是,用于处置危险废物的地下注水井。② 根据这些条款建立起来的标准与《资源保护和恢复法》对危险废物处置的要求是相互作用的。附加条款禁止在饮用水管道和水冷却器中使用铅。③ 最后,法院授予美国环保署特别的权力来确保有足够的化学物质可用于水处理。④

5.4.4 评价

像大多数主要联邦监管计划一样,《安全饮用水法》三十多年的追踪记录是不稳定的。一方面,它已经为在国家饮用水供应中发现的许多最重要的有毒物质制定了最低程度的国家标准。而且,它禁止在饮用水管道和水冷却器中使用铅,是对国家儿童的一个重要保护。最后,它的报告要求提高了国家对确保充足饮用水供应的重要性的意识。

另一方面,至少是在 1996 年以前,一些批评者指责这是一个过度昂贵和僵化的体系,没有以充分的风险或成本/效益分析为基础。而且,许多公共供水系统抱怨,它们的用户对在许多饮用水供应中显示出的微小的、几乎监测不到的数量的有毒物质表现出了过度的惊慌。还有其他批评者指责美国环保署太慢太笨拙,没能跟上最终会出现在饮用水供应中的有毒物质的持续增长,并且准许了太多的豁免

---

① §1412(b)(12)
② §§1421—1428
③ §1417
④ §1441

或许可。

1996年修正案意图致力于解决所有的这些担忧。在修正案后的第一个五年，美国环保署没有显著地加快监管步伐，在开始监管其他16种污染物时，在累计的清单上只增加了8种的污染物。到2007年年初，为7种类型的微生物、4种消毒副产品、3种消毒剂、16种无机化学品、52种有机化学品和4种放射性核素，总共86种污染物设定了主要饮用水标准。为15种污染物设定了次要标准。但是，大多数的主要和次要标准是在1996年修正案之前就已设定的。除了添加被监管污染物清单外，从2000年开始，美国环保署在许多领域发布了规定和指导，包括一般分析和抽样程序，以及信息收集和公众通知要求。

从表面上看，饮用水计划似乎是稳步但缓慢进展的。尽管其法律框架在1996年进行过大幅修订，但这个计划更像是一个步入中年的计划，而不是一个积极进取的新计划。并且，它还顽固地遗留有处于其健康基础中心的，有关成本—效益分析和风险评估的问题。

5.5 三个法案的共同特征

除了上述专门具体的规定外，这三个法案在应对有毒污染物方法上，还有许多其他共同特征。

5.5.1 联邦和州法律的关系

每个法案都从三个方面处理联邦和州法律的关系：(1)预先制止；(2)执行；(3)联邦合规。

1. 预先制止

每个法案都为相关资源制定了最低联邦级别的保护。

在国会概括出大纲后,美国环保署制定出基本的监管计划。例如,美国环保署依据具体的法案确定出需要监管的有毒物质。它接着要指明允许向周围空气、水或饮用水中排放、释放的数量或浓度。但是,联邦设定的这些水平是作为底限的,而不是上限。因此,州通常可以自由设定更加严格的标准。① 州可以增加美国环保署没有监管的物质,或者设置比美国环保署要求的更为严格的标准。但是它们不能设定更低的标准。

2. 执行

每个法案都提供给了州一个在联邦的监管和支持之下的主要执行角色。例如,《清洁空气法》和《清洁水法》规定了州接受联邦的授权来管理法案所要求的许可制度。② 大多数州都已经寻求和得到了这样的授权。同样,《安全饮用水法》也规定了州具有具体执行法案的主要权力。③ 当州选择不承担这项职权,或者美国环保署确定州的计划是不充分的时,就由美国环保署承担主要执行权。④ 最后,美国环保署有权监督州执行计划,并且,如果它发现州执行不严,它就可以介入。⑤ 但是,最后这一步,会给美国环保署带来政治及实践问题,所以它不经常被采取。

3. 联邦设施

最后,每个法案都要求联邦政府遵守州计划所规定的

---

① CWA§510;CAA§112(r)(11)(突发性释放的条款);SDWA§1414(e)
② CWA§402(b);CAA§112(1)
③ SDWA§1413
④ SDWA§1413(b)(7)(C)(iv)
⑤ SDWA§1414(a)(1)(B)

要求。① 根据《清洁空气法》和《安全饮用水法》,对于州监管有毒物质的要求,总统可以授予有限的豁免。② 对于受《清洁水法》监管的联邦设施的有毒物质释放是不可能获得总统豁免的。③

5.5.2 监控、记录保留和报告要求

这三个法案都强制实行广泛的监控、记录保持和报告要求。④ 实施这些法定命令的规则是冗长的。⑤ 遵守法案的大部分成本也是来自于这些要求的。从监控报告中搜集到的信息通常是向公众开放的。环境和公众健康团体经常使用这种信息取得对违规者的公民诉讼的成功。

5.5.3 执行条款

1. 公共执行条款

每个法案都授权公共和私人执行其规定。公共执行的选择包括刑事的、民事的和行政处罚。⑥ 刑事制裁包括大额罚款和漫长的监禁。例如,根据《清洁水法》,罚款可以从对过失犯罪者的每天 2500 美元起,到对重复故意违反者的每天 100000 美元。⑦ 该法案还规定监禁期为从对过失的、首次违反者的一年或更少时间,到对故意危害者的 15 年时间。⑧ 根据《清洁空气法》,对重复故意危害的人可以处以

---

① CWA§313(a);CAA§118(a);SDWA§1428(h)
② CAA§118(b);SDWA§1428
③ CWA§313
④ CWA§308;CAA§504(b);SDWA§1445
⑤ 40 C. F. R. Part 63《清洁空气法》NESHAPS 检验和监控要求。)
⑥ CWA§309;CAA§113;SDWA§1423(b)
⑦ CWA§309(c)(1),(2)
⑧ CWA§309(c)(1),(3)

30年的监禁。①

依据这三个法案的民事处罚,可以达到每天25000美元。②《清洁水法》规定了法院在设定民事处罚时应使用的各种因素的说明清单。③ 这些因素包括违规的严重性、违法的经济效益、过去的守法历史、违法者努力遵守的诚信。尽管其他两个法案没有包含这样的规定,但是,法院可能会考虑这些因素。

由美国环保署实施的行政处罚,根据《清洁空气法》可对违法者处以每天25000美元的罚款,根据《清洁水法》和《安全饮用水法》可处以每天10000美元的罚款。④《清洁水法》和《清洁空气法》都要求美国环保署在确定行政罚款数额时,要识别各种因素。⑤ 所列举的详细因素中,有处罚的经济影响、当事人的守法历史、努力遵守的诚信和违法的严重性。⑥《清洁水法》和《清洁空气法》特别地授权法院要禁止违反每一个法案的行为。⑦ 这样的权力也蕴含在《安全饮用水法》中(法院可以发布保护公众健康的"判决")。这三部法案都授权美国环保署发布行政命令,要求遵守法定的、监管的或许可的条款。⑧ 对这种命令的违反是一个单独的可制裁的犯罪行为。⑨

---

① CAA§113(c)(5)(A)
② CWA§309(d);CAA§113(b);SDWA §1414(b)
③ CWA§309(d)
④ CWA§309(g)(2);CAA§113(d)(1);SDWA §1423(c)
⑤ CWA§309(g)(3);CAA§113(e)
⑥ CAA§ 113(e)(1)
⑦ CWA§309(b);CAA§113(b)
⑧ CWA§309(a)(3);CAA§113(a);SDWA §1414(g)
⑨ CWA§309(d);CAA§113(c)(1);SDWA § 1414(g)(3)(A)

每个法案还授权美国环保署采取紧急措施,应对即将发生的重大公众健康、福祉或环境危害。[1] 依据其他环境法律的相似规定所采取的行动,显示出了美国环保署具有巨大的自由裁量权来确定这种即将发生的重大危害是否存在。[2]

2. 公民诉讼

除了广泛的公共执行行动外,每个法案都有公民诉讼条款。[3] 这些条款规定,可以对被指控违反相关法案的美国环保署和私人责任方提起诉讼。每个法案都有专门的条款管理寻求审查美国环保署规则的司法诉讼。[4]

法案没有授权对私人责任方的纯粹过去的违法行为提起诉讼。而且,只有在截至提起诉讼时,被告仍不遵守各自法案或任何适用的规定或许可证要求时,才能对私人提起公民诉讼。它们也包括通常的诉讼前的通知要求,这在其他法令中也有类似的规定。[5] 因涉嫌违反有毒物质管理标准的,并不要求有通常的 60 天等待期。[6] 每个法案都规定可以做出有关律师费和诉讼费用的裁决。

附加条款保护"检举者"不会因为依据法案提起了诉讼或在诉讼中作证而受到雇主的报复。[7]

---

[1] CWA §504(a);CAA §303;SDWA §1431
[2] CERCLA §106(a);RCRA §7003(a)
[3] CWA § 505;CAA §304;SDWA §1449
[4] CWA §509(b);CAA § 307(b)(1),(d)(8)−(9);SDWA §1448
[5] CWA §505(b);CAA §304(b);SDWA §1449(b)
[6] CWA §505(b)
[7] CWA§507(a)

5.5.4 研究项目和外部咨询小组

除了要求美国环保署设定标准管理私人行为的条款外,每个法案还要求美国环保署通过进行规定的研究项目来扩大对环境中的有毒物质的理解。例如,《清洁水法》要求美国环保署就湖泊中的有毒污染物进行广泛的研究。[1]《清洁空气法》要求就进入五大湖区、切萨比克湾、尚普兰湖和沿海水域的危险空气污染物的沉积进行专门研究。[2] 它还建立了一个国家城市空气有毒物质研究中心。[3]《安全饮用水法》要求美国环保署进行公共饮用水供应的广泛研究。[4] 当研究责任下放到州时,法案规定拨出资金作为研究补助。[5]

这三个法案也要求美国环保署向专门的技术顾问理事会和委员会咨询或与其合作。例如,《清洁空气法》建立了应对危险空气污染物突发性释放的化学品安全与风险调查委员会。[6]《安全饮用水法》建立了国家饮用水顾问委员会,就饮用水中的有毒污染物向美国环保署提供建议。[7]《清洁水法》建立了国家研究委员会来报告国家污水标准的实施情况。[8] 尽管可能是政治而不是政策或科学促使了大多数委员会的建立,但是它们的成立给了它们的成员正式

---

[1] CWA § 314(a)(1)(F)
[2] CAA § 112(m)(5)
[3] CAA § 112(p)
[4] SDWA § 1442
[5] CWA § 314(a)(4); SDWA § 1444
[6] CAA § 112(r)(6)
[7] SDWA § 1446
[8] CWA § 315

的激励,使其更积极地参与美国环保署的政策制定。此外,它们的建议能给美国环保署额外权力或政治掩护,来支持更有争议的提议。由于对空气和水中的有毒物质的监管变得更加复杂和昂贵,都期望这些理事会、委员会、小组委员会的数量能激增。

第6章 监管危险废物的处置：《资源保护和恢复法》(RCRA)

6.1 序言

6.1.1 "从摇篮到坟墓"的监管

被哥伦比亚特区巡回法院描述为"无法想象的复杂的"(American Mining Congress v. EPA(D. C. Cir. 1987))《资源保护和恢复法》[①]，建立了一个监管"危险废物"的产生、运输、储存、处理、处置和清理的综合系统。广泛的法令，再配合以更为广泛的法规，试图"从摇篮到坟墓"监管危险废物。[②]

《资源保护和恢复法》对在"危险废物"生命周期中与它有关的每一个人都设定了重大责任。工厂所有者和其他废物产生者必须使用一套复杂的定义来确定他们是否产生了"危险废物"。如果产生了，《资源保护和恢复法》要求他们保持记录、提交报告，并妥善处理这些废物。《资源保护和恢复法》中的大多数"危险废物"是在其产生的地方首先被

---

① 42. U. S. C. A § 6901 et seq
② C&A Carbone, Inc. v. Town of Clarkstown(S. Ct1994)

储存,然后被处理,并最终被处置。《资源保护和恢复法》严格控制这一过程。对其准许的储存、处理和处置方法都极其详细地做了明确规定。特别是,它极大地限制了在填埋场和垃圾场处理此类废物。对产生者运送到厂区外进行储存、处理或处置的废物,《资源保护和恢复法》建立了沿着运输迷宫直到它们的最终处置场所的追踪运输的一项制度。在整个过程中,废物的运输者和最终的接收者都必须严格遵守《资源保护和恢复法》。尽管采取了所有的防御措施,只要危险废物在其生命周期的每个阶段被释放到环境中,《资源保护和恢复法》都有相应的规定来清理污染。

因此,就像第三章到第五章所讨论的那些法令,《资源保护和恢复法》主要也是力图预防环境污染。事实上,《资源保护和恢复法》与其他法令是相互作用的。但是,与其他法令不同的是,《资源保护和恢复法》还包含当其预防措施失败后,清理污染物的大量条款。因此,《资源保护和恢复法》也与第七章到第十一章重点讲解的《综合性环境响应、赔偿和责任法》的清理条款相互作用。这些相互作用将在第十二章中讨论。

6.1.2 危险废物统计数据

目前一些关于《资源保护和恢复法》所监管的废物和设施的统计数据证实了《资源保护和恢复法》监管方案的重要性。根据美国环保署 2005 年的双年度报告,在那一年,16191 家玩具厂家产生了总共 3800 万吨的危险废物。基础化学、石油、煤炭制造业一年总共产生 2600 万吨废物。50 个最大的产生者产生了大量的废弃物:近 3000 万吨。仅一个最大的产生者所产生的废物就超过 400 万吨,远远超过全国总量的 10%。仅得克萨斯和路易斯安那这两个州的产生者就产生了2100万吨物,占整个国家的近54%。

大部分的废弃物是在现场被处理的。在2005年,约有850万吨废弃物被运到厂区外。这些废弃物中,有400万吨是在州际间运输的。

在2005年,由《资源保护和恢复法》监管的管理设施有1550个。其中,有527个是要遵守所有《资源保护和恢复法》许可标准的处理、储存或处置(TSD)设施。绝大多数这些管理设施包含深井或地下注入设备。

《资源保护和恢复法》的繁重责任以及其他减少危险废物产生的措施,似乎也帮助减少了此类废物的产生者和处置者的数量。2005年的报告显示,产生者的数量比2003年报告的少了1503个。同样,相比于2003年,2005年少了176个《资源保护和恢复法》处置点和39个TSD设施。尽管如此,2003年到2005年间所产生的危险废物的总量以近27%的增速增长到了800万吨。运往厂区外处理、储存或处置的数量增加了近5%。

6.1.3 历史发展

国会在1976年颁布了现在被称为是《资源保护和恢复法》的法令,作为1965年《联邦固体废物处置法》的修正案。1965年的立法通过授权州和地方、调查研究、非约束性的指导方针来致力于解决国家的废物问题。但是在预防和环境恢复国家逐渐增加的废弃物产生和处置问题上,它的作用是微乎其微的。1976年的《资源保护和恢复法》修正案几乎完全修正了原来的法案。虽然当前的法案仍继续保留着1965年法案的正式名称,但现在普遍知道的还是1976年修正案的名称。事实上,甚至是在"1984年危险固体废物修正案"(HSWA)出台之后,1976年的名称仍保留着。

虽然《资源保护和恢复法》代表着国会对固体危险废物问题态度的一个重大转变,但是美国环保署在执行《资源保护和恢复法》上是非常缓慢的。这在很大程度上是源于主题的复杂性。此外,受监管的企业更关切这个监管方案会带来的潜在的巨大成本,而环境利益强调的则是最大限度地减少公众健康风险。因此,虽然颁布于1976年,但是直到1980年《资源保护和恢复法》才初显成果。在1980年出现了两个重要的里程碑。第一,随着美国环保署第一套危险废物规定的颁布,《资源保护和恢复法》中重要的"危险废物"条款开始生效。第二,正如在第十二章所讲的,联邦政府第一次使用《资源保护和恢复法》来清理在1976年《资源保护和恢复法》之前已经被污染和被关闭的危险废物处置场所。

在接下来的四年,美国环保署加快了实施《资源保护和恢复法》的步伐。此外,随着《资源保护和恢复法》实施行动的进行,大量判例法开始发展起来。然而,国会对实施迟延和美国环保署清理选择措施的限制仍然很失望。因此,在《危险固体废物修正案》中,国会大幅度加强了对TSD设施的监管。它在其他条款中规定,除在非常有限的条件下,禁止使用垃圾填埋场来处置危险废物。此外,如第十二章所述,它大幅增加了美国环保署要求TSD设施在其设施持续营运状态下采取"修复措施"清理污染的权力。这些以及《危险固体废物修正案》其他条款的影响是几乎阻断了商业危险废物处置业务,与其说是遵守这个新的立法,不如说是使数以百计的设施被关闭。另外,它还启动了大量昂贵的并仍在持续的项目来清理数以千计的被污染的TSD设施。

6.1.4 与其他法律的关系

1.《资源保护和恢复法》与《综合性环境响应、赔偿和责任法》

《资源保护和恢复法》开启了国会对危险废物处置和清理的长达十年的关注。除了《资源保护和恢复法》外,1980年的《综合性环境响应、赔偿和责任法》和1986年的《综合性环境响应、赔偿和责任法》修正案,即《超级基金修正案和再授权法案》(缩写为"SARA")中,也体现出了国会对危险废物的关注。基本上,要想理解《资源保护和恢复法》在危险废物监管中的作用,需要理解《资源保护和恢复法》与《综合性环境响应、赔偿和责任法》之间的重叠和区别。本章重点说明《资源保护和恢复法》的主要规定。第七到十一章说明《综合性环境响应、赔偿和责任法》的规定。第十二章首先介绍《资源保护和恢复法》的废物清理条款,接着阐述《资源保护和恢复法》与《综合性环境响应、赔偿和责任法》之间的相互关系,以此来完成对这两个法令的研究。

简单说来,目前人们常常把这两个法令之间的区别概括为它们对待危险废物的不同方法。总体来说,《资源保护和恢复法》是预防性的法律。即,该法侧重于防范危险废物污染。它要求人们遵守其规定,最大程度地减少危险废物污染的可能性。相反,《综合性环境响应、赔偿和责任法》是追溯性的法律,即该法侧重于《资源保护和恢复法》生效前或违反《资源保护和恢复法》预防制度的情况下产生的污染的清理。[①] 当然,在极端情况下,这种简单的区别起不到作用。因此,依据《综合性环境响应、赔偿和责任法》施加的

---

① United States v. Shell Oil Co. (D. Colo. 1985)

严格责任也是减少潜在污染的一个有效因素。同样,《资源保护和恢复法》中规定了其颁布之前已产生的污染的清理条款。虽然上述区别并非绝对的,但它还是有助于说明两个法令所采取的主要方法的不同。

2.《资源保护和恢复法》与其他环境法律

《资源保护和恢复法》与其他监管危险物质的联邦法之间的相互影响也很显著。第三章所讨论的《联邦杀虫剂、杀菌剂与杀鼠剂法》和《有毒物质控制法》在几个重要的方面与《资源保护和恢复法》相交叉。例如,《资源保护和恢复法》的危险废物处置规定不适用于按照《联邦杀虫剂、杀菌剂与杀鼠剂法》的标签说明进行处置的农业用杀虫剂。[1] 同样,因为依据《有毒物质控制法》和《资源保护和恢复法》美国环保署有着重叠的权限,所以美国环保署有时会只根据这两个法令中的其中一个监管某些物质。一方面,由于已经形成了大量的以《有毒物质控制法》为基础的计划来监管多氯联苯,美国环保署通常不会依据《资源保护和恢复法》来监管它们。[2] 另一方面,《资源保护和恢复法》监管的"危险废物"似乎符合《有毒物质控制法》对"化学物质"的定义,《资源保护和恢复法》对这种废物的广泛规定导致了美国环保署将它们从像"预生产通知"要求这样的《有毒物质控制法》规定中排除出去。[3] 但危险废物进口者必须同时符合《资源保护和恢复法》和《有毒物质控制法》的要求。[4]

---

[1] 40C. F. R. §270.1(c)(2)(ii)
[2] 40C. F. R §261.8
[3] 40C. F. R. §723.50
[4] 15U. S. C. A §2612

而且,某些"危险废物的成分"要遵守《有毒物质控制法》的一些报告要求。①

第五章中所讨论的每一个法令都与《资源保护和恢复法》在一些重要的方面存在交叉。例如,《资源保护和恢复法》监管的"固体废物"的法定定义中未包括依据《清洁水法》中"国家污染物质排放削减制度"被允许排放的废水。但这种例外仅适用于实际排放点的废水。②《资源保护和恢复法》的管辖范围至少包括被收集到存贮池或处理池中的某些废水。《资源保护和恢复法》与《清洁水法》在这一领域和其他领域的交叉范围还在开发中。③

废水处理厂和废物焚烧炉产生的污泥是《资源保护和恢复法》与《清洁水法》和《清洁空气法》之间的另外的交叉点。根据《资源保护和恢复法》,这些污泥是作为危险废物被监管的。因此,依据《清洁水法》和《清洁空气法》被迫安装污染控制设备的实体,可能就变成了《资源保护和恢复法》中的危险废物"产生者"。同样,可能产生危险空气排放物的焚烧炉会受到《资源保护和恢复法》以及《清洁空气法》的监管(虽然焚烧炉排放的气体可能不符合《资源保护和恢复法》中"固体废物"的定义,但这些气体中携带的颗粒却符合该定义④)。事实上,国会意识到了这可能会带来冲突,因此特别要求美国环保署"在可行范围内最大限度的"确保

---

① 40C. R. §716.1

② 40 C. F. R. §261.4(a)(2)(comment)

③ Chemical Waste Management, Inc. v. EPA(D. C. Cir. 1992); State v. PVS Chemicals, Inc. (W. D. N. Y. 1998);58F. R. 29,860(1993)

④ RCRA§ 1004(27)

《清洁空气法》和《资源保护和恢复法》规定的一致性。[1]

最后,《安全饮用水法》同样也与《资源保护和恢复法》相交叉。例如,依据《安全饮用水法》建立的 MCLs 对《资源保护和恢复法》的清理和处置条款也有一定的适用性。另外,《资源保护和恢复法》和《安全饮用水法》均监管注入地下深井的废物。

6.1.5 组织结构

《资源保护和恢复法》极其广泛,以致人们经常将其中的特定部分看作是单独立法来进行讨论。国会将《资源保护和恢复法》分成十个部分也推进了这一进程。在编成法典时,上述十个部分构成了《固体废物处置法》的十个分章。《美国法典》采用罗马数字来标明这十个分章。在编纂《美国法典》之前,上述十个部分构成了《资源保护和恢复法》十个"分节"。例如,主要的危险废物条款在未编成法典的《资源保护和恢复法》"分节 C"中,在法典规定中是"第 III 分章"。为与作者的习惯保持一致,下列讨论中指的仅是未编成法典的"分节"。

这十个分节概括了从 A 节的"一般规定"到 J 节的"医疗废物追踪程序证明"的全部范围。这里提到的最重要就是 C 节——危险废物管理程序。下文的讨论还简要说明了 F 节(联邦设施)、G 节(其他规定,包括检举者保护和公民诉讼)和 I 章(地下储油罐)的规定。另外,还有必要提到监管非危险固体废物的 D 节。与 C 节规定的要求相比,D 节对废物生产者和处理者的要求最低。因此,废物产生者和处理者有充分的动机避免让自己的废物被归类为 C 节

---

[1] CAA § 112(n)(7)

中的废物。

6.2 "危险废物"

6.2.1 序言

《资源保护和恢复法》最关键的部分是它对界限问题的回答：一种废物是否是"危险废物"？美国环保署要求 C 节的规定仅适用于依据监管定义被确定为"危险废物"的物质。然而，这个关键问题却通常是难以回答的问题。对于一些废物来说，这个问题的答案显而易见。装有高腐蚀性化学制品的废弃桶大部分情况下肯定符合这一定义。但对于许多其他废物来说，这个问题的答案却相当难以确定。例如，采矿作业中造成的岩石残留是否是"危险废物"？循环使用的材料是否作为"危险废物"仍受《资源保护和恢复法》的调整？

人们最初对"危险废物"识别过程的关注推动了理解《资源保护和恢复法》的两个目的。第一，也是最重要的一点，它提出了一个明确的中心，《资源保护和恢复法》围绕这个中心开展监管。因为 C 节对产生、处理、储存或处置危险废物的人设置了大量的，甚至是繁重的合规成本和监管责任，所以这些人必须知道他们生产或处理的材料是否在"危险废物"定义范围内。第二，除其重要性之外，识别危险废物的规定也被作为是证明 C 节整体复杂性的便利途径。虽然危险废物识别规定深奥难懂，但却相对简明。但是，仅这一小部分《资源保护和恢复法》的规定造成的复杂性就生动地说明了，这个复杂性需要学生和实践者深入研究并详细比较《资源保护和恢复法》的数百附加页。

为确定一种材料是否符合《资源保护和恢复法》规定的"危险废物",美国环保署颁布了一些规定,形成了仅适用于C节的复杂定义。这些定义在40C.F.R第260和261条能找到。虽然《资源保护和恢复法》A节的"一般规定"包括了"危险废物"(§1004(5))和"固体废物"(§1004(27))的定义,但这些一般定义并没有明确核实C节的关键问题的适用范围。而且,为了C节的规定,美国环保署更为狭义地解释了"危险"和"固体"废物的一般法律定义。因此,依据C节可能承担责任的人,必须按照监管定义的多个步骤来确定自己是否正在处理C节规定的废物。

因为C节仅适用于那些也是"固体废物"的"危险废物",因此,本节的分析从"固体废物"的监管定义开始。只有当某个物质符合"固体废物"的定义时,才有必要询问该物质是否也是"危险废物"。简而言之,确定一个物质是否是C节中的"危险废物"涉及七个步骤:

- 该物质已被排除在固体废弃物定义之外,因此它是否就不是危险废物?

- 如果该物质没有被排除在固定废物定义之外,是否因它被"废弃"而属于固体废物?

- 如果该物质因被"废弃"而属于固体废物,它是否因已被排除在危险废物定义之外而不是一种危险废物?

- 如果该物质没有被排除在危险废物定义之外,它是否是美国环保署明确列出的《资源保护恢复法》中的"危险废物"?

- 如果该物质未被明确列为危险废物,它是否因表现出一种或多种危险废物共同的"特性"而属于危险废物?

- 如果该物质未被明确列为危险废物,也未表现出危险废物的特性,它是否会因其与另一种废物相结合或来源于另一种危险废物或包含在另一种废物中而被视为是危险废物?

• 最后,虽然该物质是危险废物,但是否因其可回收而被完全或部分排除于C节的规定之外呢?

下列讨论将在"固体废物"小标题项下考虑前两个步骤,在"危险废物"小标题项下考虑剩余步骤。

C节的规定因两个主要原因而变得相当复杂。第一,由于废液的多样性,每一种废液都有其各自的生化复杂性,这就很难将主题转化成普通公众容易理解的统一规则。第二,美国环保署在制定规则时,试图推进两个法律目标:鼓励回收利用和保护人类环境卫生。一方面,《资源保护和恢复法》希望通过鼓励……材料回收,以及正确进行回收和再利用……来"最大程度降低危险废物的产生"[1];另一方面,《资源保护和恢复法》反映出国会重点关注"采用保护人类健康和环境的方式来指导危险废物管理实践"和"在首先减少未来对修复措施的需要的情况下,正确管理危险废物"[2]。虽然"回收利用"作为环境问题的灵丹妙药大受欢迎,但实际上,工业废弃物的回收利用也带来很大的泄漏、溢出和其他类型的污染风险。在解决保护健康和鼓励回收利用之间的问题时,美国环保署经常偏向于保护健康。因此,只有一些回收行为被完全或部分地排除于《资源保护和恢复法》规定外。

---

[1] §1003(a)(6)
[2] §1003(a)(4)、(5)

6.2.2 固体废物

如上所示,《资源保护和恢复法》C 节的危险废物计划仅适用于那些首先被确定为是"固体废物"的"危险废物"。该法将"固体废物"定义为"任何垃圾、废物、污泥……和任何其他废弃材料……。"①C 节的规定用非常详尽的细节说明了该法对"废弃"的一般性规定。

业内经常抱怨美国环保署定义"固体废物"的权限太过于宽泛。这类问题最经常发生在对回收或再利用材料的规定上。由于监管定义面临着这些挑战,法院经常会退回到看似简单的法律定义上去。实际上,它们通过将该定义与法律要求进行比较来估量监管定义的有效性。这些法院询问这些被监管的材料是否被"废弃",如果是,则它们就属于 C 节中规定的"废物处置问题"。② 以下将在"材料是否可回收"小标题项下详细讨论其中的一些决定。

整个《资源保护和恢复法》中涉及的"固体"的范围不仅仅包括那些通常被认为是固体的材料。《资源保护和恢复法》定义"固体废物"包括"固态、液态、半固态或含气体的材料……"③C 节的规定体现了这一广泛的定义。④ 因此,依据《资源保护和恢复法》,液态废物也是"固体废物"。实际上《资源保护和恢复法》监管的大多废物是储存在丢弃于许多危险废物处理场的 55 加仑圆柱体容器中的液态化学品。

---

① § 1004(27)

② Owen Electric Steel Co. of South Carolina, Inc v. Browner(4th Cir. 1994)(支持了美国环保署的在出售前硬化 6 个月的炼钢炉渣属于废物处置问题的决定。)

③ § 1004(27)

④ 40C. F. R. Part 260, Append 1

如果一个物质不是 C 节规定中定义的"固体废物",则这种物质一般不是危险废物(必须特别注意一些被作为危险废物处理的材料,虽然严格来说这些材料不是"包含"政策下的固体废物。小标题"危险废物"中将讨论该政策)。如果因为明确规定了排除适用,或该物质不属于规定中的"废弃",则该物质不符合"固体废物"的监管定义。

1. 物质是否被排除在"固体废物"定义之外

学生或实践者如果想要确定 C 节规定的适用范围,可以首先考查固体废物定义具体排除的范围,以避免更多麻烦。避开该定义有三个主要方式。首先也是最普遍的方法是§261.4(a)中明确规定的 21 种排除情况。其次,"衍生"规则的一部分也将某些回收材料排除在危险固体废物定义之外。[①] 最后,第 260 条包括了从固体废物定义中获得有限差异的程序。附加条款排除在危险废物定义三种回收方法之外。[②] 下文在讨论被视为固体废物的回收材料时,将会考虑这些条款。

(1)是否有明确的排除?

§261.4(a)规定了明确排除在固体废物定义之外的 21 种情况。前四种被重复排除于该法的固体废物定义之外。这包括:①生活污水;②依据《清洁水法》"国家污染物质排放削减制度"监管的点源排放(参考第五章);③灌溉回流;④某些放射性材料。[③] 因为这些排除条款来源于法令本身,所以它们不仅仅适用于 C 节的规定,而且适用于整

---

① 40C.F.R. §261.3(c)(2)(i)
② §261.2(e)(1)
③ §261.4(a)(1)—(4)

个《资源保护保护与回收法》。剩下17种监管排除情况仅适用解释C节规定中的"固体废物"。这17种情况包括排除制浆液、回收使用过的木材防腐剂、炼油厂二次加工材料、废材料、坏电路板和阴极射线管。[①]

至少有四种法律除外条款引起了司法关注。在Comite Pro Rescate案中,第一巡回法院解释了"生活污水"排除条款。[②] 法庭确定,该排除条款适用于污水的物理来源,而不是污水的类型。特别是,法庭明确该排除条款适用于源自人们住所实际排放的废弃物,而不是在家庭下水道发现的源自工厂厕所或洗涤槽的同类型的废弃物。

有一些案例解释了依据"国家污染物质排放削减制度"许可所允许的排放。1995年,美国环保署宣布,排除条款应适用于有"国家污染物质排放削减制度"许可权的排放,即使是适当的许可尚未确立。从固体废物定义中对工业废水排放排除条款的解释是1995WL911821。然而,法院不会像美国环保署那样始终广义地解读排除条款。

在United States v. Allegan Metal Finishing Co. (W. D. Mich1988)案中,法院认为排除条款仅适用于源自点污染源的实际排放物,不适用于废水收集、储存或处理等这些排放前的过程。换言之,如果废水处理厂持有"国家污染物质排放削减制度"许可证将废水排放到排水道,那么这些物质就会因为是从排放者的污水管流出的,并且进入到了受纳水体而被排除。但是依据该法院意见,《资源保护和恢复

---

① §261.4(a)(5)—(22)

② Comite Pro Rescate De La Salud v. Puerto Rico Aqueduct and Sewer Authority(1st Cir. 1989)

法》的排除条款不包括排放之前采集的材料,也不包括在排放之前的处理过程中累积的污泥。因此,在处理和排放之前在沉淀池中聚集的废弃材料,会涉及《资源保护和恢复法》监管的"固体废物"的聚积。《资源保护和恢复法》的土地处置限制条件对这些处理厂表现了相当的关注,本章随后将继续说明。

Allegan Metal Finishing Co., in Lutz v. Chromatex (M. D. Pa. 1989)一案中,法院发现该排除条款不适用于向下水道、排水沟和沟渠中进行的化学品排放。因为这些排放未被被告的"国家污染物质排放削减制度"许可证授权,法院得出结论认为不适用该排除条款。与之相反,随后的判决给了该排除条款更为广泛的解读。[①]

在 American Petroleum Institute v. EPA(D. C. Cir. 2000)案中,法院支持了美国环保署针对石化制造业产生的回收油的排除。

最后,在 Safe Food and Fertilizer v. EPA(D. C. Cir 2003)案中,法院审查了被运到厂区外去制造锌肥的回收材料的豁免。美国环保署确定,这些材料经过正确处理并且六种污染物的浓度不超过限度,达到了与原始锌源相同,不可被视为"废弃的"材料(美国环保署将后面这个条件称为"等同原则")。该规则使得之前依据"衍生"规则被视为危险废物的材料排除在 C 节规定外了。法庭支持了美国环

---

① State v. PVS Chemicals, Inc. (W. D. N. Y. 1998)(排除条款适用于超出"国家污染物质排放削减制度"许可证允许的限制的排放);Williams Pipe Line Co. v. Bayer Corp. (S. D. Iowa1997)(排除条款适用于从含有废水的碳氢化合物地面储罐中排放到地面的溢出。)

保署的规则,包括其等同原则。

(2)"衍生"规则是否把材料排除在外?

"衍生"规则属于"危险废物"定义的一部分。下文小标题"其他废物是否被视为危险废物"中将更为具体地说明这点,"衍生"规则明确了"危险废物"包括任何"因处理、储存或处置危险废物而产生的固体废弃物"。[①] 但该条款的一部分把"从固体废物中回收并且良性使用的"材料排除在危险废物和固体废物定义之外。[②]

(3)差异是否被准许?

避开"固体废物"定义的最后一种方法完全是关于获取差异性的。第260条在三种有限的情况下,允许与固体废物定义有差异。这适用于:(1)预计在规定时间内累积不到足够的循环数量的材料;(2)作为原料被回收并再利用的材料;以及(3)需要额外再回收的回收材料。[③] 规定还明确了这些差异的附加条件。[④] 寻找这种差异性的人必须向美国环保署提交申请并且证明其符合所要求的条件。[⑤]

2. 材料是否因被"废弃"而属于"固体废物"

如果争议中的材料符合上述排除情况中的某一条,那么该材料不是 C 节规定中的"固体废物"。结果就是,它通常也不是"危险废物"。[⑥] 该主要排除条款适用于美国环保署"包含"政策所提及的材料。该政策在小标题"危险废物"

---

① §261.3(c)(2)
② §261.3(c)(2)(i);cf §261.1(c)(4)
③ §260.30
④ §260.31
⑤ §260.33
⑥ §261.3(a)(只有是"固体废物"的材料才能作为"危险废物"对待。)

中的最后一部分进行讨论。

如果材料未被从固体废物定义中排除,学生和实践者必须随后确定该材料是否符合"固体废物"的定义。如上所述,法令一般会参考"被废弃的材料"来定义固体废物。[1] C节吸收了这一定义,[2]并接着规定了材料是被"废弃"的四种情形。依据规定,下列情形下材料是被"废弃的":(1)被丢弃;(2)在规定的情形下被回收;(3)具有"废物特性"的物质;或(4)某种规定的军队武器弹药。[3] 规定又详细明确了这四种情形的含义。

(1)材料是否因为被"丢弃"而属于固体废物?

根据规定,当符合下列任一种情形时,材料是被"丢弃的":①被处置;②被燃烧或焚烧;③在被处置、燃烧或焚烧之前,该材料被聚积、储存或处理(但未被回收)。[4]

一般监管定义又进一步讲明了"处置"和"储存"的含义。"处置"指"排放、沉积、注入、倾倒、外溢、泄露或放置任何固体废物或危险废物到任何土地或水体中,以致废物或它的任何成分可能进入到环境……"[5]"储存"指"危险废物被处理、处置或在其他地方储存之前,临时保存该危险废物一段时间。"[6]然而,这些定义的用处是有限的。在用来确定某种材料是否因"被丢弃"而属于固体废物时,这两个定义实际上是同义重复的。因为各个定义在提出"固体"或

---

[1] RCRA § 1004(27)
[2] 40 C.F.R. § 261.2(a)(1)
[3] § 261.2(a)(2)
[4] § 261.2(b)
[5] § 260.10
[6] § 260.10

"危险废物"时,它们均回避了"丢弃"带来的问题:所讨论的材料是"固体废物"吗? 不过,这两个定义都说明了材料因"丢弃"而可能被认为是固体废物的各种行为。

(2)当材料被"回收"后是固体废物吗?

①表1

固体废物定义中最复杂的部分是确定当材料被回收后是否是固体废物。§261.2(c)总结了美国环保署关于回收利用活动的结论,详见表1。

表1

	处置261.2(c)(1)	能源回收/燃料261.2(c)(2)	回收261.2(c)(3)	投机性聚积261.2(c)(4)
用过的材料……	(*)	(*)	(*)	(*)
污泥(列于40 CFR part 261.31or 261.32)	(*)	(*)	(*)	(*)
显示出危险废物特征的污泥……	(*)	(*)	……	(*)
副产品(列于40 CFR part 261.31or 261.32)	(*)	(*)	(*)	(*)
显示出危险废物特征的副产品……	(*)	(*)	……	(*)
列在40 CFR part 261.33的商业化学产品	(*)	(*)	……	……
废金属	(*)	(*)	(*)	(*)

学生或实践者必须首先确定材料是否符合表1最左栏所列出的七大类中的一种。§261.1(c)定义了这些类型。如果一种回收材料不符合其他六种定义中的任何一种,该材料几乎当然符合"用过的材料"的定义。确定了回收材料

的类别后,学生必须考虑相关回收活动的类型。表1的右侧的四列中对应列出了§§261.2(c)(1)至(4)所规定的四类回收活动。如果表1右边栏中包括一个星号,这说明美国环保署认为该表最左边栏确定的相应材料经规定方式回收后是一种固体废物。

浏览一下表1为我们提供了三大经验法则。首先,对于表1最左栏列出的所有材料中,无论通过"处置"或用于"能源回收或燃料"的回收,都确定该材料是固体废物。其次,所列的商业化学产品在不触及固体废物定义的情况下,可被回收或聚积。最后,个人在不产生"固体废物"的情况下(以下将在小标题"危险废物"中讨论危险废物的"特征"),可回收任何表现出危险废物特征的污泥或任何同类副产品。但是通过"回收"或"投机性聚积"所回收的所有其他材料均是固体废物。

②豁免条件

§261.2(e)建立了三大"豁免条件",适用于回收时似乎更像"产品类"而不是"废弃物类"的材料。这三大豁免条件是:第一,作为生产某种产品的成分的材料,例如制造水泥用的煤灰;第二,有效取代商业产品的二级材料,例如用作净水器的污泥;第三,从产生或取代其他原材料的原始生产过程中回到"闭合环路"的二级材料。有多种方式可以导致各个豁免条件的失效。例如,废物回收、地面储存废物、投机性聚积或用于能源回收的燃烧等活动可以使豁免条件失效。同样,"假"回收也会造成豁免条件的失效。例如,假回收的证据包括所使用的二级材料数量大大超过生产过程所必须的数量。同样,如果"回收者"未能使用一种表明是原材料或商业化学品的有效替代品的方式处理该材料时,美国环保署将会怀疑是一项假操作。

③涉及回收的诉讼

回收条款引发了很多重要的诉讼。这些诉讼案集中在固体废物是否是"废弃的"这一法律要求上。这一问题常发生在采矿和石油行业。这两个行业中,特定工业过程可能会同时产生所需的主产品和某些二级材料。这些二级材料通常是有用的,可以在某一时刻回收并进一步加工成不同产品。这说明确定二级材料是否是 C 节规定的固体废物的这一问题发生在初步生产和二次处理之间的过渡阶段。考虑到该规定附带的费用和潜在责任,这些行业都非常希望避免将这些二级材料作为 C 节的"固体废物"来处理。但是,美国环保署本来就广义地解释了 C 节的固体废物定义。只有未经事先回收就回到原始生产过程的那些材料,才符合"闭合环路"回收的排除条款。

在审查美国环保署是否未经许可将其管辖权延伸到非"废弃物"时,法院通常会看看这些材料是否是《资源保护和恢复法》中的"处置问题的一部分"或是持续生产过程中的一部分。在第一次 American Mining Congress 案中[①],哥伦比亚特区巡回法院认为"持续生产过程中所使用的在加工过程中的二级材料"不属于"固体废物"。虽然 AMC I 给了矿产行业大量的希望,认为法院会积极监督美国环保署"固体废物"的宽泛定义,但随后的数个判决狭义地解释了符合固体废物定义排除条款的"持续生产过程"类型。因此,第四巡回法院支持美国环保署的决定:即出售前硬化 6

---

① American Mining Congress v. EPA(D. C. Cir1987)(AMC I)

个月的钢铁生产中产生的炉渣属于处置问题。[1] 在第二次 American Mining Congress 案中,哥伦比亚特区巡回法院支持了美国环保署的决定:废水池污泥不算持续生产过程的一部分,即使有朝一日这些污泥可能被回收。[2]

最近,法院允许将更为广泛的材料和工序视为非"废弃的",因此,这些工序和材料也就不是"固体废物"。在 Association of Battery Recyclers, Inc. v. EPA(D. C. cir2000)案中,法院推翻了美国环保署的将储存了一段时间的材料都作为固体废物的决定。法院认为,如果不是被投机性聚积,那么所争议的材料仍属于生产过程中的二次材料,并且因此"不属于废物处置问题"。American Petroleum Institute v. EPA(D. C. Cir 2000)(驳回了美国环保署关于"固体废物"定义的两个应用)。

近期,在 Safe Food and Fertilizer v. EPA(D. C. Cir 2003)案中,哥伦比亚特区巡回法院重新审查了 AMC I 对"被废弃"的定义。在规则制定中,美国环保署得出结论,如果回收材料经过正确处置并且六大污染物浓度没有超过限制,应视同为天然锌源,那么被运送到厂区外用于制造锌肥的回收材料就不应被视为"被废弃的"。正如上文所讨论,这一原则使得依据"衍生"原则先前被视为危险废物的材料排除于 C 节规定之外了。法院支持了美国环保署的原则,认为 AMC I 的"闭合环路"测试不足以要求美国环保署推论出将材料运输到厂区外就意味着该材料被"废弃"。重审

---

[1] Owen Electric Steel Co. of South Carolina, Inc. v. Browner(4th cir. 1994)

[2] American Mining Congress v. EPA(D. C. cir1990)(AMC II)

时,法院要求美国环保署进一步解释为何对未使用的和回收的肥料使用同一原则。①

为回应上述的一些法院判决以及应对持续的行业关注,美国环保署提出重新定义"固体废物",排除了同一行业内持续加工过程中产生的和回收的150万吨材料。② 该提案延伸了"持续加工过程"理念,使其包括了生产设施或依据"北美产业分类制度"而属于同一产业类别的其他实体而发生的回收利用。产业回收利用仍然属于"固体废物"定义范围,该排除条款的例外情况应适用于被投机性聚积的材料。

(3)材料能因其"本身是废弃物类别"而被归为固体废弃物吗?

最后一类被定义为"固体废物"的材料是被视为"本身是废弃物类别"的材料。该规定确定了符合该定义的两类材料。第一,通过化学废物代码明确确定的几种有害废弃物。③ 美国环保署认为这些材料一直都是"废弃的";将这些材料列出来,也因此避免了关于材料是否是被"丢弃"或"回收"的任何归纳分析。第二,它们提供了将其他材料列为"本身是废弃物类别"的准则。依据该准则,如果材料"回收时可能造成重大健康或环境危险"并且它被"正常地处置、燃烧、焚烧";或者它含有在替代材料的原材料中通常不会被发现的所列危险"成分,那么该材料就能被加入到列

---

① Safe Food and Fertilizer v. EPA(D.C. cir2004)
② 68 F.R. 61,588(Oct. 28,2003)
③ §261.2(d)(1)、(2)

表中。[①]

6.2.3 危险废物

学生或实践者在确定了一种材料是固体废物后,必须随后确定该材料是否会被依据 C 节作为危险废物进行监管。这种分析涉及四个步骤。第一,和固体废物的定义一样,同样存在危险废物定义的例外情况。第二,在不存在例外情况的前提下,如果美国环保署明确将其列为危险废物或其表现出危险废物的四个"特征"之一,那么该固体废物将会被认为是危险废物。第三,依据一些附加规则和政策,将某些其他材料视为是危险废物。第四,被回收的某些危险废物可能会避开 C 节的大部分规定。

1. 材料是否被排除在危险废物定义之外

就像固体废物的定义,将某种材料排除在危险废物定义之外的途径主要有三个。首先,§261.4(b)包括了十几种明确的除外情况。其次,"衍生"规则也将一些材料排除于定义之外。最后,美国环保署可以将某些特定设施产生的废物排除于危险废物定义之外。

(1) 是否有明确的除外情况?

§261.4(b)将 18 种材料排除于危险废物定义外。其中最重要的有:①生活垃圾;②作为肥料回到泥土中的作物残茬和粪肥;③回收到采矿场地的采矿表土;④化石燃料燃烧产生的飞尘废物;⑤石油和天然气钻探相关的钻井液和采出水;⑥二十种特定采矿废物。

作为最初 1980 年规定的一部分,城市垃圾的除外情况逐渐形成了一个法定副本。在 1984 年立法时,国会"阐明"

---

① §261.2(d)(3)

了监管除外情况。依据《资源保护与恢复法》§3004(i),如果仅用于处理生活垃圾或非危险性的商业或工业废弃物,那么焚烧城市固体废弃物的设施不得被视为"处理、储存、处置或以其他方式处理危险废物"。在 Chicago v. Environmental Defense Fund(S. Ct. 1994)案中,最高法院认为,该除外情况仅适用于进入城市垃圾焚化炉的废物。对这些正在移入的废物,市政当局不需要遵守 C 节规定。因此,它们不必要求废物来源证明,或要求遵守 C 节的处置要求。但法院最终认为燃烧这些被除外的废物所产生的灰尘,并没有被排除于作为危险废物进行处理。因此,城市焚化炉可能会作为危险废物的产生者而需遵守 C 节规定。

采矿废弃物被排除在外是由于一条法定指令。1980年制定的、依据主要的国会提案人命名的 Bevill 修正案,要求美国环保署推迟监管采矿废弃物,直到它完成采矿业特有的"特殊废物"问题研究之后。① 美国环保署在其 1985年的研究中估计,采矿业产生的大量废弃物高达 7.55 亿吨,给该行业造成了高代价的处理和处置问题。实际上,美国环保署估计,在 1985 年,完全遵守 C 节每年需要花费 8 亿多美元。许多该行业的拥护者宣称,虽然该行业废弃物量比较高,但比许多其他固体废物的风险更低。他们声称,这种低风险一部分是由于废弃物中危险物质的浓度低,另一部分原因是许多采矿活动远离人口中心区域。采矿业非常希望依据适用于非危险固体废物的相对简单的 D 节来监管采矿废弃物。尽管环保主义者提出反对,但依据修正案,采矿行业可以推迟将其大部分废弃物作为危险废物进

---

① §§3001(b)(3),8002 f7

行监管。1984年的补充立法允许美国环保署为那些环保署决定作为危险废物来监管的采矿废弃物而修改C节的规定。

Bevill修正案受到了大量的监管和司法关注。在20世纪八十年代期间,美国环保署对于其含义摇摆不定。在1985年颁布的规定中,美国环保署声明,该修正案仅适用于"量大的、危险性低的"废弃物。一年后,可能是因为美国环保署在划清高危害和低危害采矿废物之间的界限上面临着无法抗拒的实际困难,它收回了上述解释。这一决定的结果是,它还撤销了将冶炼业产生的六种特殊废弃物列为危险废物的提案。哥伦比亚特区巡回法院驳回了美国环保署不把这六种废物作为危险废物进行监管的决定。该法院裁决,无论美国环保署是否能划清上述的界限,这六种废弃物都不属于修正案危险废物规定所排除的"特殊废物"。① 但是该法院也支持了美国环保署依据要求更低的D节来监管大部分采矿废物的全部决定。② 美国环保署得出结论,依据C节对大多采矿废物进行监管的成本太高。EDF II法庭认为,该修正案授权美国环保署在决定是否依据C节或D来监管采矿废物时,考虑合规成本。

(2)"衍生"规则排除了该废物吗?

正如在固体废物定义中所述,"衍生"规则把"从固体废物中回收并且良性使用的"材料排除于固体和危险废物的定义外。③ 下文将在小标题"其他废物被视为危险的吗?"

---

① Environmental Defense Fund v. EPA(D.C.cir1988)(EDF I)
② Environmental Defense Fund v. EPA(D.C.cir1988)(EDF II)
③ § 261.3(c)(2)(i)

中讨论"衍生"规则。

(3) 美国环保署是否授予某废物产生场所明确的排除？

依据第260条,个人可以向美国环保署申请不把某种特定设施产生的废物作为危险废物进行监管。① 这被称为是"从清单中删除"申请。实际上,它要求美国环保署确定该特定设施产生的特定废物不是危险废物,即使该废物在其他方面符合危险废物的定义。该排除情况仅适用于美国环保署明确列出作为危险废物的废物,或包含所列危险废物的混合物;它不适用于因表现出危险废物特征而被作为危险的进行监管的废物②(下文即将讨论危险废物的这两种类别)。该申请必须证明相关废弃物"不符合将废物列为危险废物的任何标准"。

2. 如果没有被排除,那么材料是否是危险废物

如果该材料符合其中一种排除情况,那么该材料就不会被作为危险废物进行监管。如果不符合,那么C节规定的适用性就取决于该废物是"危险的"的决定。

如上所述,法令广义定义了"危险废物"。③ 依据该法,在下列任何一种情况下,固体废物都是危险的。第一,可能"造成或显著导致死亡率增加或严重不可逆的、或致残性不可逆的疾病的增加"。④ 第二,"如果不恰当地处理、储存、运输或处置,或以其他方式管理,可能会给人类健康或环境造成实际出现的或潜在的危险。"⑤ 在被确认或指定为"危

---

① §260.22
② §260.22(a)(2)、(b)
③ §1004(5)
④ §1004(5)(A)
⑤ §1004(5)(B)

险的"之前进行处置的废物,一经确定或指定,就成为《资源保护与恢复法》所调整的危险废物。[①] 但是,在确定和指定之前处置的废物,除非它们被"积极管理"过,否则不受《资源保护与恢复法》调整。

为确定 C 节的适用性,美国环保署更加具体地定义了"危险废物"。美国环保署的这些定义规定是对《资源保护和恢复法》的要求的回应,《资源保护和恢复法》要求美国环保署"考虑毒性、持久性和可降解的特性、在组织内堆积的可能性以及像可燃性、腐蚀性和其他危险特性等其他因素,建立并发布确定危险废物特征以及列出危险废物的标准"。[②] 基于该法的确定"特征"和"列出"危险废物的双重要求,美国环保署把依据《资源保护和恢复法》C 节进行监管的危险废物分为了两类。如果一种固体废物符合下列两种情况之一,那么该固体废物将会被视为危险废物:(1)被明确列为危险废物;或(2)该废物表现出危险废物的四大"特征"之一。危险废物的四大特征是:反应性、腐蚀性、可燃性和毒性。

(1)废物是否被"列为"危险废物?

美国环保署发布规定将数百种材料明确列为危险废物。[③] 一种物质会因下列三个原因中的任何一个而被列为危险废物:①该物质表现出危险废物的四大特征之一(下文会有所描述);②该物质致命剂量较低;③该物质包含被列

---

① Chemical Wastes Management,Inc. v. EPA(D. C. cir1989)
② § 3001(a)
③ § § 261. 30 to 261. 33

出的有毒成分并且能造成人类健康或环境危害。[①] 致命剂量低的物质被定义为"极危险废物"。[②] 因为有毒成分而被列为危险废物的物质被称为"有毒废物"。[③] 美国环保署在附录VIII到第261条中维护着关于这些成分的列表(该列表同样也被用于本章随后讨论的"土地处置限制条件")。

如果美国环保署决定将某种材料列为危险废物,它会向该材料标记六种"危险代码"中的一种或多种,以此来表明其决定的基础。这六种代码表明,一种废物被列出是因为它:①是可燃的;②具有腐蚀性;③具有反应性;④显示出了有毒性特征;⑤具备极危险性;⑥是有毒的。[④] 一种材料可能依据多个废物代码而被列为危险废物。[⑤] 所设定的废物代码决定了特定的监管要求。

通过危险废物编码将废物列表分组。各编码的首字母为"F""K""P"和"U"这四个字母中的一个,随后是一个三位数数字。"F"和"K"废物是具体行业产生的废物。[⑥] "F"废物指的是一般行业产生的废物,而"K"废物是与具体污染源相关的废物。例如,废弃物"F007"指"电解操作产生的氰化物电解废液"。该废物被列为危险废物是因为它的反应性和毒性。废物"K032"指"生产氯丹农药所造成的废水处理污泥"。该废物被列为危险废物是因为它的毒性。首字母编号为"P"和"U"的废物是商业化学产品。"P"代

---

① §261.11
② §261.11(a)(2)
③ §261.11(a)(3)
④ §260.30(b)
⑤ §261.31(F007因为是反应性和有毒性废物而被列出。)
⑥ §§261.31,261.32

码是指极危险废物,而"U"代码是指"有毒"废物。例如,废物"P028"指氯化苯,而废物"U061"指 DDT。

(2)废物是否表现出危险废物的"特征"?

各行业产生了大量不同的废物,这使美国环保署不可能单独测试并列出每一种废物。因此,C 节明确了危险废物的四大"特征":①可燃性;②腐蚀性;③反应性;④有毒性。产生、运输、处理、储存或处置未被列为危险废物的固体废物的人必须自己确定他们的特定废弃物是否符合这四个特征之一。他们可以依据自己的个人知识确定或依据特定实验室分析的结果来确定。① "个人知识"的规定并不意味着鼓励错误猜测废物的安全性;相反,它使了解该废物是危险的人避免了特定测试的费用。

前三个特征相对容易说明。可燃性废物通常指燃点低的材料(例如,低于 48.9 摄氏度)。② 腐蚀性废物是指酸性或碱性大的液体(即 pH 值相当高或低)或者在特定比率下能腐蚀钢材。③ 反应性废物表现出八种特征中的一种或多种,例如与水发生剧烈反应或容易爆炸。④

第四个特征——有毒性,更为复杂。学生或实践者必须首先从上述"被列出"的有毒废物中区分出"特征"有毒废物。"被列出"的有毒废物指那些包含附录 VIII 到第 261 条所列出的具体"危险废物成分"的有害浓度的废物。相反,为确定一种废物具备有毒废物的特征,个人必须使用

---

① §262.11(c)
② §261.21
③ §261.22
④ §261.23

"毒性特征过滤程序"(TCLP)。① 依据该程序,所提取的液体要被倒在实验室废物样本上,并且分析采用这种方式提取的被称为"滤出液"的物质。如果滤出液包括四十种材料中的一种或多种超过规定浓度的,该废物就被证明是有毒性特征。

建立 TCLP 时,美国环保署假设了一种最差的情况,即真实的废物可能会被管理不善,并且滤出液可能污染地下水。TCLP 因此对这种因假定的管理不善可能造成的滤出液建模。行业提出反对,认为这种假设不公平,因为这种不善管理可能不会发生,或者是它们的废物处理场所不会覆在地下水上面。哥伦比亚特区巡回法院支持了美国环保署建立 TCLP 的决定。② 而且,它允许特定废物源证明该假设不适用于它们的废物。

3. 依据"衍生"或"混合"规则或"包含"政策,该废物是否危险

在三种情况下,美国环保署认为固体废物或其他材料是危险废物,即使是单独考虑该固体废物时其并不符合任何一种危险废物的要求。这些情况适用于:(1)固体和危险废物的混合物;(2)来源于危险废物的材料;(3)含有危险废物的受污染的土壤或水。

依据"混合"规则,美国环保署将一种固体废物和一种被列出的危险废物的全部混合物都视为有害废弃物,即使单独考虑该固体废物时它并不属于 C 节中的危险废物。③

---

① §261.24
② Edison Electric Institute v. EPA(D. C. cir1993)
③ §261.3(a)(iii)

但是,如果该混合物没有表现出危险废物的任何特征,则不得将其视为危险废物。

依据"衍生"规则,"处理、储存或处置危险废物而产生的任何固体废物……都是危险废物"。[①] 该规则被称为"衍生"规则,是美国环保署"持续管辖"条款的一部分。[②] 实际上,这些条款是说,"一旦是危险废物,一直都会是危险废物"。因此,由危险废物所产生的污泥、灰尘、溢出残留、飞灰和滤出液等自动被视为危险废物。如上所述,依据"衍生"规则,固体废物和危险废物的定义均不包括从固体废物中回收并且良性使用的材料。"……条件是该回收材料不会被燃烧用于能源回收或用于土地。"[③]另外,如果一种"起源于危险废物"的废物不在被豁免的回收材料范围内,那么它将继续是一种"危险废物",直到该废物不再表现出危险废物的特征或在上述申请程序中被"删去"。[④]

"混合"和"衍生"规则是经过正式公布的规定。[⑤] 虽然最初用于公布上述两个规定的程序因为不合规而被驳回过,[⑥]但这两个规定又作为临时规定而再次公布。最终的规定于 2001 年生效。[⑦] 在 American Chemistry Council v. EPA(D. C. Cir. 2003)案中,法院支持了"混合"和"衍生"规则。

---

① § 261.3(c)(2)(i)
② § 261.3(c)(1)
③ § 261.3(c)(2)(i)
④ § 261.3(d)
⑤ § 261.3(a)(2)(iii),(c)(2)(i)
⑥ Shell Oil Co. v. EPA(D. C. Cir. 1991)
⑦ 66 F. R. 27,266(May 16,2001)

在"土地禁令"规定中,美国环保署"持续管辖"的实际应用受到挑战。这些条款阻止了C节中危险废物的土地处置,除非这些废物首先经过预处理。依据"土地禁令"规定,美国环保署要求对未被列出的特征废物进行处理,使其浓度远低于在第一种情况下使它们被视为特征废物的浓度。在 Chemical Waste Management, Inc. v. EPA(D. C. Cir. 1992)案中,哥伦比亚特区巡回法院支持了美国环保署要求预处理以达到低于特征废物水平的决定。虽然法院的判决是基于土地禁止条款的特定语言的(详见§3004(m)(1)),但该案证明了将一种特定废物从危险废物监管计划中删除是相当困难的。

与混合规则和衍生规则相反,大部分的"包含"政策存在于美国环保署的指导性文件和1996年的提案规定中。[①]美国环保署从未最终确定这个提案规定,但该政策一直保持有效。[②] 该政策将某些"包含"危险废物的材料看作是它们本身就是危险废物——即使它们本身连"固体废物"都不是。该政策明确适用于受污染的媒介,如土壤或地下水。例如,假设储存罐将已知的危险废物泄漏到了它下方的土壤中。该受污染的土壤本身并不是危险废物,因为该土壤首先不是一种固体废物:没有人"废弃"过它。但是,因为它是被污染的,所以需要仔细处理。

4. 废物是否因其是被回收的而排除在危险废物规定之外

有五种废物,如果它们在规定情形下被回收利用,就被

---

① 61F. R. 18,780(April 29,1996)

② 63F. R. 65,874(Nov. 30,1998)

排除在主要危险废物规定之外。① 这包括经回收的工业乙醇和废金属。其他回收利用活动可以将其他危险废物排除在 C 节规定的大多部分之外。②

6.3 对危险废物产生、运输、处理、储存和处置的监管

产生、运输、处理、储存和处置《资源保护和恢复法》"危险废物"的人必须遵守 C 节的大量规定。具体规定的适用性取决于三个因素:(1)与材料有关的活动类型;(2)所涉及的特定材料;(3)从事该活动的人的身份。各单独的规定分别就产生、运输和 TSD 设施的运营者进行规定。③

同一个人可能受到不止一套规定的约束。实际上,因为许多工业危险物在现场就被处理了(即在产生该废物的现场),同一家工厂将会受到产生者和 TSD 规定的双重约束。同样,不当储存危险废物超过 90 天,也会使一家工厂变为《资源保护和恢复法》规定的"储存"设施。

6.3.1 对产生者的监管

国会在《资源保护和恢复法》中明确要求美国环保署建立适用于危险废物产生者的"标准"。④

1. 产生者的类别

虽然《资源保护和恢复法》并没有定义"产生者",但§260.10 对"产生者"的定义是"在生产场所,其行为或生

---

① §261.6(a)(3)
② §261.6(a)
③ 40 C.F.R. parts 262—268
④ §3002(a)

产过程产生了危险废物……或其行为导致了一种危险废物成为监管主题的任何人"。[①] 在 20 世纪八十年代中期,美国环保署估计,每月产生 1000 千克以上危险废物的产生者有 15000 到 20000 家,它们产生的危险废物总量占美国全年所产生的危险废物总量的 99% 以上。虽然大型产生者仅占总数的 2% 左右,但它对危险废物问题的巨大贡献使其成为美国环保署有限监管资源关注的重点。实际上,美国环保署本来就排除了每月产生危险废物不超过 1000 千克的所有产生者。但在 1984 年,国会要求美国环保署监管每月产生危险废物量在 100 到 1000 千克之间的产生者。因此,美国环保署将产生者归为三大类:(1)附条件豁免的产生者;(2)少量危险废物的产生者;(3)大量危险废物的产生者。

• "附条件豁免的产生者"每月所产生的危险废物不超过 100 千克。[②] 除非这类产生者产生了极危险废物或在现场储存过量的危险废物超过 180 天,否则它们可以豁免于产生者的要求。为达到豁免条件,这些产生者必须在《资源保护和恢复法》所规定的设施中处置它们的废物。[③] 1 千克或 1 千克以上的极危险废物的产生者必须遵守所有关于产生者的规定。当附条件豁免的产生者储存超过 1000 千克的危险废物时,就要适用特别规定。

• "少量危险废物的产生者"每月产生 100 千克到 1000 千克之间的危险废物。这些产生者必须符合《资源保

---

① § 260.10
② § 261.5
③ § 261.5(f)(3)

护和恢复法》对产生者的大部分要求。但是对于这类产生者,美国环保署已放宽了一些有关运输和报告的要求。①

• "大量危险废物的产生者"包括所有其他类型的危险废物产生者,它们要遵守 C 节中关于产生者的所有条款。

2. 产生者的责任和清单制度

对那些不在生产现场处理废物的产生者来说,最重要的责任就是恰当地准备废物运输。② 这一责任是美国环保署的"清单"制度的一个组成部分。该制度允许美国环保署在废物离开产生者的场所后,追踪废物运输并确保废物被妥善处理。在运输之前,产生者必须填写一份货运清单。③ 清单必须确定产生者和废物的代码,其中产生者是通过美国环保署的识别号码进行确定,废物是通过危险废物代码进行确定。清单还必须确定废物将要被运送到的设施。④ 产生者有责任确保其废物将要被运送到的处理、储存或处置设施有资格接收被运送的特定类型的废物。一旦为了运输而将废物恰当的包装、贴标签和做标记,产生者就要把清单副本交付运输者,同时把一份运输者签字的副本保存记录。⑤

产生者还有五项其他主要责任:

• 它们必须自己确定它们的废物是否是 C 节的危险废物。

---

① § 262.20(a), § 262.42(b)
② § 262.20
③ 40 C.F.R. Part 262, Appendix
④ § 262.20(b)
⑤ § 262.23

- 它们必须通知美国环保署它们在生产此类废物,并获取一个美国环保署的识别号码。[1]
- 在处理或运输之前,它们必须对所有此类废物恰当地储存和贴标签。[2] 此外,储存废物超过最大允许储存时间(通常是90天)的产生者,就转变成了"储存"设施,要遵守美国环保署的储存设施许可制度和要求。[3]
- 它们必须保持记录并定期报告。[4]
- 最后,它们必须建立将废物减少到最低限度的方案。实际上,清单必须证明产生者有一份适当的将废物减少到最低限度的方案。国会在其1984年的《资源保护和恢复法》修正案中对此方案有所要求。[5] 到目前为止,美国环保署已经发布一些指导准则,来帮助产生者减少废物的数量和危害性。同时也建立了它的"资源保护目标",这是一系列防止污染、促进循环使用、减少优先化学品、节约能源和原材料的方案。但是美国环保署还未落实它在1993年首次提出的废物最小化规定。[6]

6.3.2 运输者的规定

《资源保护和恢复法》要求美国环保署与交通部(DOT)联合制定适用于"危险废物运输者"的标准。[7] 正如第四章提到的,对危险废物运输的大多数监管依据的都是

---

[1] § 3010(a);40 C.F.R. § 262.12
[2] §§ 262.30 to 262.33
[3] § 262.34
[4] § 262.40 to 262.44
[5] § 3002(b)
[6] 58 F.R.31,114(1993)
[7] § 3003

交通部的规定。① 这些规定是由1975年的《危险品运输法》及其修订立法授权颁布的。② 这些规定不仅适用于危险废物的运输,也适用于法案所定义的任何危险"材料"的运输。依据1990年《危险品运输法》修正案,交通部的规定优先于不一致的州法律。③ 但是,交通部采用《资源保护和恢复法》的清单制度时,也考虑到了州的一些特殊情况。

美国环保署关于《资源保护和恢复法》运输的规定能在40 C. F. R Part 263中找到。这些规定吸收了交通部规定中的可适用的内容。④ 因此,为了防止规定的重复,美国环保署的运输者规定是《资源保护和恢复法》的具体化,并且相对来说比较简单。

虽然《资源保护和恢复法》本身并没有定义"运输者",但美国环保署的规定定义它为"通过航空、铁路、公路或海运,从事厂区外运输危险废物的人"。⑤ 因此《资源保护和恢复法》的运输规定不适用于就地运输,也就是说,在同一工厂内转移废物的人⑥(但是,交通部的包装和标签规定可以适用于某些就地运输危险废物的行为⑦)。

美国环保署的规定对运输者做了三个主要的责任规定。首先,它们必须获得一个美国环保署的标识码,其次,

---

① 49C. F. R. Parts 171—180
② 49U. S. C. A §§1801—1802
③ 49U. S. C. A §1804(a)(5)
④ 40 C. F. R. 263.10(a)
⑤ §260.10
⑥ §263.10(b)
⑦ §49C. F. R. 171.2

它们必须遵守货运清单制度以及记录保持要求。① 尤其是,它们必须确保其接收的所有废物都附有一份清单。对于铁路运输以及水上散货运输,清单的要求有轻微变动。② 此外,对于少量危险废物产生者的废物,如果它们是按照"回收协议"运输的,那么这些废物就不需要清单。③ 而且,也允许有非正式的运输记录。最后,如果发生泄漏,运输者必须采取"恰当的紧急行动"。④ 这种紧急行动包括及时通知当局并协助清理。⑤

运输者必须谨慎,以防由于疏忽而要遵守适用于储存设施和产生者的《资源保护和恢复法》要求。运输者储存时间超过十天,就可能要遵守 TSD 许可制度了。⑥ 如果运输者运输废物进入美国,或者把不同代码的废物混合在同一个集装箱里,运输者就要受到产生者法规的约束。⑦

美国环保署和交通部的法规共同管理危险废物的运输机制。但是,一旦这些废物被跨越州界运输,就引发了一个更加基本的监管问题。许多州都担心自己成为其他州的废物倾倒场,于是尽量严格限制运输此类废物到其管辖范围内。这些努力引发了大量的诉讼。依据宪法的商业条款,这些诉讼也引发了各种问题。到目前为止,法院也没有对

---

① §§263.20 to 263.22
② §§263.20(e),(f)
③ §262.20(h)
④ §263.30(a)
⑤ §§263.30(a)(c),263.31
⑥ §263.12
⑦ §263.10(c)

那些歧视州际贸易的限制危险废物进入的州规定显示出同情。[1]

6.3.3 TSD设施和"土地禁令"的规定

最复杂的《资源保护和恢复法》管理适用于处理、储存、处置C节危险废物的设施(TSD设施)。TSD设施有六种基本类型：

- 焚烧危险废物的"垃圾焚化炉"。
- "地面储存"，像洼地、排水沟或堤坝这样可以蓄存液体废物的地方。常见的例子如废水湖、沉淀池、蓄水池。
- "土地处理场所"，是通过喷洒、散播或注入，把危险废物放置在土壤上或陷入到土壤中。一般用于石油废物。
- "地下注入井"，是把危险废物注入远离地面的深地层，稳固的不可渗透的岩石层。它们是危险废物土地处置禁令的主要例外。
- "集装箱、油罐、废物堆"，可用于临时收集和储存危险废物。
- "垃圾填埋池"是一个很广泛的类别。它们适用于所有的不适用于其他种类的情况。

尤其是在1984年《资源保护和恢复法》修正法案中，国会要求美国环保署采用特殊的条款来管理TSD设施的设计和运转。[2] 1984年修正案中最重要的一点是禁止在土地上处置危险废物。[3] 为了最大程度地遵守这些以及其他的

---

[1] Chemical Waste Management, Inc. v. Hunt(S. Ct. 1992)(废除了州仅施加于从州外进入到《资源保护和恢复法》许可的TSD设施的税费。)

[2] §3004

[3] §3004(d)

监管要求,国会要求美国环保署为 TSD 设施制定许可制度。① 在多数情况下,是在美国环保署的授权和监督下,由州来实施这项许可制度。每一个 TSD 设施要么有一个许可,要么是如下所述的"临时状态"的运转。

1. TSD"设施"

不像《综合性环境响应、赔偿和责任法》,《资源保护和恢复法》没有专门定义"设施"。但是,它定义了"处理""储存""处置"。② C 节的规定填补了这个空白。它们包括了"设施"和"处置设施",以及"处理""储存""处置"的定义。③ 在很大程度上平行的这两组定义中,第一组适用于整个 C 节的计划,第二组特别适用于 TSD 许可计划。

TSD 许可的规定重复式地对"设施"定义为"依据《资源保护和恢复法》计划而应遵守本规定的……任何(危险废物管理)设施或任何其他设施"。④ 这一定义被充实为更广泛的一般性的"设施"定义:"用以处理、储存、处置危险废物的所有连续的土地和建筑物。"⑤它进一步明确一个设施可能包括"一些……操作单位"。⑥ TSD 许可和一般监管定义都把"处置设施"定义为"有意把危险废物放置在土地和水体中,并且在关停后,废物将依然存在的设施或设施的组成

---

① §3005
② §1004(34)(处理),(33)(储存),(3)(处置);§1004(29)("固体废物管理设施"。)
③ 40 C.F.R. §§ 260.10 and 270.2
④ §270.2
⑤ §260.10
⑥ §260.10(设施。)

部分"。① 同样,它们对"处理""储存""处置"也有同样广泛的定义。"储存"是指在处理、处置或在其他地方储存之前,暂时存放。"处理"是指旨在改变危险废物的物理、化学或生物特性(使中和、回收能源或材料,或者使它更安全)的方法、技术或工艺。最后,"处置"是指"排放、沉淀、注入、倾倒、溢出、泄露或放置任何固体废物或危险废物到土地或水体中,以使这种废物进入到环境中"。

如果一个实体的行为符合"处理"、"储存"或"处置"的监管定义,那么该实体就变成了一个TSD设施。这种身份就要遵守广泛且复杂的TSD法规的要求。尤其是,为了确保遵守这些规定,大多数TSD设施必须从美国环保署或美国环保署授权的州执法机构那里获得一项许可。② 此外,如果关停后,危险废物或者被污染的土壤或水体要就地留存的话,这些设施还必须获得一项关停后许可。③

2. 许可制度

(1)例外和特殊情况

有九种TSD行为被排除在许可要求外。④ 比如农民按照标签的指示,在自己的土地上处置自己使用的废弃杀虫剂。⑤ 另外,在《资源保护和恢复法》实施之前处置的废物也不受许可制度的约束。⑥ 但是,如果在《资源保护和恢复法》生效之后,对废物进行了积极的管理,那么这个例外

---

① § 260.10 270.2

② § 3005;40 C.F.R. Parts 124,170

③ 40 C.F.R. § 270.1(c)

④ § 270.1(c)

⑤ § 270.1(c)(2)(ii)

⑥ Environmental Defense Fund,Inc v. Lamphier(4th Cir1983)

就没有了。而且,《资源保护和恢复法》生效之前处置的废物如果发生泄露,那么就要依据第十二章所讨论的《资源保护和恢复法》的"紧急危害"条款进行解决。

除了这些明确的例外,还有三种特殊条款适用于特定的 TSD 设施。第一,根据其他法令所建立的许可制度而进行监管三种设施,也被认为是"按规则"获得了《资源保护和恢复法》的许可。① 因此,假如它们遵守了其他法令的许可条款,那么依据《安全饮用水法》被许可的地下井、依据《清洁水法》被许可的公共污水处理厂、依据《海洋保护、研究和禁猎法》许可的海洋船舶就不必再单独获得《资源保护和恢复法》的许可。第二,从事特殊实验行为的 TSD 设施会获得特殊许可。② 第三,如果需要处理、储存或处置来减轻对人类或环境卫生的紧急且重大的危害,美国环保署可以发布紧急许可。③

另一种 TSD 设施可以在没有《资源保护和恢复法》许可的情况下运转。根据§3005(e)处于"临时状态"下的设施不受《资源保护和恢复法》规定的限制。

(2)程序

许可的申请、条件、变更和终止是由单独的法规管理的。提出建造一个 TSD 设施的申请包括两部分。"A 部分"列举关于所申请设施的基本信息。④ 但是,"B 部分"必须要详细证明所申请设施是完全符合关于 TSD 的所有规

---

① §270.1(c)(1)
② §270.65
③ §270.61
④ §270.13

定的。①

一旦发布许可,许可就包括一般的和特殊的条件条款。一般条件条款是重申该设施要遵守具体法规的义务。特殊条件条款是根据具体情况的不同而有所不同。尤其是,许可将会明确该设施要采取什么样的"修复措施"来在现场环境恢复污染(关于这些修复措施的讨论,详见十二章)。包括它们的现场具体支持文件在内,许可可能会多达几百页之长。反对强加的特殊许可要求的持证人是不能挑战这些条件的,直到美国环保署起诉违反争议条件的持证人。②

当客观情况发生改变时,持证人可能需要变更其许可。美国环保署为了促进其审核,把许可变更划分为三类。③ 根据所提出的变化的严重程度而划分为不同的类别。不同的类别由不同的程序进行管理。

除非被美国环保署提前终止,否则一个《资源保护和恢复法》许可可以持续十年之久。④ 在许可到期前,持证人必须申请续延。在设施被"干净的关停"前,设施所有者要么续延其经营许可证,要么获得一个关停后许可。干净的关停是指所有危险废物和被污染的土壤或地下水都被清除完毕。⑤ 以下将在标题"被许可设施的要求"中讨论其他的关停义务。

3. 处于临时状态的设施

C 节的规定中包含着关于两类 TSD 设施的独立但相

---

① §270.14
② W. R. Grace&Co. v. EPA(1st Cir. 1992)
③ §270.42
④ §3005(c)(3),(d)
⑤ 40C. F. R. §270.1(c)(5)

似的规定。适用于持证人的主要规定在40C.F.R.Part264中。依据这些条款进行监管的设施——接下来要讨论的——被称为"被许可的"设施。第265条调整的是第二类设施,即处于临时状态的设施。《资源保护和恢复法》授权有两种TSD设施不受这些临时状态条款的限制:(1)在1980年11月19日《资源保护和恢复法》C节生效之前就已经存在的设施[①];(2)任何随后的法定或监管条款首次要求设施遵守《资源保护和恢复法》危险废物许可之前,就已经存在的设施[②]。这些不受新规定限制的设施必须告知美国环保署它们正在处理危险废物并且及时提交"A部分"的许可申请。但是,依据临时状态的规定,在美国环保署审查许可申请的期间,它们可以继续经营。

目前受临时状态法规调整的设施的数量很少,但是在任何时候都可能扩大。由于1984年的《资源保护和恢复法》修正案,大多数原来的、1980年之前的临时状态设施在1985年被关停,而不是开始了所要求的提交B部分的申请以达到最终许可的状态。那些继续运营的,要么早已经关停,要么早就获得了最终的许可。[③] 现在,临时状态法规主要适用于那些少数的由于法律的或监管的变动而首次受制于《资源保护和恢复法》的设施。例如,如果美国环保署修改其规定,将一个处理固体但非危险性废物的设施所处理的废物类型认定为是C节的危险废物,那么该设施必须申

---

① (§3005(e)(1)(a)(i))

② (§3005(e)(1)(a)(ii))

③ 3005(c)40 C.F.R.270.73(要求在1992之前对许可申请做出最后的决定。)

请一项临时状态许可。事实上,美国环保署对其规定的将一种物质认定为是危险废物的新解释,就可能会引发临时状态。① 同样的,如果处理工序改变,也可能使设施的原先非危险性的废物首次呈现出危险废物的特性。②

《资源保护和恢复法》和它的实施细则规定了处于临时状态的设施必须提交 A 和 B 部分许可申请的时间。相对简单的 A 部分的提交期限从三十天到六个月不等。由于法律的或监管的变化所引发的临时状态,设施有六个月的时间来提交 A 部分的申请;由于工序改变所引起的《资源保护和恢复法》管辖,该设施只有三十天的时间。③ 相对复杂的 B 部分的期限是六个月到一年或更长。由于法律的或监管的变化所引发的《资源保护和恢复法》管辖,应在《资源保护和恢复法》管辖发生时不超过 12 个月内提交 B 部分申请。④ 但是,美国环保署可以在"任何时候"要求提交 B 部分的申请,一旦被要求,申请必须在六个月内提交。⑤ 这种开放式的六个月的期限显然是用来管制那些由于工序变化而新被监管的设施的 B 部分申请。

另一类设施也可能受临时状态法规的制约。从未遵守适用的临时状态法规的人,可能会因违反法规而被起诉。由于"处置"(如包括"泄露")和"设施"的宽泛的定义,《资源保护和恢复法》很可能使在 20 世纪 80 年代所有或经营 TSD 设施的人因没获得临时状态许可而承担责任。然而,

---

① New Mexico v. Watkins(D. C. Cir. 1992)
② § 270.10(e)(ii)
③ § 270.10(e)
④ § 3005(e)(3)
⑤ 40C. F. R. § 270.10(e)(4)

依据《资源保护和恢复法》的五年时效期间,这种诉讼可能会引发问题。① 为了避免此类问题,根据《综合性环境响应、赔偿和责任法》而采取的清理行动更有可能是对新发现的已经泄露危险废物很多年的工厂的一个回应。

临时状态的法规包括许多,但不是全部,适用于被许可设施的条款。例如,临时状态的设施要遵守地下水监控与经济责任要求。② 鉴于这种相似性,具体的临时状态规定就不在这里分别进行讨论了。基本上,虽然这些设施能得到一些放松的监管要求,但是这些延缓也只是暂时的。最终它必须根据第264条的规定获得最终的许可,或者关停。

对于被许可的处于临时状态的设施,如果不遵守法规会面临很不愉快的境况,被称为"丧失临时状态"(LOIS)。这样的设施必须立即停止运营并开始长时间的关闭。涉及最初受临时状态法规调整的大量的20世纪80年代持证人的诉讼,发展成了关于LOIS的判例法。③ 新加入的临时状态设施在面对它们的LOIS时,将会探究这个判例法。

4. 获得许可的设施

第264条的规定包括适用于所有的TSD设施的一般条款和适用于特定类型设施的特殊条款。

(1)一般条款

除其他事项,一般条款包括管理以下事项的要求:

---

① United States v. white(E. D. Wash1991)(应用"持续违法"方法支持了对许可违法者的刑事执法。)

② §3005(e)(3)

③ EPA v. Environmental Waste Control, Inc. (7th. Cir. 1990)(命令LOIS场所关停。)

• 美国环保署识别号码——每个 TSD 设施必须获得一个美国环保署的识别号码。[①]

• 废物来源分析——每个 TSD 设施必须对其接收的废物的代表性样本进行物理上和化学上的分析,以保证能对其进行恰当的处理。

• 设施的监视——所有者或运营者必须定期检查设施以发现和防止泄漏。[②](还有管理特殊设施的其他规定,例如垃圾填埋场,要求安装地下水监控井以协助检测释放[③])。

• 紧急释放的预防、准备和应急计划——在发生紧急释放时,设施必须采取应急响应计划[④](对 TSD 设施采取修复措施的要求,详见第十二章)。

• 记录保持和报告,包括清单制度中 TSD 设施的责任——作为废物源流的终端,TSD 设施在清单制度中发挥着重要的作用。设施所有者和运营者必须检查其收到的废物和清单中所描述的废物之间的差异。[⑤] 例如,如果清单中所列的一桶废物丢失,或者收到的废物与清单上的不同,那么 TSD 设施的所有者或经营者必须尽力解决这些差异。如果与废物产生者或者运输者协商后仍不能解决这个差异,TSD 设施必须立即把问题汇报给美国环保署。[⑥]

• 关停以及关停后的计划——获得许可的设施必须

---

① § 264.11
② § 264.15
③ § 264.97
④ § § 264.50 to 264.56;see also § § 264.90 to 264.112
⑤ § 264.72
⑥ § 264.72(c)

有"关停"和"关停后"计划。[1] 关停计划中要写明关停TSD设施的过程。这个过程大概需要六个月的时间,该设施必须处置所有被污染的设备、土壤和构造物。关停计划必须尽量减少关停后设施维护的必要以及降低关停后对环境造成污染的可能性。[2] 例如,垃圾填埋场必须在上面覆盖一层不可渗透的覆盖物。[3] 关停后计划是提出对关停后的场所的管理的。除其他事项,它们还要求关停后要监控该场所三十年,以确保关停的设施不会发生释放。[4]

• 经济担保责任——设施所有者或运营者必须证明,其有足够的资金来履行关停和关停后义务。[5] 所有者可以通过多种途径来承担该项责任。例如,现金、债券、信用卡、保险、母公司的担保,或者充足的公司资产证明。[6] 此外,一些设施必须有足够的支付第三方伤害的保险,例如,垃圾填埋场必须为每次非突发事故的泄露,比如泄露到公共饮水系统中,保持高达三百万美元的保险。[7]

(2)适用于特殊设施的条款

特殊设施条款包括关于不同类型的TSD设施的设计、运营和关停要求,像贮水系统、垃圾填埋场和焚化炉,在这些要求下,TSD所有者或运营者很有必要对其设施进行正

---

[1] § § 264.110 to 264.120
[2] § 264.11
[3] § 264.310(a)(5)
[4] § 264.117
[5] § § 264.140 to 264.151
[6] § 264.151
[7] § 264.147(b)

确分类。① 此外,所有场所必须遵守相关的"土地禁令"规定,以下将会讨论到。

或许适用于垃圾填埋场和地面储存的最重要的条款是关于双层防渗结构和沥出液收集系统的法定要求。② 由低孔隙率材料做成的防渗层(如压缩粘土)能够延缓危险废物从填埋场或储存池进入到环境中。然而,即使是最好的材料最终也会渗漏;而且防渗层偶尔还会断裂。由于这种现象,第一层防护层下必须是沥出液收集系统。一般来讲,这些系统要拦截住沥出液——从第一层渗出的液体——然后把它注入到处理系统中。第二层因此就拦截了滤出液,防止它进入到环境中,并促进它的收集处理。

如果 TSD 设施履行了这些广泛的义务,它就会成为完全被许可的设施。许可会提供给被许可人运营许可证。此外,它还为某些执行选择权提供一项"庇护"。一般情况下,符合《资源保护和恢复法》的许可可以保护持证人不受违反许可内不包含的条款的执行行动。③ 法院也已经支持了这种"庇护"。④ 它不仅适用于美国环保署和州的执行行动,也适用于公民诉讼。⑤ 但是,以下情况不适用此种庇护:①新的法律规定;②在土地上处置危险废物的限制,通常被称为"土地禁令"的限制;③适用于特殊 TSD 设施的一些附加

---

① Beazer Wast ,Inc v. EPA(3d Cir. 1992)

② § 3004(0)(1)(A)(i)

③ 40C. F. R. § 270.4

④ Shell Oil Co. v. EPA(D. C. Cir. 1991)

⑤ Families Concerned About Nerve Gas Incineration v. U. S. Dept. of Army(N. D. Ala. 2005)

执行标准。①

5."土地上处置限制"(又称"土地禁令")

或许最为广泛熟知的且最易产生诉讼的 TSD 的规定就是管理土地上处置危险废物的条款。这些条款禁止在垃圾填埋场、地面储存池、土地处理系统以及注入井处置危险废物,除非该设施符合严格的处置前的处理要求,或者能证明废物在具有危险性期间不会发生迁移。这一般被称为"土地禁令规定",或者缩写为"LDRs",这些条款是在落实1984年《资源保护和恢复法》修订案中最重要条款的其中一条。国会认识到即使设计和管理最好的垃圾填埋场最终也会泄漏、污染底层土壤和地下水,国会制定这些条文正是反映了他们对这个问题的认识。另外也反映了,国会对美国环保署落实《资源保护和恢复法》的缓慢速度感到失望。

在1984年的立法中,国会把土地上处置列为处理危险废物的"最后备用"方法。② 它广义定义了"土地上处置",包括"在垃圾填埋场、地面储存池、废物堆、注入井、土地处理设施、盐丘……或地下溶洞或矿井的任何地方处置危险废物"。③ 接着它把危险废物分为三类:第一类是广为人知的"加利福尼亚清单"。④ 创立这一类的时候,国会援用的是加利福尼亚使用的危险废物标准的清单,而这些标准是加利福尼亚之前采用的依照《安全饮用水法》建立的联邦标准。第二类废物包括特殊的化学溶剂和二恶英。⑤ 第三类

---

① §270.4
② §1002(b)
③ §3004(k)
④ §3004(d)
⑤ §3004(e)

是环境保护署监管的、前两类废物以外的所有危险废物。[1]国会把最后这一类又分为三小类。这些小类中的废物,就根据它所在的小类进行命名,比如,"第三类中的第一小类"废物,"第三类中的第二小类"废物,"第三类中的第三小类"废物。"第三类中的第三小类"包括特征危险废物。附加条款明确规范了通过深井注入对危险废物的处置。[2]

  国会接着禁止在某个具体日期前,在土地上处置未经处理的任何危险废物,除非美国环保署获得某些调查结果。[3] 不同的废物类别以及小类有不同的截止日期,最晚的截止日期(第三类中的第三小类)是1990年5月8日。[4]避免土地禁令所必需的调查结果,需要美国环保署进行复杂的风险分析。合规成本并不是所列的因素之一。相反,所列的因素仅是以健康为基础的事项,比如像废物的持久性、毒性、流动性和生物积累的倾向性等。[5] 尤其是,为避免禁令,美国环保署必须发现"能在合理程度上确定,在废物具有危险性期间,危险成分不会从处置场所迁移出"。[6]在1984年,大家都认为美国环保署不可能有这样的发现。而且,另外一条条款通过禁止储存受土地禁令管理的废物来消除可能存在的漏洞,但当积累到足够数量能够恰当处理或处置这些废物时除外。[7] 这样乍一看,土地上处置禁

---

[1] §3004(g)
[2] §3004(f)
[3] §3004(d)(1),(e)(1),(g)(1)
[4] §3004(g)(4)(c)
[5] §3004(d)(1)(c)
[6] §3004(g)(5)
[7] §3004(j)

止似乎是绝对的。

然而在设置严格的禁止的同时,国会却对一种主要情况下的连续的土地上处置敞开了大门。它允许美国环保署通过发布土地处置之前的危险废物处理标准,来避免该禁令。[1] 这些处理前的标准必须详细明确"极大地减少废物的毒性或者极大地减少危险成分从废物中迁移的可能性的处理水平或方法,以使其对人类健康和环境的短期以及长期威胁能够最小化"。[2] 其他的一些条款通过对某些设施建立有限的差异和特殊的处理,来缓和土地禁止。其中最重要的就是"国家能力差异"。依据这种差异规定,如果在全国范围内对某类废物都没有足够的处理能力,那么美国环保署就可以推迟土地禁令。[3] 美国环保署已经多次使用了这一权力。其他的差异超出了持证人所能控制的范围。[4] 最后,少量废物的产生者的废物是不受土地处置禁令的限制的。[5]

总之,土地禁止法令禁止土地上处置,除非:(1)处置发生在美国环保署批准的"不迁移"的土地处置设施;(2)获得了某种差异;(3)根据美国环保署的规定,已经对废物进行了预处理。为了满足"不迁移"这一例外情况,持证人必须证明设施边界的危险成分的浓度在10000年内都会低于美国环保署制定的水平。法院支持了这一例外。[6] 到目前为

---

[1] §3004(m)
[2] §3004(m)(1)
[3] §3004(h)(2)
[4] §3004(h)(3)
[5] §268.1(e)
[6] National Resources Defense Council, Inc. v. EPA(D. C. Cir. 1990)

止,只有一些深注水井满足了美国环保署的"不迁移"测试。实际上,鉴于这些深井的可用性是有限的,以及获得差异的可能也是有限的,土地禁令要求在对大多数危险废物进行任何土地处置之前都要预处理。

美国环保署满足了法定的截止日期,并且对三类主要废物中的每一类都发布了预处理的要求。① "危险成分"清单是在第261条,附件Ⅷ。如果废料源流包括多种废物的混合物,将以适用于任何一种成分的最严格的标准来处理整个的混合物。② 这些标准包含用数字表示的水平或者一种特殊的处理办法。例如,它们明确提出代码为K025的废物必须被焚化。③ 同样,它们明确提出,必须把代码为K005的废物的铅含量控制在每升0.75毫克以内④(由于处理方法不同,同一代码的废物会因其固态和液体形式的不同而有不同的处理标准)。不管是以浓度为基础的还是以处理方法为基础的预处理标准,在把废物放置在土地处置设施之前都必须满足这些标准;有可能发生在这些土地处置设施中的处置后处理不需要满足预处理的标准。⑤

法院对某些规定的质疑使土地禁止法令规定的美国环保署权威得到了完善,同时帮助确定了"土地禁令规定"如何与依据其他环境计划制定的规定相互面洽。例如,在 Hazardous Waste Treatment Council v. EPA(D. C. Cir. 1989)案中,哥伦比亚特区巡回法院支持了美国环保署以运

---

① 40 C.F.R. §§268.40(and Table 1)
② §268.40(c)
③ §268.40(Table 1)
④ §268.40(Table 1)
⑤ American Petroleum Institute v. EPA (D. C Cir 1990)

用"已被证明最有效的技术"而获得的削减为基础,设置预处理标准的权威。争点是法令的指令,即处理标准要使危险废物土地处置对人类健康和环境带来的危害"最小化"。工业界认为,这种以技术为基础的标准导致了昂贵的过度处理,以达到远远低于那些对人类健康或环境显示出任何伤害的水平。但是,工业界所偏爱的以损害为基础的努力,由于其本身固有的不确定性,导致法院支持了美国环保署使用能最大程度消除这种威胁的以技术为基础的标准的决定。

同样,在 Chemical Waste Management, Inc v. EPA (D.C.Cir1992)案中,哥伦比亚特区巡回法院支持了美国环保署的决定,即对特征废物的预处理要低于使其最初具有危险性的水平。工业界认为,一旦特征废物不再呈现出使其符合危险废物定义的特征时,那么即使在废物中还保留着大量的危险成分,该废物也不再是"危险的"了。因此,它们认为"土地禁令规定"不应该适用于这些在定义上不是危险的材料。然而美国环保署成功论证说一旦废物在产生时是危险的,就要适用土地禁令的预处理标准,即使在处理时该废物不再呈现出相关的危险特性。否则特征危险废物就要接受更为优先的处理。而且,严格的处理标准也能促进达到没有可能威胁人类或环境健康的危险成分残留的法定要求。这种危害性成分会残留在以前曾呈现出危险废物特性的废物中,即使在处置时该废物不再呈现出这些特性。

Chemical Waste Management 法庭也认为,稀释能够作为特征废物预处理的一种标准。最初,美国环保署认为稀释并不是一种可接受的处理方式。① 它觉得,对于 TSD 设施来说,稀释太容易吸引人规避处理要求了。但是,当《清洁水法》调整的某些废水设施被要求遵守"土地禁令规定"时,美国环保署改变了它的想法。这些设施经常在处理之前,把来自于各个污染源的未处理的废物聚积在非密封的贮存池。"第三类中的第三小类"的规定似乎是要求这些设施遵守《资源保护和恢复法》的"土地禁令规定"。为了防止《清洁水法》监管计划的中断,美国环保署允许这些设施稀释具有易燃性、易腐性、反应性等特性的废物,以及稀释涉及浓度水平的而不是特定方法的预处理的有毒金属废物。不顾环保人士的反对,Chemical Waste Management 法庭支持了运用稀释的办法来使特征废物减活化。但是,只有在危险成分的残留量不会威胁人类或环境健康的情况下,法院才会允许这样的稀释。法庭调和了"土地禁令规定"和《清洁水法》管理的地面储存。最后,法院得出结论,现行的《安全饮用水法》关于深注入井的规定不会替代"土地禁令规定"。

"土地禁令规定"和《综合性环境响应、赔偿和责任法》在两种重要的情况下相交叉。第一,如上所述,在《资源保护和恢复法》之前处置的废物不会成为《资源保护和恢复法》监管的废物,除非它们在适用的《资源保护和恢复法》规定生效后被"积极管理"过。② 清理含有《资源保护和恢复法》监管的危险废物的《综合性环境响应、赔偿和责任法》场所经常会涉及挖掘或移除场所周围的《资源保护和恢复法》

---

① §268.3(a)
② 53 F.R.31,149(1988)

的废物。为了减少 LDR 对这些场所内部的《综合性环境响应、赔偿和责任法》活动的影响,美国环保署建立了"修复措施管理单元"(CAMU)。① 在《综合性环境响应、赔偿和责任法》CAMU 中管理《资源保护和恢复法》中的废物,不会启动"土地禁令规定"。第二,"土地禁令规定"经常充当《综合性环境响应、赔偿和责任法》的"适用的、相关的或恰当的要求"标准(ARARs)。总体上说,"适用的、相关的或恰当的要求"标准(ARARs)影响着美国环保署对《综合性环境响应、赔偿和责任法》设施的清理选择;这在第八章有详细的论述。"土地禁令规定"的使用大大增加了《综合性环境响应、赔偿和责任法》设施清理的费用和复杂程度。在极端情况下,废物只是被搬移到现场,美国环保署就可能会选择搁置应用"土地禁令规定"作为"适用的、相关的或恰当的要求"标准(ARARs)。

6.3.4 C 节下的州和联邦的关系

之前对 C 节的讨论关注的是联邦的要求。这种关注源自当代联邦在危险废物法规中的权威性。但是国会和美国环保署致力于解决环境污染的努力并不是排外的。相反,它们期待着州的广泛的参与。

1. 历史发展

在监管危险废物方面,州和联邦之间关系的历史符合环境法规的一般模式。最初,在整个 20 世纪六十年代和 20 世纪七十年代早期,州具有主要的监管权。在州占据主要地位的这段期间,联邦政府的角色主要是发布报告、指导方针,以及偶尔的授权。但是,自 1970 年《清洁空气法》之

---

① 58 F.R. 8658(1993);cf. 67 F.R. 2961(Jan. 22,2002)

后,联邦政府就变成主要的环境监管者了。州主要是贯彻执行联邦制定的标准。尤其是 20 世纪七十年代主要的环境法令,比如在第五章讨论的那些法令,通常允许州获得美国环保署授权,来执行联邦立法所要求的许可制度。但是美国环保署仍保留着对州实施状况的监督检查权。

危险废物管理遵循的也是"联邦合作主义"模式。在《资源保护和恢复法》颁布之前,州的主要责任是制定关于危险废物的政策、标准和监管方案。联邦在危险废物管理方面的主要作用是激励。《资源保护和恢复法》生效之后,美国环保署成为监管国家危险废物的主要机构。依据《资源保护和恢复法》,起草关于 C 节的监管规定是美国环保署的工作。但是,同时国会也给州保留了重要的角色。[1]

2.《资源保护和恢复法》中州的监管权力

《资源保护和恢复法》通过两种方式赋予州管理其边界内的危险废物的权力。第一,像其他的大多数联邦环境法令一样,《资源保护和恢复法》允许州施加更为严格的要求。[2] 正如本章最后一部分所讨论的,有些州(主要是加利福尼亚州和新泽西州)对这项权力的实施已经超过了联邦要求。授权范围已经受到了广泛的司法关注。尽管有§3009 的存在,一些法院还是已驳回了与《资源保护和恢复法》的监管计划相冲突的地方要求。[3] 但是,也有使用该

---

[1] §1003(a)(7)

[2] §3009

[3] Ogden Environmental Services v. San Diego(S. D. Cal. 1988)(推翻了城市对《资源保护和恢复法》监管的设施的附条件使用许可的否认。)

条款支持州和地方要求的。①

第二,即使州没有施加更严厉的标准,但它们仍然充当着重要的执行角色。像其他主要的联邦环境法令一样,《资源保护和恢复法》认为州能够也将会获得美国环保署的许可来运行《资源保护和恢复法》的危险废物制度。② 事实上,美国环保署也必须批准州的计划,除非它发现该州计划:(1)与联邦计划不相当;(2)与联邦计划或其他州的计划相冲突;(3)缺乏足够的实施保障。③ 参见案例④。大多数州至少获得了部分美国环保署的权力来管理《资源保护和恢复法》危险废物计划。

州计划至少要包括与 C 节中的五个主要组成部分相当的条款。⑤因此,州计划需要有以下内容的条款:(1)危险废物识别;(2)产生者责任;(3)运输者责任;(4)TSD 设施责任;(5)许可标准。此外,州计划必须通过监督和执行措施来确保该计划能被遵守。

一项被批准的计划可以代替联邦计划。⑥ 该替代条款在执行行动中引发了一些司法问题。这些问题将在其后的执行问题的讨论中进行介绍。

---

① North Haven Planing&Zoning Comm'n v. Upjohn Co. (D. Conn. 1990)(虽然州和联邦批准了可替代的计划,但地方仍要求污泥桩帽分区,法院支持了地方的这一分区制法令。)

② §3006

③ §3006(b)

④ Hazardous Waste Treatment Council v. Reilly(D. C. Cir. 1991)(美国环保认为北卡罗来纳州计划与《资源保护和恢复法》一致,法院支持了美国环保署该项决定。)

⑤ 40 C.F.R. §§271.9 to 271.16

⑥ §3006(b)

6.4 关于地下存储罐的特殊条款(USTs)

6.4.1 序言

在1984年,估计有超过150万的存储石油或其他危险物质的地下存储罐是由缺乏防腐蚀功能的铁做成的。作为回应,国会1984年的修正案包括了当时新制定的《资源保护和恢复法》Ⅰ章。Ⅰ章规范的是储存石油和危险物质的地下存储罐,不同于C节所规范的储存危险废物的地下存储罐[①](相应地,地下存储C节中的危险废物,是依据C节进行监管的[②])。被排除在Ⅰ章规定之外的三类储存罐有:(1)含有非商业用的发动机燃料的1100加仑或少于1100加仑的农用或家用储存罐;(2)储存在存储地使用的加热油的储存罐;(3)化粪池。特殊条款要求联邦拥有的储存罐遵守UST计划,除非被总统豁免。[③]

结合《资源保护和恢复法》和《综合性环境响应、赔偿和责任法》,《资源保护和恢复法》UST计划建立了一个监管地下储存罐的全国性的基本计划。然而大多数州有自己的规定。一旦美国环保署授权某个州来执行UST计划,州的要求可以取代联邦要求,前提是它们至少是同样严格的。[④]

6.4.2 基本要素

法令要求美国环保署为USTs颁布有关释放检测、预

---

① § 9001(1),(2)
② § 9001(2)(A)
③ § 9007
④ § § 9004,9008

防以及环境恢复措施的规定。① 国会进一步明确,这些规定要包括经济责任要求以及新的储存罐执行标准。② 此外,国会建立了各种机制来资助美国环保署清理泄漏的储存罐,包括类似《综合性环境响应、赔偿和责任法》中的责任和信托基金条款。③ 最后,还有行政和民事强制执行条款,包括巨额的罚款。

有关法定要求的实施规定于 40 C.F.R.280 和 281 中。除了上述的一些法定例外情况外,主要的监管例外还包括:(1)依据《清洁水法》监管的作为废水处理设施组成部分的储存罐;(2)容积在 110 加仑以下的 UST 系统;(3)只含有微量被监管物质的 UST 系统;(4)在使用后突发泄露,并被迅速清空的储存罐。④ 在使用存储罐之前,其所有者必须告知美国环保署或者相关的州机构。⑤

适用于新的储存罐的执行标准包括四个主要要素。每个储存罐必须:(1)根据被认可的工业标准进行设计、建造和安装;⑥(2)具有防腐性能;⑦(3)包含泄漏和溢出控制装置;⑧(4)包含释放检测装置。⑨ 对于石油罐和危险物质的存储罐,要适用不同的释放检测要求。前者可以仅采用月度"存货控制"程序(§280.41(a)(1));后者必须要有第二

---

① §9003(a)
② §9003(d),(e)
③ §9003(h)
④ §280.10(b)
⑤ §280.22(a)
⑥ §280.20(a),(d)
⑦ §280.20(a)
⑧ §280.30
⑨ §280.40(a)

道防护系统,比如双层墙、水泥墙、防渗层。[①] 附加条款适用于新的地下储存罐管道系统。[②] 这些规定给当时的储存罐所有者自规定颁布之日起十年的时间,要么遵守新储存罐执行标准,按要求升级,要么关停。[③] 截止时间为1998年12月22号。

有关释放报告和响应的规定要求储存罐所有者必须迅速向有关机构报告。[④] 接着,所有者必须采取减轻危害的以及环境恢复的措施。[⑤] 关停法规管理永久性的和暂时性的关停。[⑥] 最终,对储油罐所有者提出的经济责任与适用于《资源保护和恢复法》TSD设施的全套要求都很相似[⑦](关于储存危险物质的储存罐所有者的类似条款还没有颁布)。即使有这些经济责任的选择,但如果发生了储油罐所有者不能负担的清理的释放,那么一个特殊的、更小版本的"超级基金"可能会被开发出来。[⑧] 关于《综合性环境响应、赔偿和责任法》"超级基金"的讨论见第七章。这些资金也可以用于资助指定的紧急情况或者储存罐所有者拒绝遵守环境恢复措施命令的清理。

---

① § 280.42(b)
② § § 280.20(b),280.41(b)(1)
③ § 280.21(a)
④ § § 280.53,280.61
⑤ § § 280.62,280.64,280.66
⑥ § § 280.70 to 280.74
⑦ § § 280.90to280.116
⑧ § 9003(h)(2)

6.5 公共和私人执行

6.5.1 序言

《资源保护和恢复法》广泛的执行条款授权了公共和私人行动。总体来说,《资源保护和恢复法》授权的实施行动主要有三种类型。第一,对违反 C 节要求的,依据§3008采取行政、民事、刑事执行程序。C 节的要求可以通过美国环保署(或被授权的州相关机构)或依据公民诉讼条款的个人得到执行。第二,§7003 授权,对造成人类健康或环境"紧急的重大危害"的危险废物释放做出司法回应。第三,§3004(u)和(v)以及§3008(h)规定了"修复行动",对源自被许可的和处于临时状态的 TSD 设施的释放进行清理。

本章首先思考的是,适用于所有这三种执行行动的美国环保署的信息收集职权。然后再考查关于 C 节违反者的公共和私人诉讼。最后是对各种问题的一个考查,这些问题是在美国环保署批准的《资源保护和恢复法》计划的州,由于联邦和州管辖权的重叠而引发的。由于和《综合性环境响应、赔偿和责任法》相互作用,"紧急的重大危害"和"修复行动"将在第十二章进行探讨。

6.5.2 获得信息

在考虑执法之前,美国环保署或者被授权的州机构必须首先已获知某种违法行为发生了。执行机构获知这种信息的主要途径有三种。首先,被监管实体(如产生者或 TSD 设施持证人)履行他们的报告责任,"自愿"提供信息。其次,§3007 授权的定期检查。依据该条款,每年平均约有 5% 受《资源保护和恢复法》监管的实体被检查。根据一篇有影响力的审计局的报告,在某种程度上由于缺乏良好的控制,这些检查的价值正在减弱。最后,外部监督和"检举者"可能会揭发潜在的违法行为。像许多环境保护法一样,《资源保护和恢复法》保护检举者不受到特定的反诉。①接下来的讨论主要关注第二种情况:政府信息要求和检查。

《资源保护和恢复法》中有两条关于信息收集的规定。§3007(a)授权检查者可以进入产生者、运输者以及TSD设施的场所,以获取信息或采集样本。依据该条款,美国环保署的大多数的信息收集都是开始于一封要求信息的信件。如果所有者允许,美国环保署接着会对他们的场所进行自愿性的检查。如果所有者拒绝,美国环保署会在取得"行政调查令"后进行非自愿检查。在获得行政授权之前,美国环保署无需证明"可能会导致"违法行为;因为当检查的目的是看看一个实体是否遵守了法律时,一般是不可能有这种要求的。② 为了获得行政授权,执行机构必须出示:(1)有合理的理由相信,一个法定违反行为已经发生;或者(2)该场所是被一个中立的选择程序所选中的,而该选择程序是执法机构监管实施计划的一个正常的组成部分。拒绝遵守§3007规定的信息要求就是使他们自己成为了《资源保护和恢复法》的违法者。

第3013条是另一重要的信息收集规定。该条款融合了"检查"和"自愿"报告要求。根据该法,美国环保署可以要求TSD设施的所有者或运营者在必要时进行监控、检测和分析,以确定其设施中的危害的性质和程度。实际上,该

---

① §7001
② Marshall v. Barlow's, Inc. (S. Ct. 1978)(OSHA 检查)

条款把美国环保署的信息提供责任转移给了 TSD 设施；TSD 设施必须提供美国环保署后来可能会用以反对它的信息。为了要求这种检测，美国环保署必须确定一种"可能会对人类健康或环境产生实质性的危险"的危险废物的存在或释放。① 虽然令人联想到所适用的在第十二章讨论的 §7003 规定的"紧急的重大危害"标准，但 §3013 中缺乏"重大的"一词，说明了依据那条规定，还是需要一个较小的证明的。如果所有者或运营者没能正确地进行检测，美国环保署会亲自进行这个所要求的检测。② 没有遵守美国环保署的要求，本身就是一个单独的违反《资源保护和恢复法》的违法行为。

被美国环保署要求提交信息情况的当事人很可能陷入两难的困境。对这类要求的司法审查很可能会被拒绝。③ 被提要求者如果想要质疑美国环保署制定要求的权威，就必须等到美国环保署开始执行行动时。然而，如上所述，如果法院支持美国环保署的权威，它便可以对违反要求者施加制裁。但是，如果被要求者遵守了要求，法院将可能会认定遵守就是放弃了对美国环保署的质疑。④

6.5.3 联邦实施

如果非正式的努力没能解决问题，那么《资源保护和恢复法》会提供给美国环保署三种正式的实施选择：(1)行政处罚；(2)民事罚款和禁令性救济措施；(3)刑事诉讼。第一

---

① §3013(a)

② §3013(d)

③ E. I. Dupont de Nemours &Co. v. Daggett(W. D. N. Y. 1985)

④ E. I. Dupont de Nemours &Co. v. Daggett(W. D. N. Y. 1985)

种选择占所有正式实施选择的四分之三。它可以是一个遵守法律的命令、暂停或撤销许可,或者处以每天高达25000美元的罚款。后两种选择要求美国环保署把案件提交司法部(DOJ)。美国环保署针对的是长期的和故意的违法者,也包括那些违反之前所确定的遵循法规的时间表或命令的违法者。

1. 行政执法

行政执法包括美国环保署提出行政控诉。大多数控诉是通过协商解决的,并且和解协议条款被并入到司法强制同意命令。如果问题没有得到解决,那么受控诉者可以进行听证。听证是依据美国环保署统一的程序进行的。[1] 败诉方可以上诉到环境上诉委员会。而委员会的决定是可以在联邦地区法院进行审查的。[2]

在确定行政罚款金额时,《资源保护和恢复法》要求美国环保署"把违法行为的严重性和遵守要求的任何有诚意的努力都考虑在内"。[3] 美国环保署已经把这两个要求转化成了一个包括四部分内容的公式。根据该公式,罚款金额是由以严重性为基础的要素以及累计的天数要素决定的,然后首先考虑六个特殊因素进行调整,其后考虑对违规的经济利益再进行调整。以严重性为基础的要素是要看危害的程度和违规的程度。这一因素可以决定从对轻微违法行为每天100美元到对重大违法行为每天25000美元的罚款范围。美国环保署接下来要把严重性因素乘以已被证明

---

[1] 40C.F.R. Part 22

[2] Chemical Waste Management, Inc, v. EPA(D.D.C. 1986)

[3] §3008(a)(3)

违规的天数。然后,美国环保署通过考虑另外六个因素进行调整,提高或降低上述结果:(1)是否有遵守法规的诚意;(2)故意的程度;(3)之前的守法历史;(4)支付能力;(5)持证人在环保上做出的其他积极努力;(6)其他特殊的情况。最后的调整要考虑持证人违规所取得的全部经济收益。根据美国环保署的政策,罚款总金额不能少于因违规而得到的收益。

法令和监管因素都给了美国环保署在行政处罚方面的大量自由裁量权。法院要求审查行政罚款数额的时候通常会尊重这种自由裁量权。①

行政守法令不会自动执行。如果持证人拒绝遵守这样的命令,那么美国环保署必须向地区法院寻求禁令性救济。没有服从守法令就是一个独立的违反《资源保护和恢复法》的违法行为,对违法者的罚款最高可达每天25000美元。

2. 民事执行

对于严重、反复的以及顽固的违法者,美国环保署会提交DOJ,进行可能的民事强制执行。如果DOJ决定起诉,它会向违法行为发生地的地区法院提起诉讼。② 法院可以发布禁制令并确定民事处罚。被告可能有权利就责任问题得到陪审团的审理;但是,关于罚款数额的问题可能就只是法庭的事情了。③

像行政执法程序一样,几乎所有的民事执法行动也是

---

① Chemical Waste Management, Inc, v. EPA(D. D. C. 1986)(支持了40000美元的罚款。)

② §3008(a)(1)

③ Tull v. United States(S. Ct. 1987)(《清洁水法》。)

经过协商后得以解决的。同样,这些协议也被并入到同意令中。如果案件没有得到解决,但已证明是违法的,法官将会设定罚款金额。对每一违法行为每天最高可处以多达25000美元的罚款。[1] 虽然美国环保署极力主张法院适用美国环保署在计算行政罚款中使用的公式,但是法院保持了一些独立性。因此,法院倾向于适用法定指令,考虑违法行为的严重性和违法者守法努力的程度,而不是机械地使用美国环保署的公式。[2]

法院除了处以罚款,或者说可以替代罚款的是法院发布禁制令。这种禁制令的范围从简单服从行政守法令的命令,到永久性关停一个 TSD 设施的命令。[3] 根据《资源保护和恢复法》制定禁制令时,法院沿用传统的公平原则。[4] 仅有违反《资源保护和恢复法》的证据不能使美国环保署获得禁制令,尤其是在寻求关停这种严厉的救济措施时。然而,法院经常重复最高法院的评论,"环境损害由于其自然属性,很少能通过损害赔偿金进行充分的环境恢复,并且是不可修复的。如果这种损害是足够可能的……那么出于对危害的平衡性的考虑,通常更愿意发布禁制令来保护环境。"[5]

除了上述的"许可庇护",在案件中可能取得成功的积极性抗辩就是时效了。尤其是,强制执行程序的被告通常是不能质疑所依据的法规的效力的。《资源保护和恢复法》

---

[1] § 3008(g)

[2] United States v. Environmental Waste Control,Inc (N. D. Ind. 1989)

[3] United States v. Environmental Waste Control,Inc(N. D. Ind. 1989)

[4] United States v. Production Plated Plastics,Inc(W. D. Mich. 1991)

[5] Amoco Prod. Co. v. Village of Gambell(S. Ct. 1987)

要求对规定的效力的任何质疑都要在其颁布之日起90日内提出。① 关于时效,由于《资源保护和恢复法》没有明确的时效期间规定,通常会适用一般的五年期间来管理《资源保护和恢复法》的民事执行诉讼。② 目前,关于《资源保护和恢复法》的时效还有两个问题没有解决:(1)请求何时提出?(2)行政程序是否会中止时效?

3. 刑事执法

(1)序言

对于最严重的违法行为,《资源保护和恢复法》有两套最严格的刑事处罚。第一,§3008(d)规定了对《资源保护和恢复法》的"故意"违反行为。该条款中的"故意"是有些争议的,下面将会有详细的讨论。第二,§3008(e)对"故意危害"他人的行为处以刑罚。法令对该条款中的"故意"做了具体规定③,以下也将会详细讨论。

对最严重违反《资源保护和恢复法》的违法者,将会判以重罪。对多次违反基本条款的违法者,最高可判处十年的监禁;对"故意危害"他人的违法者,最高可判处十五年的监禁。④ 对多次违法者的罚金最高可达每次违法行为每天100000美元。⑤ 实际上,不管是罚金还是监禁,都倾向于大大低于最高量刑。但是,监禁的时间以及罚金的数额现在大都由《联邦量刑指南》约束。例如,指南§2Q1.2(危险物质的错误处理)。

---

① §7006(a)(1)
② 28 U.S.C.A 2462
③ §3008(f)
④ §3008(d),(e)
⑤ §3008(d)

(2)"故意"犯罪

§3008(d)把"任何人"从事的七种"故意地"行为规定为犯罪行为。其中有三种是涉及危险废物运输的。第一项禁止故意将危险物运输到未经许可的设施。第五项严禁故意运输没申报运输清单的废物。第六项禁止明知未得到进口国允许的情况下,而把危险废物出口到国外。剩下的四种犯罪中,有两种是涉及故意违反报告和记录保持要求的违法行为。① 第六种仅仅适用于故意违反适用于废油的要求的违法行为。② 最后一种,即第二项,适用于TSD运营的。它对"(A)未经(依据C节发布的)许可,故意处理、储存、处置任何(C节)所列的危险废物……或者(B)故意违反此类许可的任何物质条件或要求的;或者(C)故意违反任何物质的(临时状态要求)的……任何人"都要处以刑罚。

第二项(TSD违法行为)和第一项(故意向未经许可的设施运送危险废物)的规定通常构成了刑事检控的基础。因此,它们也获得了最多的司法发展。依据这些条款产生了三个问题:①谁是那个"人"?②"故意地"具体是指什么?③这种"明知"怎么被证明?

对于第一个问题,法院给出了"任何人"的字面意义。所以,他们并不限于适用于第二项的TSD设施的所有者和运营者。③ 但是,法院拒绝将责任延伸到仅"接收"而没有

---

① §3008(d)(3)(4)

② 3008(d)(7)

③ United States v. Johnson & Towers(3d Cir. 1984)(依据第二项,即使所讨论的设施没有获得《资源保护和恢复法》的许可,其领班和服务管理人员也是"任何人"。)

"处理、储存或处置"危险废物的那些人。①

对于"明知"的要求,不同的巡回法院以及依据不同的条款产生了不同的结果。关于所要求的被告对废物危险特性的知晓程度,是没有争议的。法院认为,被告不必知晓所涉及的废物是《资源保护和恢复法》C节特别监管的。更确切地说,被告只需知道废物具有一些潜在的危害性。②

关于"故意地"有一些争论。围绕着第二项已经产生了很多诉讼。正如上面引述的,问题的产生是因为,国会在第二项的序言部分使用的是"故意地",接着又在第2(B)和2(C)添加了"故意违反",而在第2(A)中并没有出现。于是,法院总是被要求确定,在序言中所使用的"故意地"是否也适用于第2(A)中"未经许可……"的规定。这些争议影响着主观状态,所以为了获得一个信服,政府必须进行证明。第三巡回法院认为"故意地"并不适用于第2(A)中的"未经许可的"。③ 在这样的解释下,政府必须证明被告人不仅知道自己在处理、储存或处置具有潜在危害性的物质,而且也知道他需要一个许可才能从事这些活动。相反,第九巡回法院则持相反观点。④按照第九巡回法院的观点,政府需要证明被告人知道自己在处理、储存或处置具有潜在危害性的物质;但政府仍然需要证明 TSD 设施缺少许可,而不需要证明被告人知道自己缺少许可。

第九巡回法院的关于第二项的裁定与其对第一项的裁

---

① United States v. Fiorillo(9th Cir. 1999)
② United States v. Goldsmith(11th Cir. 1992)
③ United States v. Johnson & Towers(3d Cir. 1984)
④ United States v. Hoflin(9th Cir. 1989)

定是相反的。依据第一项,法院认为,政府必须证明被告人不仅知道自己在把一种危害性物质运送到未经许可的场所,而且也知道该场所没有许可。① 法院强调这两项规定中所使用的语言不同,并以此来调和这两个裁定。

第三个问题涉及政府在确定"故意"行为之前所需要的证据量。法院只要求政府证明知道采取了活动,而不需要证明知道《资源保护和恢复法》对这些活动有明确的禁止。② 而且,它们允许有旁证或其他间接证据来证明这种知道。③ 为了确定公司管理人员是"故意"违法,政府必须证明——如果只有旁证的话——该管理人员确实知道所控诉的行为;而不能只依据被告在公司里负责废物处置活动的证据,就给其定罪。④

与民事责任一样,《资源保护和恢复法》的刑事诉讼中也很少有积极性的抗辩。五年的诉讼时效是适用的。每一天的不守法都会启动一次新的违法行为。⑤ 正如在民事案件中一样,对监管要求的质疑通常也不会发生在刑事强制执行程序中。⑥

(3)"故意地危害"

除了§3008(d)规定的七种"故意"违法行为,《资源保

---

① United States v. Speach(9th Cir. 1992)
② United States v. Johnson & Towers, Inc. (3d Cir. 1984)
③ United States v. Greer(11th Cir. 1984)
④ United States v. MacDonald & Watson Waste Oil co. (1st Cir. 1991)
⑤ United States v. White(E. D. Wash. 1991); Peaple v. Thoro Products Co. (Colo. 2003)
⑥ §7006(a)(1); cf. Adamo Wrecking Co. v. United States(S. Ct. 1978)

护和恢复法》还禁止"故意地危害"其他人。§3008(e)适用于违反§3008(d)七项规定之一,故意运输、处理、储存、处置或出口危险废物的行为。如果"当时知道其行为会将他人置于死亡或严重身体伤害的紧急危险中的……任何人"实施了这种行为,那么,被告将面临对个人 250000 美元的罚金和对公司一百万美元的罚金,以及最高可达 15 年的监禁。"严重的身体伤害"进一步被定义为包括有死亡的风险、失去意识、极度痛苦、毁容或者残废。① "故意地危害"受到了其与宪法不符、规定不明确的质疑,但还是幸存下来了。②

§3008(f)中关于"明知的"规定回答了§3008(d)中留下的一些问题。政府只需要证明被告"知道他的行为的性质";知道或相信条件的存在,并且知道或相信"他的行为能充分确定会导致"危害。③ 要求被告实际知道,其他人知道可能不会对被告起作用。④ 但是,政府可以证明被告具有实际知道的条件。⑤ 法律还确立了"积极抗辩"条款,即受害方同意产生于用工环境、医疗和科学实验中可预见到的伤害。⑥

6.5.4 公民诉讼

《资源保护和恢复法》关于公民诉讼的条款为 C 节的非政府执法提供了充足的机会。假设原告符合起诉资格的

---

① §3008(f)(6)
② United States v. Protex Industries,Inc(10th Cir. 1989)
③ §3008(f)(1)
④ §3008(f)(2)
⑤ §3008(f)(2)
⑥ §3008(f)(3)

要求（Lujan v. Defenders of Wildlife（S. Ct. 1992）），§7002(a)(1)(A)授权"任何人"对"有嫌疑违反《资源保护和恢复法》许可、标准、规定、条件、要求、禁令或命令的任何人"提起诉讼。另一条款授权"任何人"可以对美国环保署没能行使其法定职责的行为提起诉讼，只要该行为不属于其自由裁量权范围即可。[①] 不管是哪种诉讼，法院都会要求遵守《资源保护和恢复法》；对于针对私人而非美国环保署的诉讼，法院还会确定民事罚款。[②]

公民诉讼中的被告也包括联邦政府。《资源保护和恢复法》明确放弃了联邦主权豁免，即使是寻求处罚的诉讼以及使联邦设施受州和地方法律管制的诉讼。[③] 对于特定的联邦设施可能会获得总统豁免权。[④] 在联邦法院提起对州的诉讼受美国宪法第十一条修正案的限制。[⑤]

§7002有明确的审判管辖和诉讼参加的规定。针对私人而不是对美国环保署提起的诉讼，由违法行为发生地的地区法院进行审判是适当的。[⑥] 对美国环保署违反《资源保护和恢复法》而提起的诉讼，只能在违法行为发生地的地区法院进行审判。[⑦] "任何人"和美国环保署行政人员都享有诉讼参加的合法权利。[⑧]

---

① §7002(a)(1)(C)
② §7002(a)
③ §6001(a)
④ §6001(a)
⑤ Seminoble Tribe v. Florida(S. Ct. 1996)
⑥ §7002(a)
⑦ §7002(c);but cf. §7002(a)(也可以在哥伦比亚特区巡回法院。)
⑧ §7002(b)(1),(d)

推动私人提起《资源保护和恢复法》诉讼很有可能获得诉讼的部分联邦资金。像其他环境法令的相似条款一样,《资源保护和恢复法》的公民诉讼条款授权法院在诉讼成本上给予胜诉当事人一定的奖励,包括合理的律师费。[1]

适用于《资源保护和恢复法》公民诉讼的主要限制有三种。第一,公民只能对正在进行的违法行为寻求救济;不能对完全过去的不法行为提起诉讼。[2] 第二,原告必须在规定时间内,向正确的部门提交正确的通知。[3] 这些条款给了政府时间,如果必要,它可以接管,同时这也给了被指控的违法者时间去履行义务。第三,政府的某些执法行为可能阻止进行公民诉讼。[4] 后面这两点将在下面讨论。

通知要求引起了广泛的司法关注。针对"任何人"或美国环保署提起诉讼的,需要提前60天进行预先通知。[5] 美国环保署的规定具体明确了通知的内容和形式。[6] 在这两种情况下,通常被称为"起诉意向告知书"(NOIS)的通知必须送达美国环保署署长。[7] 在对任何人而非美国环保署的诉讼中,通知还必须送达违法行为发生地的州以及被指控的违法者。[8] 这些通知条款是受司法管辖的,并被做了严格解释。[9] 然而在这两种情况下,如果诉讼涉及违反 C 节

---

[1] § 7002(e)
[2] Murray v. Bath Iron Works Corp. (D. Me. 1994)
[3] § 7002(b)(1)(A)
[4] § 7002(b)(1)(B)
[5] § 7002(b)(1)(A)
[6] 40C. F. R. Part 254
[7] § 7002(b)(1)(A)(i)(c)
[8] § 7002(b)(1)(A)(ii),(iii)
[9] Hallstrom v. Tillamook County(S. Ct. 1989)

或其实施规定的并非微不足道的违法行为,那么原告在提交通知后要立即提起诉讼。① 在这种情况下,原告仍然必须提交所要求的通知;他们只是在提交所要求的通知后,不需要再等待一段时间就能提起诉讼。在既涉及 C 节的违法行为的诉求,又涉及《资源保护和恢复法》其他条款的诉求的复杂案件中,法院更愿意应用 C 节的时间规定。因此,它们会同意免除另外适用于非 C 节诉求的迟延要求。② 但是,如果原告自愿撤回对并非微不足道的违反 C 节的指控,那么关于迟延要求的例外就不再适用了,并且整个案件都要一并被驳回。③

阻止进行公民诉讼的政府行为的种类也引起了一些司法关注。"如果美国环保署或州已经着手并正努力地在法院进行民事或刑事诉讼……以要求违法者遵守《资源保护和恢复法》规定",那么法令会阻止再提起公民诉讼。④ 到目前为止,法院对非司法的行政程序是否能够阻止公民诉讼还存在分歧。⑤ "努力地诉讼"的构成情形不容易分类。一些法院认为,一旦提起一个恰当的诉讼,都属于正在努力地进行诉讼。⑥ 其他法院则具体案件具体分析,进行深入细致的事实调查研究。⑦

---

① §7002(b)(1)(A)(C);cf. Aiello v. Town of Brookhaven(E. D. N. Y. 2001)

② Dague v. City of Burlington(2d Cir. 1991)

③ Atwell v. K. W. Plastics(M. D. Ala. 2002)

④ §7002(b)(1)(B)

⑤ Lykins v. Westinghouse Electric Corp. (E. D. Ky. 1989)

⑥ Orange Environment ,Inc v. County of Orange(S. D. N. Y. 1994)

⑦ Dague v. City of Burlington(2d Cir. 1991)

6.5.5 重叠的州执法所产生的特殊问题

美国环保署批准的大多数州的《资源保护和恢复法》实施计划的存在,造成了州和联邦执法机构之间重叠和冲突的可能性。在获得美国环保署批准州的 C 节许可计划的其他要求中,州必须证明有足够的权威去执行许可的条款。① 一旦接到了美国环保署的批准,那么,在这些州,州计划就要替代联邦计划进行运行。② 此外,依据美国环保署批准的计划所采取的州行动与美国环保署的行动具有"同等的效力和影响"。③ 这两个条款导致了两个相关的、仍未解决的司法争议。

第一,能否在州的联邦法院对被批准的实施计划提起公民诉讼?法院对此有分歧。④ 法院确定了这样的管辖权,它们更倾向于将其限定为是违反了州条款,而不是联邦法律。⑤

当美国环保署亲自寻求在被批准的州实施 C 节条款时,就不会产生这一特殊的管辖权问题。§3008(a)(2)特别授权,假如美国环保署提前通知州,就可以在这些州寻求行政和民事救济。⑥ 但是,虽然有联邦执法权力,但仍不清楚在行使这种权力时,美国环保署是实施州法律还是联邦

---

① §3006(b)(3)

② §3006(b)

③ §3006(d)

④ Lutz v. Chromatex,Inc(M. D. Pa. 1989)(认为联邦法院管辖权不管授权的州方案);contra,Thompson v. Thomas(D. D. C. 1987)

⑤ Murray v. Bath Iron Works Corp. (D. Me. 1994); cf. Orange Environment ,Inc v. County of Orange(S. D. N. Y. 1994)(允许联邦公民诉讼执行未被经美国环保署批准的州计划所取代的《资源保护和恢复法》条款。)

⑥ Wyckoff Co. EPA(9th Cir. 1986)

法律,还是二者都要实施。一方面,许可是按照"替代"了联邦条款的州法律颁发的。①。另一方面,如果没有州许可,处理、储存或处置C节监管的危险废物的人,也违反了《资源保护和恢复法》§3005(a)。②

第二个问题是,如果对获得批准的州的诉讼感到不满意,美国环保署是否可以自己提起联邦执法诉讼。美国环保署认为,尽管有那些"替代"和"同等效力"的条款,但它在任何时候都可以"接管"。它主要依据上述的§3008(a)(2)。然而,之前的州诉讼的被告坚持对"替代"和"同等效力"条款进行字面解释。③ 这个问题仍未解决。

6.6 关于被选择的州方案的附加条款

大多数的州监管方案在很大程度上是模仿联邦监管计划的。但是,也有一些州在一些重要方面已超出了《资源保护和恢复法》的最低要求。

- 危险废物识别:通常州按照"危险废物"进行监管的物质并不符合美国环保署的定义。这体现为三种方式:(1)州明确将这些物质列为"危险废物",但是该物质并没有被美国环保署列为危险废物;(2)在确定"危险废物"的特征

---

① United States v. Elias(D. Idaho 2000)(判定美国环保署只能执行州许可。)

② United States v. Flanagan(C. D. Cal. 2000)(驳回了 Elias,并判决违反了联邦法律);Northside Sanitary Landfill,Inc v. Thomas(7th Cir. 1986)(判定违反了联邦法律以及州法律。)

③ cf. United States v. Environmental Waste Control,Inc(N. D. Ind. 1989)(拒绝了被告的请求。)

时,州使用的标准比美国环保署使用的标准更为宽泛;(3)州关于固体或危险废物定义的除外情况比美国环保署的更为狭窄。例如在某些州,像加利福尼亚州和新泽西州,依据它们的州监管方案明确把多氯联苯列为了"危险废物"。因此,虽然美国环保署只依据《有毒物质控制法》监管多氯联苯,但把多氯联苯列为"危险废物"进行监管的州要求产生者、运输者以及处理多氯联苯的 TSD 设施都要遵守"危险废物"监管标准。

• 回收要求:一些州,尤其是加利福尼亚州和新泽西州,对危险废物回收的监管比美国环保署更为严格。例如,在加利福尼亚,回收者必须获得一项特殊的许可。而且,依据加利福尼亚州法律,所有可回收的材料都是废物;于是,与依据美国环保署的定义相比,依据加利福尼亚法律会有更多的材料可能符合"危险废物"的定义。加利福尼亚的特殊要求也适用于像农业废弃物、废油以及废铅酸电池这样的可回收材料。另外,加利福尼亚当局可以要求任何危险废物产生者来解释为什么要处置这种可回收的废物而不是回收它。

• 产生者的要求:关于州对产生者施加要求的三个例子,将会说明州法律规范的广泛调整范围。第一,一些州,包括伊利诺伊州、新泽西州、纽约州和得克萨斯州,要求产生者提交年度报告;而美国环保署只要求提交双年度报告。第二,一些州,像加利福尼亚州,要求产生者在其废物容器的标签上包含比美国环保署所要求的更多的信息。第三,一些州,包括加利福尼亚州、纽约州和得克萨斯州,对少量废物的产生者的豁免要少很多。

• 运输者的要求:一些州,如加利福尼亚州和新泽西州,严格限制了在运输者没有转变成 TSD 设施的情况下,运输者在运输过程中储存危险废物的时间。另外,新泽西州要求危险废物搬运人必须获得一项特殊的执照;为获得这样的执照,运输者必须承担经济担保责任并符合培训要求。

• TSD 要求:在很大程度上,州对 TSD 的要求并没有表现出与美国环保署要求的实质性区别。一个重大区别是,俄亥俄州和伊利诺伊州的方案没有"许可庇护"。一些州,如新泽西州和得克萨斯州,要求 TSD 设施提交更为频繁的报告。纽约和新泽西州也施加了额外的设计和许可限制。

• UST 要求:由于历史原因,州关于地下存储罐(UST)的要求通常与美国环保署的要求大有不同。很多州长期依据旨在确保消防安全和防爆的计划对 UST 进行监管。因为它们关注的是消防安全而不是地下水污染,所以,州的规定可能包括更广泛范围的储存罐,可能会施加与《资源保护和恢复法》UST 规定不同的设计要求。

第 7 章 《综合性环境响应、赔偿和责任法》介绍

管理危险废物污染场所的清理的主要联邦法律是《综合性环境响应、赔偿和责任法》[①],通常被称为"CERCLA"。在以往通过的环境法律中,《综合性环境响应、赔偿和责任法》可能是最具争议的。支持者称赞它是一个至关重要的方案,保护人类健康和环境免受几十年不负责任的废物处理的不良后果影响。相反,批评者嘲笑它是一个特别昂贵的措施,强加给无辜的人足以造成严重后果的责任,为既不必须、在很大程度上也无效的清理提供资金。

本章是对《综合性环境响应、赔偿和责任法》的一般性介绍,关注于它的历史、术语和整体结构。这是为第八章到第十一章深入探讨《综合性环境响应、赔偿和责任法》的主要规定奠定基础。

7.1 概述

国会颁布《综合性环境响应、赔偿和责任法》有两个目的:(1)通过强制迅速地清理危险废物场所来保护公众和环

---

① 42U. S. C. A. § §9601 et seq

境;(2)确保这种清理措施的花费由"责任"当事人承担,而不是由普通纳税人承担。国会意识到,如果《综合性环境响应、赔偿和责任法》责任只是界定为依据传统的侵权原则由当事人来承担的话,这个方案不能带来足够的钱来为所需要的全国清理提供资金。在很多情况下,识别出一个特定场所的实际污染者是不可能的;即使是确定了这样的污染者,他们也经常是无力偿还者。因此,《综合性环境响应、赔偿和责任法》从根本上改变了以行为为基础的侵权准则。它实施了清理费用的严格责任——不论当事人的诚信、过失或不作为——只以当事人的身份为基础。因此,如果出现了其他的责任因素,依据《综合性环境响应、赔偿和责任法》,某个场所的"所有者"、场所的经营者、安排者、运输者(统称为"潜在责任方"或者"PRPs")都要承担严格责任。

如果在"设施"或"船舶"发生了危险物质"释放"或威胁释放,就要启动《综合性环境响应、赔偿和责任法》。这些术语稍后会在本章进行讨论。一旦这些启动事件发生,《综合性环境响应、赔偿和责任法》就会提供清理场所的四个基本机制:

- 由政府实施清理:联邦和州政府机构(主要是美国环保署)可以使用"超级基金"或其他来源的政府资金清理现场(§104,在第八章讨论)。然后再起诉"潜在责任方"追偿(§107,在第九章讨论)。
- 由政府命令的清理:联邦政府可以在一些情况下命令"潜在责任方"清理现场(§106,在第十章讨论)。
- 协商清理:政府机构可以与"潜在责任方"达成处理协议,依据协议由这些当事人筹措资金或执行清理(§122,在第九章讨论)。这是政府最常使用的选择。

- 由私人主体自愿实施的清理：在一些情况下，私人主体可以使用它自己的资金来清理场所，并起诉"潜在责任方"追偿（§107(a)(4)(B)）或分摊（§113）（在第十一章讨论）。

7.2 《综合性环境响应、赔偿和责任法》的制定

7.2.1 背景：拉夫运河（The Love Canal）悲剧

几十年来，美国的工厂、精炼厂、矿山及其他企业都使用尽可能最便宜的方式处理危险废物，很少甚至不考虑人类健康或环境。在《综合性环境响应、赔偿和责任法》制定之前，美国环保署估计，全国有 2000 多个倾倒场所包含有威胁人类健康的危险废物，它们中的大多数已被废弃。美国环保署推断，每年美国产生的危险废物有 90% 以上没有被正确处置。此外，溢出和其他突发性释放使危险物质进入到环境的情况更是常有的。美国环保署估计，每年大约有 3500 起可能导致环境危害发生的化学品溢出。

在 20 世纪七十年代后期，美国人变得越来越担心这种有毒的遗产。拉夫运河事件被普遍认为是将问题推到了国家关注的焦点，从而激发了《综合性环境响应、赔偿和责任法案》的通过。拉夫运河事件开始于 20 世纪四十年代，Hooker 公司将 55 加仑的多桶化学废物倾倒在纽约尼亚加拉大瀑布附近的一个废弃运河。1953 年，Hooker 公司填埋覆盖好运河，并把它卖给了当地教育委员会。教育委员会将其中一部分建立了一个学校，并把其余的卖给了开发者建造家庭住宅。对拉夫运河的调查开始于 1978 年，州卫生部门发现了这个环境灾难。从运河迁移过来的有毒化学

品已经污染了整个区域的底土和地下水,甚至渗透到了房子。研究表明,拉夫运河的居民遭受到了异常高比例的流产、出生缺陷、癫痫、肝功能异常以及其他疾病。恐慌随之而来,拉夫运河成为了一个事实上的鬼城。

拉夫运河事件震惊了国家,并且数月来都占据了头条。无数的美国人无法摆脱对拉夫运河将来命运的恐惧,要求政府采取行动。《纽约时报》的内容大意被概括于1980年参议院的报告中,这个报告促成了《综合性环境响应、赔偿和责任法案》:

过去随意处置化学废物遗留的危险和由于危险化学品的溢出及其他释放而带来的持续危险,在这十年造成了许多严重的健康和环境挑战……对人类制造的化学品的接受……已成为美国日常生活的一个事实。我们在健康、生计、住房、交通、食物和丧葬方面都依赖于人工合成的化学品……但是在近年来认识到,我们的肉也可能就是我们的毒药。

7.2.2 《综合性环境响应、赔偿和责任法》之前的法规

拉夫运河及相似的事件显示出了一个主要的监管空白:现有法律不足以确保清理受危险物质污染的场所。州法律几乎都忽略了这个问题。联邦法律虽然较发达,但仍是断断续续的。例如,在第十二章讨论的《资源保护和恢复法》§7003授权美国环保署清理造成健康或环境"紧急的重大危险的"危险废物场所。但是在当时,该条被理解为只适用于正在使用中的废物处理场,而不适用于像拉夫运河这样的闲置的或废弃的场所。同样地,《清洁水法》1978年修正案扩大了对溢油清理现行综合监管的框架,覆盖了300多种排入到通航水域的危险物质的清理。但是这个规

定没有扩展到大多数基于土地的污染。

7.2.3 最初的法案

《综合性环境响应、赔偿和责任法》是国会花费三年的努力起草的一个清理国家有毒物质遗留的综合性方案。《综合性环境响应、赔偿和责任法》的大致轮廓模仿的是《清洁水法》§311,参考了《资源保护和恢复法》,以及借鉴其他地方的概念进行修改。但是,最后的文本来自于最后一分钟的政治妥协,由"跛鸭"国会几乎毫无争辩地制定成为法律。由于它的仓促通过,《综合性环境响应、赔偿和责任法》是几十年来起草的最糟糕的联邦法律之一。如第九巡回法院所观察到的,"在《综合性环境响应、赔偿和责任法》迷宫似的结构和令人困惑的语言中,清晰是罕见的"。[1] 有的法院批评《综合性环境响应、赔偿和责任法》是"缺乏清晰度和较差的制定技术的一个声名狼藉的法律",[2]并且"充斥着矛盾和重复"[3]。

1980年,在卡特政府管理日渐减弱的时期,有四个危险物质清理议案在国会悬而未决,其中两个在众议院(H. R. 85 and 7020),两个在参议院(S. B. 1341 and 1480)。这些议案有两个共同特征:(1)建立了一个信托基金,为政府清理危险物质污染提供经费;(2)对特定当事人的清理费用实施严格责任。但是,除这几点以外,这些议案有很大的区别。例如,S. B. 1480——这四个议案中最难达到的,包括

---

[1] California v. Neville Chemical Company(9th Cir. 2004)

[2] Lansford-Coaldale Joint Water Authority v. Tonolli Corp(3d Cir. 1993)

[3] United States v. alcan Aluminum Corp(3d Cir. 1992)

由危险物质释放造成的人身伤害或财产损害的严格责任。意识到参议院所考虑的更为强大的 S. B. 1480 即将来临,众议院在 1980 年 9 月通过了 H. R. 7020。1980 年 11 月,一小部分杰出的参议员组成的代表两党的团体私下会面,来调和这两种方法。最终的妥协是达成了一个全新的议案(被称为"Stafford-Randolph Substitute")。在 1980 年 11 月 24 日开始考虑 S. B. 1480 时,参议院将它所有的文本替换为"Stafford-Randolph Substitute"文本(只保留了议案的编号号码),以此方式迅速修订了议案,接着在同一天批准了该修订的议案。众议院在 1980 年 12 月 3 日批准了这个替代措施,没有修改并且几乎没有争辩。

因此,《综合性环境响应、赔偿和责任法》的立法历史是非常缺乏的。正如一位法官痛惜指出:几乎没有立法历史指导法庭解释该法案。[①] 大多数主要的联邦环境法律都是伴随着历史悠久的修订、委员会报告、公众听证、辩论及其他数据的。然而,这个成为《综合性环境响应、赔偿和责任法案》的替代措施,就像一个虚拟的幻影划过国会,几乎没有留下痕迹。尤其是,这个妥协议案的文本从未经过委员会报告的分析或通过委员会听证程序。缺乏立法历史深深影响了《综合性环境响应、赔偿和责任法》的司法方法。

7.2.4 对《综合性环境响应、赔偿和责任法》的修订

1.《超级基金修正案和再授权法案》(SARA)

1986 年,《综合性环境响应、赔偿和责任法案》被《超级基金修正案和再授权法案》大量修订,一般称 SARA。对《超级基金修正案和再授权法案》最好的理解是,它是应对

---

① Rhodes v. County of Darlington(D. S. C. 1992)

《综合性环境响应、赔偿和责任法》早年间遇到的困难。在《综合性环境响应、赔偿和责任法》颁布之后,以下情况很快就变得清晰起来:国会低估了危险废物问题的范围,既包括受污染场所的数量,也包括清理的难度。而且,尽管美国环保署已花费了十多亿美元,但到1986年只清理了6个场所。批评者抨击这个法案是缓慢且无效的。

《超级基金修正案和再授权法案》并没有显著改变《综合性环境响应、赔偿和责任法》的核心。设置于§104、§106、§107的清理权力和责任标准基本上还是完整无损的。相反,《超级基金修正案和再授权法案》增加了管理清理程序本身的补充条款,从而限制了美国环保署的自由裁量权。它施加了一个部分的清理时间表(§116),要求更加广泛的清理(§121),并增加了超级基金的数额。《超级基金修正案和再授权法案》还有一些旨在简化《综合性环境响应、赔偿和责任法》管理程序的改变,增加了:(1)鼓励和解(§122);(2)促进责任当事人之间的分摊(§113(f));(3)提高公众参与(§§117,310)。

在《超级基金修正案和再授权法案》之后,《综合性环境响应、赔偿和责任法》成为一个新旧条款的笨拙结合。从广义上来讲,最初的《综合性环境响应、赔偿和责任法》是简短的、模糊的,较差制定的。而《超级基金修正案和再授权法案》是冗长的、具体的,较好制定的。同样,《超级基金修正案和再授权法案》的立法历史是较长的,不像最初的《综合性环境响应、赔偿和责任法》那样缺乏历史记录。

2.《资产保护、债权人责任和保证金保险保护法案》

另外的改变是在1996年,是作为《资产保护、债权人责任和保证金保险保护法案》的一部分。这些修正案阐明了债权人的责任范围,并为受托人及其他被信托者提供新的保护,这将在第九章讨论。但是,很像最初的《综合性环境响应、赔偿和责任法》,作为一个1900页的综合预算法案的一部分,它们几乎没有被审查就迅速穿过国会,没有留下立法历史。

3. 2002年的《小企业责任减免和棕色地块复兴法案》

最近的就是《小企业责任减免和棕色地块复兴法案》对《综合性环境响应、赔偿和责任法》做了一些改变。如在第九章所讨论的,最重要的修订是:(a)为重建被污染的地方或"棕色地块"的投资者提供特殊保护;(b)对毗邻受污染场所的土地所有者建立了新的保护;(c)扩大了对极小数量危险物质产生者的豁免权。

7.2.5 对《综合性环境响应、赔偿和责任法》的司法解释

联邦法院在《综合性环境响应、赔偿和责任法》的形成中起了重要的作用。作为《综合性环境响应、赔偿和责任法》的设计者,国会制定了一个模糊且不充分的法律蓝图。很像一个建筑承包商根据不完整的规划进行工作一样,法院使用广阔的司法解释权来建立(并扩大)《综合性环境响应、赔偿和责任法》的框架。在很多方面,《综合性环境响应、赔偿和责任法》现在的轮廓远远超过它最初倡导者的预期。

国会明显期望《综合性环境响应、赔偿和责任法》在一定程度上满足司法发展的需要。立法历史的缺乏表明,国会将《综合性环境响应、赔偿和责任法》模糊不清的部分遗留给了司法建立大量联邦普通法的意图,尤其是在连带责任、损害分担以及企业继任者责任等领域。但是,很多的空

白、矛盾和《综合性环境响应、赔偿和责任法》的其他缺陷，是该法粗心制定的产物，而不是有意为之。结果是，法院承担了比计划中的大得多的解释角色。

很多联邦法院给了《综合性环境响应、赔偿和责任法》一个广泛的解释。早期与《综合性环境响应、赔偿和责任法》斗争的法院很快发现，它的立法历史为分辨国会关于具体问题的意图提供了很少的指导。然而，即使有限的历史也反映了《综合性环境响应、赔偿和责任法》的两大目的：(1)通过强制的、迅速的清理危险物质来保护公众和环境；(2)确保清理费用是由"责任"当事人承担的。因被剥夺了更具体的指导，联邦法院对《综合性环境响应、赔偿和责任法》条款的解释是以实现这些全面目的的方式进行的。正如第二巡回法院在 B.F. Goodrich Co. v. Murtha(2d Cir. 1992)案中总结到的："因为《综合性环境响应、赔偿和责任法》是一个环境恢复性法令，必须为实现它的两个主要目标进行自由解释。"

7.3 《综合性环境响应、赔偿和责任法》的主要条款

7.3.1 《综合性环境响应、赔偿和责任法》的关键定义：第101条

有五个概念形成了《综合性环境响应、赔偿和责任法》管辖权的中心。尽管§104、§106和§107的替代机制有显著差异，但它们都涉及(1)释放或威胁释放；(2)关于"危险物质"的；(3)在"设施"或"船舶"中。一旦启动《综合性环境响应、赔偿和责任法》管辖，随后的清理活动被称为"响应"行动。响应行动有两种，每一种都有不同的程序：(1)

"污染清除行动";(2)"环境恢复行动"。这些关键的概念都将在以下内容中进行简短讨论。

1. 释放或威胁释放

§101(22)将"释放"定义为"任何溢出、泄露、灌注、倾倒、喷射、倒出、排放、注入、滤出、扔弃或处理到环境中"。依据该规定,丢弃或废弃桶或其他密闭容器也被认为是一种释放。这个法律定义将一些行为排除在外,大部分是那些由其他联邦法律监管的行为(例如,在工作场所释放,机动车尾气释放,正常使用肥料)。

法院对"释放"的解释更加广泛。几乎危险物质移动进入到环境都属于释放的范畴。例如,通过破碎的污水管泄露的危险物质,抑制灰尘的喷洒,被微风吹泄露的等都属于释放的范围。但是,通常没有必要证明危险物质是怎样进入到环境中的。大多数法院认为,土壤、水或空气中危险物质的存在就足以证明释放已经发生过了。法院在 HRW Systems, Inc. v. Washington Gas Light Co(D. Md. 1993)案中认为,"根据《综合性环境响应、赔偿和责任法》定义语言的广度,几乎不可能想象在土壤中发现了危险物质,而其本身并没有被释放到环境中的情况"。

在很多情况下,进入到"环境"的释放的要求是很容易达到的。§101(8)将"环境"定义为,美国境内或其管辖区域内的所有的地表水、地下水、饮用水供应系统、陆地表面或地下地层,或周围的空气。建筑的内部、船舶或其他人造产品是排除于这个定义的。

《综合性环境响应、赔偿和责任法》也延伸到将来潜在的释放,对此有不同的描述,比如"释放的威胁"(§104)或"威胁释放"(§106,§107)。《综合性环境响应、赔偿和责任法》没有对这些词语进行定义,因此它们的意思不太清晰。关于这一点,有一个最主要的案例,即 New York v. Shore Realty Corp. (2d Cir. 1985)案,该案中第二巡回法院认为:在腐蚀并磨损的坦克中储存有毒物质,所有者没有处理危险废物的资质,甚至是没能获得设施许可,都相当于"释放的威胁"。同样,在 United Stated v. Northernaire Plating Co.案中,法院根据危险物质存在于某个场所,并结合"任何一方都不愿声称要控制这些物质"而判定了是释放的威胁。

2. 关于"危险物质"的范围

《综合性环境响应、赔偿和责任法》的"危险物质"的范围是极广的;它包括《资源保护和恢复法》中的危险废物以及更多的物质。它在两个主要方面超出了《资源保护和恢复法》危险废物的范围。第一,《综合性环境响应、赔偿和责任法》的范围并不仅局限于废物。正如"物质"所表明的,《综合性环境响应、赔偿和责任法》潜在延伸到未加工的材料、消费品、生产副产品、废物,以及介于两者之间的任何物质。第二,§101(14)主要是通过收录《资源保护和恢复法》和其他三个联邦环境法律监管的物质清单来定义"危险物质"的。已经被《清洁空气法》《清洁水法》《资源保护和恢复法》或《有毒物质控制法》的具体条款确定为危险的或有毒的任何物质,在《综合性环境响应、赔偿和责任法》下被自动确定为是危险物质。另外,如果一种物质"可能会对公众健康或福祉带来重大威胁",美国环保署可以依据§102(a)特别指定其为危险物质。§102(a)的清单包括了大约2000

种危险物质。[①]。《综合性环境响应、赔偿和责任法》监管的物质范围从熟悉易懂（如砷、铅、汞和银）到深奥难懂（如异丙醇胺十二烷基苯磺酸钠、甲苯二异氰酸酯）。

而且，《综合性环境响应、赔偿和责任法》还延伸到危险物质和非危险物质的混合物。正如第二巡回法院在 B. F. Goodrich Co. v. Murtha(2d. Cir. 1992)案中所认为的："为确定《综合性环境响应、赔偿和责任法》责任的目的，当一种混合物或废溶液包含危险物质时，那个混合物本身就是危险的。"例如，在 United States v. Wade 案中，法院认为：一个便士可能会被认为是一个危险物质，因为它是包含了铜的混合物，铜是《清洁水法》监管的有毒物质，因此也属于《综合性环境响应、赔偿和责任法案》危险物质的范畴。

《综合性环境响应、赔偿和责任法》最具争议的一个方面是明显的司法共识：即任何数量的危险物质，哪怕是微小的，就足以引发责任。换句话说，《综合性环境响应、赔偿和责任法》关注的只是危险物质的存在，而不是它的浓度或数量。出现在一对著名案件中的一个被告——City of New York v. Exxon Corp(S. D. N. Y. 1990), and United States v. Alan Aluminum Corp. (N. D. N. Y. 1991)——Alan Aluminum Corporation 指出，其废物中的危险物质的浓度要低于牛奶、早餐麦片，甚至是包含在政府自己的诉书中的纸张和油墨中的危险物质浓度。尽管 Alcan 的废物并不会对人类或环境有实际的危险，但是根据《综合性环境响应、赔偿和责任法》，它们仍被认为是"危险物质"。根据这个标准，那么你正在阅读的这本书也被认为是一种"危险物质"，

---

① 40C. F. R. 302. 4, § 302. 4, Table 302. 4

因为它的纸张和油墨包含了极微量的危险物质。

然而,2002年《综合性环境响应、赔偿和责任法》修正案为一类潜在的责任方减轻了"无最低限量"方法的严格性。正如在第九章所讨论的,在一些情况下,产生危险物质的工厂或其他设施如果释放的物质数量是极小的,那么就免除责任。

(1)石油排除

作为一个实际问题,"危险物质"定义有两个主要的例外。第一个被称之为是"石油排除"。§101(14)明确规定,危险物质不包括(1)"石油,包括原油或没有专门被列为或被指定为危险物质的原油组成部分";(2)各种天然和合成气体产品。因此,如果原油泄漏到河流中不会启动《综合性环境响应、赔偿和责任法》。石油产品溢出分别由《清洁水法》§311和1990年《油污法》①监管。

但是如果一种危险物质被加入到一种石油产品中,那么这个产品是否被排除在外?对此,有限的判例法建议,如果危险物质是自然发生在石油中,或者在提炼过程中加入的,那么这个产品就可以被排除。例如,第九巡回法院在Wilshire Westwood Associates v. Atlantic Richfield Corp.(9th Cir. 1989)案中认为,精炼的汽油也属于石油排除,尽管它包含有铅、苯和通常被认为是危险物质的其他添加剂。但是,这种排除不包括在提炼过程结束之后,又加入到石油产品中的危险物质。②

---

① 33 U.S.C.A. §§2701 et seq

② United States v. Alcan Aluminum Corp.(3d. Cir. 1992)(当用于润滑机器时,成为被危险物质污染的石油是不能被排除的。)

(2)市政固体废物排除

在美国,每年都有数百万吨的市政固体废物产生,大多数都存放在了市政垃圾处理填埋场。有一小部分市政固体废物包括危险物质(如丢弃的油漆、清洁用品和农药)。在《综合性环境响应、赔偿和责任法》实施的早期,尚不清晰市政固体废物是否被认为是危险物质。这是个很重要的问题,因为负责收集和处理市政固体废物的当地政府机构担负着作为场所经营者、所有者或安排者的数十亿美元的潜在责任。

在2002年修正案中,国会明确了这个问题,建立了明确的特定情况下市政固体废物的例外。严格来说,这种例外并没有在"危险物质"的定义中发现——它是出现在《综合性环境响应、赔偿和责任法》§107(p)有关责任限制的形式的规定中——但是它具有同样的实践效果。通常,产生市政固体废物的住宅财产的所有者、经营者或承租人被免于承担处理这种市政固体废物的责任;因此,例如,房主在垃圾中丢弃了一罐农药,并不会依《综合性环境响应、赔偿和责任法》被起诉。只要"相对数量"与在一个典型的单户家庭的垃圾中发现的数量是一样的,那么少于100个全职员工的商业实体对它所产生的市政固体废物同样被免于承担责任。

3."设施"或"船舶"的含义

实际上,术语"设施"是没有意义的。几乎放置危险物质的任何地方都属于《综合性环境响应、赔偿和责任法》的"设施"。§101(9)规定这个术语不仅包括建筑物、填埋场、水库、机动车辆、飞机以及类似的区域,还包括"已经存放、储存、处理或放置,或者将要放置危险物质的任何地点或区域"。不出所料,法院给了这个"包罗万象"的语言一个广泛的解释。例如,在 United States v. Ward(E.D.N.C. 1985)案中,被告通过沿着高速公路开着阀门驾驶油罐车来处理受多氯联苯污染的石油,结果355.66公里长的地带被认为是一个"设施"。但是依据该法,"用于消费者使用的消费品"不是"设施"。因此,在 Kane v. United States(8th Cir. 1994)案中,第八巡回法院主张,一座包含石棉绝缘材料的房子是不适用《综合性环境响应、赔偿和责任法》的。

§101(28)把"船舶"定义为"作为水上交通工具的每一种类型的船只或使用的、或能被使用的其他人工发明物"。只有少数《综合性环境响应、赔偿和责任法》案例涉及船舶。

4."污染清除行动"

通常,污染清除行动包括采取短期的临时性措施阻止或减轻释放。相反,正如下面讨论的,环境恢复行动包括实施长期的永久性清理受污染场所而采取的措施。因此,污染清除行动的例子包括:(1)安装围栏、警告标志以及其他的控制措施;(2)防止危险物质迁移的排水控制;(3)稳定堤岸、堤坝或蓄水;(4)覆盖受污染的土壤以减少迁移;(5)使用化学品和其他物质来减慢释放的扩散;(6)消除圆桶、油罐和其他含有危险物质的容器;(7)提供可替代的供水系统;(8)疏散受威胁的人们。①

污染清除行动和环境恢复行动之间的区别有时是模糊不清的。尽管《综合性环境响应、赔偿和责任法》没有"污染清除行动"的定义,但它定义了"清除"。然而,解释"清除"会产生更多的混乱而不是清晰。§101(23)规定,"清除"是

---

① 40C.F.R. §300.415(e)(列举了消除行动的例子。)

指"从环境中清理或去除释放的危险物质",包括可能是必要的这样的行动:(1)处理受威胁的释放;(2)监控、评价、评估释放或威胁释放;(3)对移除的材料进行处置;(4)阻止、减小或减轻由释放或威胁释放产生的,对公众健康、福祉或对环境的损害。表面上,这个定义好像包括产生永久清理效果的工作;如果是这样,它将吞并环境恢复行动的概念。这个难题也表现在了 General Electric Co. Litton Industrial Automation Systems ,Inc. (8th Cir. 1990)案中,第八巡回法院主张,产生永久清理效果的挖掘工作其实仅是污染清除行动。

但是,认识到国会意图将污染清除行动和环境恢复行动作为相互独立的概念,大多数法院都努力勾画出二者之间的界限。最近案例中,诸如项目的成本和持续时间、立即行动的需要以及环境恢复的特征等因素,对区分污染清除和环境恢复行动都是有用的。

5."环境恢复行动"

第二种响应行动是环境恢复行动,是对受污染场所的长期的永久性清理。§101(24)定义"环境恢复行动"为"这些行动与替代或补充清除行动而采取的永久环境恢复相一致……是阻止或减少危险物质的释放,这样它们不会因移动而导致现在或将来的公众健康或福祉或环境重大危险"。

环境恢复行动的例子包括:(1)挖掘和修复土壤;(2)就地治理土壤;(3)去除和治理地下水;(4)建造堤坝、壕沟或沟渠防止迁移;(5)收集渗滤液和废物;(6)处置厂区外的危险物质;(7)永久搬迁居民;(8)为确保这些行动能保护公众健康和环境而进行的监控。

7.3.2 由政府执行的清理:第 104 条

一旦启动《综合性环境响应、赔偿和责任法》,§104 授权总统清理或"环境恢复"受污染场所。总统通过行政命令将这项职权授予了美国环保署。初始的计划是美国环保署可以从被称为"超级基金"的特殊周转金中来筹集这种清理的费用,但现在是从联邦预算中拨款。清理过程是由一套错综复杂的实体上和程序上的要求来管理的,这些要求大多数是包含在"国家应急计划"(NCP)中的,第 104 条的清理将在第八章进行深入讨论。

7.3.3 政府命令的清理:第 106 条

在对公众健康、福祉或环境有即将发生的重大危害的事件中,联邦政府可以根据§106,通过获得一个禁制令或发布行政命令强制要求"责任人"清理场所。法院通常把§106 解释为合并了适用于§107 费用收回诉讼的责任标准。§106 的权力在将第十章中讨论。

7.3.4 费用收回诉讼:第 107 条

规定"潜在责任方"(PRPs)承担清理费用的主要条款是《综合性环境响应、赔偿和责任法》§107(a)。该条对四类与受污染场所有关的"人"施加了严格责任:(1)当前场所的"所有者"和"经营者";(2)在该场所处置危险物质时期的"所有者"或"经营者";(3)"安排"处置或处理危险物质的人;(4)选择这个处置或处理场所的危险物质运输者。尽管§107(b)规定了对《综合性环境响应、赔偿和责任法》责任的可能的抗辩(如不可抗力),但联邦法院对这些抗辩进行了狭义的解释,这些抗辩只在少数案例中取得了成功。在政府实体依照§104 条执行了清理工作后,它可以依照§107(a)(4)(A)起诉责任人收回它的清理费用和其他费用。政府的费用收回诉讼将在第九章中讨论。

另外,为鼓励在没有政府干预的情况下进行清理,§107(a)(4)(B)建立了私人诉讼权。例如,在某些情况下,受污染场所的所有者可以自行清理场所,然后再依照这一规定起诉责任人偿还。这种私人提起诉讼的权利和相关责任人之间的分担问题将在第十一章中讨论。

7.3.5 超级基金:第 111 条

《综合性环境响应、赔偿和责任法》的资金中心是危险物质超级基金,通常被称为是"超级基金"或"信托基金",这是由§111规定的。《综合性环境响应、赔偿和责任法》最初批准的是一个 16 亿美元的超级基金,但是国会在 1986 年通过《超级基金修正案和再授权法案》将其规模增加到 85 亿美元。国会充分意识到,即使是这个扩大了的金额也只是清理全国危险物质场所所需的数百亿美元的一小部分。然而,超级基金在 2003 年就已经用尽了,现在的方案是通过国会每年的预算拨款来提供基金的。

1. 超级基金的使用

实际上,超级基金的使用几乎完全是为了一个目的:为依据§104 执行的政府清理提供资金。§104 和§107 通过三个步骤与超级基金相互配合。因此,许多年来美国环保署能够:(1)依照§111(a)(1)的许可,使用超级基金的资金来资助它的§104 的清理;(2)依照§107 提出费用收回诉讼追偿清理费用;(3)将从诉讼中所获得的收益存放到基金。通过这种方式,同样的超级基金资金随着时间的推移,能够被再利用来环境恢复许多不同的场所。到目前为止,所有清理费用中的大约 70% 是由潜在责任方承担的,30% 是由政府承担。

理论上,超级基金的资金也可以由美国环保署为了其他特殊的《综合性环境响应、赔偿和责任法》目的而使用,包括:

• 偿付自愿承担响应费用的非责任当事人,规定于§111(a)(3)和§112;

• 偿付给遵守§106规定的行政命令而承担响应费用的非责任当事人,规定于§106(b)(2);

• 补偿政府实体由危险物质引起的自然资源损害赔偿,规定于§111(b)(2);

• §111(a)所列的其他各种用途。

实际上,美国环保署不愿意把有限的超级基金资金分配给这些替代用途。例如,在《综合性环境响应、赔偿和责任法》实施的第一个十年里,只有一个自愿承担响应费用的当事人从超级基金中获得了偿付。

2. 超级基金的来源

根据《超级基金修正案和再授权法案》的再授权,超级基金的资金提供途径有:(1)原油和石油产品的消费税;(2)某些化学原料的消费税;(3)某些化学衍生品的进口关税;(4)某些企业利润的"环境税";(5)一般的联邦财政收入。然而,征收这些税的权力在1995年12月31日到期,之后也没有再延长。在20世纪九十年代,日益增多的政府清理费用是由一般的联邦预算来提供资金的。

从2003年超级基金用尽时起,美国环保署的清理方案的资金提供途径是:一般的联邦财政收入;对责任当事人的费用收回诉讼所获得的资金。一些人认为国会将最终会恢复税务权力,从而重振超级基金。

7.4 《综合性环境响应、赔偿和责任法》的未来

到目前为止,《综合性环境响应、赔偿和责任法》还是相对成功的。美国环保署的报告显示,有 1000 多个场所的场所环境恢复工作已经完成——已经超过到目前为止的需要清理的全部场所目标的 60%,但是还有许多工作要做。在某种程度上,美国环保署倾向于先清理最容易的场所:能确定出有偿付能力的潜在责任方的场所或清理过程相对简单的场所。因此,许多剩余的场所需要复杂而昂贵的工作,但却是"孤儿的"的场所——也就是没有发现有偿付能力的潜在责任方的场所。美国环保署估计,整个清理过程可能要到 2030 年才能完成,需要花费 2000 亿美元。另外,美国环保署还在向清理清单增加新的场所。

我们可以有把握地预言,《综合性环境响应、赔偿和责任法》将来会被修订。因此,在读者开始阅读接下来的四章中对现行《综合性环境响应、赔偿和责任法》的详细解释之前,提醒一句是适当的。

很少有人满意于《综合性环境响应、赔偿和责任法》目前的形式。环保人士在称赞其目标的同时,也抱怨《综合性环境响应、赔偿和责任法》一直是资金不足的,使国家清理工作以蜗牛般的速度缓慢进行。如果没有国会对《综合性环境响应、赔偿和责任法》再授权的资助,他们担心超级基金的用尽将会破坏整个方案。另一方面,行业团体批评《综合性环境响应、赔偿和责任法》过于昂贵、无效,并且在根本上是不公平的。由于支持再授权资助的金额,他们毫无疑问地会要求《综合性环境响应、赔偿和责任法》基本条款的

重大改变。

虽然它有那么多的缺陷,令人惊讶的是《综合性环境响应、赔偿和责任法》还是在另一重要领域取得了成功。尽管其作为清理受污染场所的机制多少有些令人失望,但在控制正在进行的废物处置方面已被证明是相对有效的。令人恐惧的不可避免的数百万美元的《综合性环境响应、赔偿和责任法》清理责任,激励企业来减少危险物质尤其是废物的使用或产生。

第8章 《综合性环境响应、赔偿和责任法》：由政府执行的清理

8.1 概述

《综合性环境响应、赔偿和责任法》§104授权政府清理受危险物质污染的场所。如果符合要求,美国环保署可以使用超级基金中的资金承担响应行动。或者,美国环保署可以依据§104(d)与州及其行政区或印第安部落达成合作协议,依据协议,由它们使用基金执行清理行动。美国环保署或其他相关政府实体然后可以通过§107(a)规定的费用收回诉讼,从责任方那里追回它的花费。实际上,政府机构通常通过聘请承担实际清理工作的私人承包商来"执行"清理行动。

《综合性环境响应、赔偿和责任法》清理是由一个有实体上和程序上要求的复杂网络来管理的。这个网络的中心是被称为"国家应急计划"(NCP)的一系列联邦规定。广义上讲,如果美国环保署或其他政府实体在清理场所时违反了"国家应急计划",它就不能从责任当事人那里收回响应费用。

通过把最危险的场所放置在国家优先清单(NPL)上,

可以将其作为优先清理的目标,现在这个清单已经列了大约1250个场所。美国环保署对"国家优先清单"场所的环境恢复——经常作为衡量《综合性环境响应、赔偿和责任法》成功的标准,已被证明是缓慢的并且是昂贵的。从发现到完成,清理一个平均标准的场所需要跨越10年,花费超过2500万美元。当清理完成这1000多个场所时,很多都已经被从"国家优先清单"中删除了。

本章考察的是由政府执行清理的法律标准,关注的是美国环保署。但是,对响应行动程序上的要求的讨论适用于所有的《综合性环境响应、赔偿和责任法》清理,包括美国环保署依据§106授权私人的清理,以及依据§107(a)(4)(B)的私人的自愿清理。最后,作为一个实际问题,大多数的《综合性环境响应、赔偿和责任法案》清理是由潜在责任方具体地或完全地执行的——也要遵循下面所讨论的程序——这些潜在责任方是与美国环保署或其他政府机构签订了协议的。

8.2 第104条的清理权力

当出现以下情形时,通常就会启动§104的清理权力:
- 一种"危险物质";
- 被释放到(或者有释放的"重大威胁")到"环境"中;
- 如果涉及环境恢复行动,该场所已被列入到"国家优先清单"。

如果符合这些条件,政府就被授权以符合"国家应急计划"的方式来采取污染清除行动或环境恢复行动。上述前两个要素——"危险物质"和"释放"或释放的威胁——在第七章讨论过了。"国家优先清单"的要求,以及"国家应急计划"规定的其他限制性要求在本章讨论。

尽管很少被运用,但§104的清理权力仍存在于另一种情形下。当出现可能对公众健康或福祉有紧急的重大危险的污染物或致污物的释放或威胁释放时,政府也可以采取响应行动。这和国家优先清单中对环境恢复工作所列的要求是一样的。§101(33)对"污染物或致污物"进行了如下广义的定义,包括:

在释放到环境中以及暴露、摄取、吸入或吸收到任何有机体后,会或可能会预见导致死亡、疾病、行为异常、癌症、基因突变、生理障碍或身体变形等的任何元素、物质、化合物或混合物……

这个定义所描述的,在本质上与适用于危险物质的排除列表相同,这在第七章讨论过的。因此,在很多情形下,同一个物质同时有"危险物质"和"污染物或致污物"的特点,这使政府实体可以根据各自的方法开展工作。但是,这两个概念的区别对后来的费用收回诉讼是至关重要的。根据§107(a),只有源于"危险物质"的响应费用是可以收回的。正如哥伦比亚特区巡回法院在Eagle-Picher Industries,Inc. v. EPA(D.C.Cir.1985)案中所指出的,"设施的所有者可能有责任清理'危险物质'的释放,但是没有责任清理'污染物或致污物'的释放。"因此,在这种选择下,政府机构都会依"危险物质"方法开展工作。

有一个特殊的适用于三种类型的释放规则。在没有"公众健康或环境突发事件"时,§104不能被用于减轻:(1)来自于自然存在的地方的天然物质的释放;(2)作为住宅或商业或社区建筑物组成部分的产品(如石棉)的释放;

(3)因正常使用中产生的系统退化,而释放到公共和私人饮用水供水系统中。①

8.3 确定受污染场所

清理过程的第一步就是确定需要采取响应行动的受污染场所。美国环保署通过以下方法发现这些场所:(1)要求设施报告某些释放;(2)由员工"检举";(3)公众的报告。美国环保署有一个被称为"《综合性环境响应、赔偿和责任法》信息系统"(CERCLIS)的计算机化的可疑场所目录,这个目录包括12000多个正在使用中的危险废物场所。但是这些场所中只有一小部分最终需要采取行动。

8.3.1 由设施提供的释放报告

如果设施或船舶释放了足够数量的危险物质,§103(a)要求责任人立即报告。正如第二巡回法院在 United States v. Carr(2d. Cir. 1989)案中所认为的,这一规定确保了"一旦及时的通知,政府能够迅速采取行动检查危险释放的扩散"。根据所涉及的危险物质的不同,"需报告的数量"的起点从 1 到 5000 磅不等。美国环保署在 40C. F. R §302.4 中为许多危险物质确立了需要报告的数量;如果一种危险物质没有包含在这个清单中,§102(b)就将其需报告的数量设定为 1 磅。对没能报告的可能会处以刑事处罚。《综合性环境响应、赔偿和责任法》的释放报告程序与《应急计划与社区知情权法》(第四章)和《资源保护和恢复法》(第六章和十二章)的各种报告要求有所重叠。

---

① §104(a)(3)(4)

8.3.2 员工"检举"

责任当事人的员工是另一个潜在的信息来源。像许多联邦环境法律一样,《综合性环境响应、赔偿和责任法》对向执行机构提供信息和在随后的诉讼中作证的"检举者"给予保护。§110(a)禁止雇主解雇或歧视在《综合性环境响应、赔偿和责任法》执行过程中合作的员工。

8.3.3 公众报告

公众报告是第三种信息来源。实际上,§105(d)允许实际或可能受到危险物质(污染物或致污物)释放或威胁释放影响的任何人,向总统申请进行初步的风险评估。在接到这种申请书后的12个月内,总统必须完成所要求的评估,或者解释为什么不适宜进行评估。

8.4 响应计划:国家应急计划(NCP)

根据§104进行清理行动的"纲领"是"国家油类和危险物质污染应急计划",通常被称为是"国家应急计划"或"NCP"。它是设置在40C.F.R Part 300 的,关于"确定调查污染的方法以及明确适当的清理行动的标准"的一系列的联邦规定。[①] "国家应急计划"的早期版本在《综合性环境响应、赔偿和责任法》之前就已颁布了。根据《清洁水法》§311,它建立起了促进溢到通航水域的石油和危险物质的清理的程序。一旦《综合性环境响应、赔偿和责任法》生效,它的§105(a)就要求美国环保署修改"国家应急计划"。实际上,是要求美国环保署向"国家应急计划"增加一个新的

---

① Arc Ecology v. United States(9th Cir. 2005)

部分,即为《综合性环境响应、赔偿和责任法》响应行动设定"程序和标准",被称为是"国家危险物质响应计划",这一部分可以在40 C.F.R § § 300.400 et seq. 中找到。

由于三个基本原因,"国家应急计划"变得很重要:

• 它建立了美国环保署和其他政府机构在执行§104的清理权力时必须遵守的程序。正如在本章稍后要讨论的,它详细说明了处理受污染场所的循序渐进的过程,从最初的发现到永久的清理。

• 与§121相结合,它为明确所应使用的适当的清理技术设置了标准,这个"怎样的清洁是清洁"的问题也在本章讨论。

• 最后,它限制了政府和私人依据§107提起的响应费用的收回。政府实体只能收回"不与国家应急计划不一致"的污染清除或环境恢复行动的费用。[①] 同样,私人只能收回"符合国家应急计划的响应的必要的费用"。[②] 这些问题在第九章和第十一章讨论。

8.5 对场所的评估

8.5.1 初步评估和现场检查(PA/SI)

一旦确定了可疑的场所,第一步就是"初步评估和现场检查"(PA/SI)。这一步骤有两层次:一是关于污染清除行动(清除现场评估),二是关于环境恢复行动(环境恢复现场评估)。

---

① § 107(a)(4)(A)
② § 107(a)(4)(B)

整个"初步评估和现场检查"是由为这个场所所选择的"主要机构"来执行。这个主要机构通常是美国环保署,但是在某些情况下,它可以是其他的联邦机构、州及其行政区(通常州机构关注的是监管危险废物)或印第安部落。① 作为一个实际问题,"初步评估和现场检查"——并要确保污染清除行动或环境恢复行动过程中的步骤——通常是由主要机构雇佣私人承包商具体执行的。为简单起见,以下的讨论就假定这个主要机构是美国环保署。

以下的假设清理就是说明这个"初步评估和现场检查"程序的。假设美国环保署得知一个工厂爆炸,炸裂了一个含有化学废物的巨大容器。美国环保署首先要关注的问题是,是否需要采取紧急行动。例如,这些废物是能迅速污染城市饮用水供水系统的 DDT 污染液体吗?美国环保署会进行一个污染清除现场评估,这是决定是否需要进行清除行动的一个简单的审查。它会使用容易获得的信息,例如个人面谈、审查照片和文献搜索,来执行它对形势的初步评估。如果需要更多的信息,美国环保署就要进行现场检查。以此数据为基础,美国环保署接下来要决定,这种情况是否足够严重需要实施污染清除行动。

如果显示这个容器破裂不需要污染清除行动,美国环保署下一步要进行一个环境恢复现场评估。这一程序有三个目的:(1)通过进一步的考虑,来排除那些不会对公众健康或环境造成重大威胁的释放;(2)更全面地评估是否需要污染清除行动;(3)为确定这个场所是否需要环境恢复行动获得信息。首先,美国环保署进行一项初步评估要包括"对

---

① §104(d)

释放的现有信息的审查,比如像关于暴露的途径、暴露的目标、释放的源头和性质等的信息"。[1] 如果有的话,美国环保署下一步会进行现场检查,这种检查必须包括现场和非现场的实地检查,并且从现场收集土壤和地下水样本。最后,它要准备一份是否建议批准下一步行动的报告。如果建议进一步行动,这个场所就被认为是包含在国家优先清单中。如果不建议,美国环保署将会把这个场所指定为"《综合性环境响应、赔偿和责任法》信息系统"的"没有进一步计划的响应行动"(NFRAP)的情况,这意味着在没有新信息的情况下,不会采取进一步的联邦行动。

关于美国环保署收集场所信息的权力主要规定于§104(e)。它允许美国环保署可以命令任何人提供与场所的危险物质有关的信息或文献、任何释放或威胁释放的性质和程度以及个人承担场所清理的资金能力。实际上,美国环保署会例行向与场所有关的潜在责任方寄送§104(e)信件。而且,该条款授权美国环保署人员进入可能受污染的场所进行检查和取样。[2]

8.5.2 国家优先清单(NPL)

国会一开始就明白,巨大的全国清理任务远远超出超级基金为环境恢复行动提供的有限的资源。它采取了被称作是"确定优先次序"的方法:首先清理最危险的场所,剩余的场所则推迟行动。因此,§105(a)(8)(B)规定总统建立国家优先清单(NPL),这是有权获得清理资金的最高优先

---

[1] 40C. F. R. §300.420(b)(2)

[2] United States v. Long(S. D. Ohio 1987)(在场所所有者拒绝美国环保署进入后,法院根据§104(e)(5)(B)发布了允许进入的命令。)

级别的设施名单。"国家优先清单"规定于 40C. F. R. Part300, AppendixB。清单现在包括 1250 个场所,目前有 60 个场所被提议要加入该清单;其他的场所无疑也将会效仿。

实际上,关于国家优先清单最好的理解是,对 §104 规定的美国环保署清理受污染场所权力的一种限制。除非这个场所被列入国家优先清单,否则美国环保署不能使用超级基金的资金去那里的环境恢复行动提供资金。作为一个实际问题,这意味着美国环保署只能对国家优先清单上的场所执行长期的永久性清理。但是,即使这个场所没有列入国家优先清单,也可以使用替代的清理方法。例如:

• 美国环保署能根据 §104 使用超级基金执行污染清除行动;

• 美国环保署能根据 §106 委托第三方执行清理;

• 州政府、地方政府或私人可以清理场所,并通过 §107 收回他们的响应费用。

1. 国家优先清单的场所列表

美国环保署用来评估"国家优先清单"列表场所的主要方法是一个复杂的建模系统,被称为"危险等级系统"(HRS)。"危险等级系统"在 40C. F. R. Part300, AppendixA 中。应用来自于"初步评估和现场检查"的数据,"危险等级系统"提供了一个该场所所存在的全部风险的数值评估。这种"危险等级系统"分数是通过对人类或环境可能暴露于危险物质的四种潜在的"途径"分析而计算出来的,这四种途径是:地下水迁移、地表水迁移、土壤暴露和空气迁移。对每一种途径,都要考虑三类因素:(1)释放的存在或可能性;(2)所涉及的危险物质的特征;(3)所涉及的人口和环境。

一个场所被列入国家优先清单的途径一般有两个。§105(a)(8)(B)允许每个州指定出在其州内有重大危险的设施;这类场所要包含在国家优先清单中,而无论它们的"危险等级系统"分数。另外,如果有毒物质和疾病登记机构发布了健康咨询建议,建议人类远离某个释放场所,美国环保署在这种情况下,可以把该场所归入国家优先清单上。①

2. 质疑国家优先清单

一些潜在责任方通过质疑"危险等级系统"过程,试图将特定场所从国家优先清单中删除。由于明显地害怕§107中规定的责任,他们希望能够成功,以使他们与美国环保署协商一个更有利的协议。因为清单是规则制定程序的结果,只有在被证明是任意的或反复无常的,它才可能被推翻。而且,正如哥伦比亚巡回法院在 B&B Tritech, Inc v. EPA(D. C. Cir. 1992)案中所明确的:"因为国家优先清单只是代表了'一个粗略的优先性的名单,是快速并且花费不多地组合起来的',所以也需要有显著的差异性。"尽管有这些障碍,一些判决还是从国家优先清单中删除了一些场所。②

8.6 对场所的临时性清理:污染清除行动

当美国环保署或其他机构发现"对美国公众健康、福祉

---

① 40C. F. R. §300.425(c)

② National Gypsum Co. v. EPA(D. C. Cir. 1992)

或环境有威胁"时,可以采取污染清除行动。[1] 这个决定是以以下因素为基础的:(1)人口、动物或食物链实际或可能暴露于危险物质;(2)饮用水供水系统或敏感的生态系统中的实际或可能的污染物;(3)在存储容器中的危险物质可能会造成释放的威胁;(4)土壤中的可能迁移的高水平危险物质;(5)可能导致这种迁移的气候条件;(6)火灾或爆炸的威胁。一旦行政机构确定污染清除行动是适宜的,行动应"尽可能迅速地开始,减轻、阻止、减少、稳定、缓和或消除威胁……"[2]

为了符合快速和灵活反应的需要,"国家应急计划"对污染清除行动设置了一些程序性限制。例如,它提供了一个具体污染清除行动的演示清单,"作为一个普遍原则适用于所示的类型情况"。[3] 因此,在"人类或动物接近到释放"的情况下,安装栅栏、警示标志或其他场所预防措施都是适当的。当它能够"减轻溢出、泄露对人类和动物的暴露,或食物链暴露的可能性"时,清除圆桶、水槽或其他散装容器是可接受的。同样,当这样的行动会减少释放的扩散时,从流域或其他区域挖掘、巩固或清除高污染的土壤也是适当的。

正如在第七章讨论的,污染清除行动和环境恢复行动的定义有很大的重叠。例如,在很多情况下,挖掘和清除受污染的土壤可以归为任何一类。[4] 在这样的情况下,有两

---

[1] 40C.F.R. §300.415(b)

[2] 40C.F.R. §300.415(b)(3)

[3] 40C.F.R. §300.415(e)

[4] General Electric Co. v. Litton Industrial Automation Systems, Inc (8th Cir. 1990)(消除行动下的挖掘和清除土壤导致了永久的清理。)

个因素可能促使行政机构将其响应仅归类为污染清除行动:(1)政府资金可能只用来资助不在国家优先清单上的场所的污染清除行动(而不资助环境恢复行动);(2)管理污染清除行动的程序要比那些监管环境恢复行动的程序快得多,并且更加灵活。是什么妨碍了行政机构通过将其描述为只具有清除行动的特征,来规避环境恢复行动的限制?在大多情况下,§104(c)(1)提供了对这种决定的唯一可能的抑制。根据该规定,在响应工作花费了200万美元后,或者从机构响应最初开始的日期起已过去了一年,那么对该场所的污染清除行动不能再继续。但是,如果美国环保署发现需要立即采取另外的响应行动来处理一个紧急情况,有"直接风险"并且没有及时提供援助时,污染清除行动可以超越这些限制。作为一个实际的问题,§104(c)(1)的限制条件是无效的,因为美国环保署可以为大多数污染清除行动找到所需要的发现。

8.7 对场所的永久性清理:环境恢复行动

8.7.1 环境恢复调查和可行性研究(RI/FS)

环境恢复调查和可行性研究(RI/FS)是选择适当的环境恢复行动的基础。RI/FS总的目的是评估现场的条件,并评估选择一个恢复备选方案的必要程度。美国环保署或其他相关机构要遵照一个两步骤的过程。第一,行政机构要进行一个环境恢复调查,本质上是为可行性研究收集必要的数据。环境恢复调查通常包括以下事项的调查和评估:(1)场所的物理特性;(2)空气、土壤和地下水的特性;(3)所涉及的危险物质的特性;(4)在多大程度上可以识别释放源;(5)对危险物质的实际接触和可能的接触。[①] 行政机构根据这些调查结果评估该场所是否会对人类健康或环境造成威胁。

第二,使用环境恢复调查收集到的信息,行政机构通过制定和分析适当的环境恢复备选方案进行可行性研究。[②] 该研究列出可能的备选环境恢复措施,接着分析它们是否是符合国家应急计划标准的环境恢复选择,本章稍后对其讨论。当环境恢复调查还在进行中时,可行性研究的准备工作就开始了。美国环保署并不是一直由自己来执行"环境恢复调查和可行性研究"。在能够确认出潜在责任方的场所,美国环保署更喜欢与潜在责任方协商,由潜在责任方根据美国环保署的标准承担"环境恢复调查和可行性研究"。实际上,这就意味着"环境恢复调查和可行性研究"通常是由潜在责任方聘请并付费的环境咨询公司来做的。评论家批评美国环保署对这种由潜在责任方控制的承包商的依赖。

公众在有限的程度上有权参与"环境恢复调查和可行性研究"的过程。例如,在场所调查的现场工作开始之前,行政机构通常必须与当地居民、官员和其他利害当事人面谈,征集他们的关注点和信息需求。[③] 其后,行政机构必须准备一个关于以下事项的正式计划:(1)确保公众有机会参与到各种与场所所有有关的决定中,包括环境恢复措施的

---

① 40C. F. R. § 300.430(d)(2)
② 40C. F. R. § 300.430(e)(1)
③ 40C. F. R. § 300.430(c)(2)(i)

选择;(2)通知公众对技术援助的补助金是可用的。①

8.7.2 环境恢复措施的选择过程

一旦完成"环境恢复调查和可行性研究",主要行政机构就要确定出最符合国家应急计划标准的环境恢复措施,并根据该措施发布提议计划。② 计划要描述行政机构考虑的备选环境恢复措施,拟用的特定的环境恢复措施,并概括支持其选择的信息。根据§107(a),行政机构必须通过书面和公共会议的形式通知公众这个提议计划,并提供合理的机会使公众对该计划提出意见。行政机构必须根据在征求意见期间由公众或其他政府机构提供的任何新信息,重新评估它的拟用环境恢复措施。③ 在审查之后,行政机构要选择最终的环境恢复措施,并用"决策记录"(ROD)来证明它的决定。在其他方面,"决策记录"必须:(1)详细解释最终的环境恢复措施如何符合国家应急计划标准;(2)陈述该场所的环境恢复目标;(3)讨论为回应意见而对计划做的重大改变;(4)描述在环境恢复行动完成后,危险物质是否还会留在该场所;(5)如果合适的话,致力于进一步的分析。④

8.7.3 执行环境恢复措施

这个程序的最后一个阶段是"环境恢复设计/环境恢复行动"(RD/RA),包括对所选择的环境恢复措施制定实际的设计,并通过施工实施环境恢复措施。⑤ 环境恢复措施

---

① 40C.F.R. §300.430(c)(2)(ii)
② 40C.F.R. §300.430(f)(2)
③ 40C.F.R. §300.430(f)(4)
④ 40C.F.R. §300.430(f)(5)
⑤ 40C.F.R. §300.435(a)

的设计过程通常需要一年或更长的时间完成。一旦设计完成了,施工合同就授予私人承包商来实施环境恢复措施。

当环境恢复措施全部实施完成,且受影响的州也赞成,那么该场所就有资格从国家优先清单中删除了。为保证公众参与到这个过程,国家应急计划要求美国环保署在从国家优先清单删除该场所之前通知公众,征求公众关于删除的意见,并对所收到的所有意见进行书面回应。

8.8 场所必须清洁到怎样的程度 ("怎样的清洁是清洁的")

《综合性环境响应、赔偿和责任法》引发的最难的问题是"怎样的清洁是清洁的?"换句话说,当环境恢复行动完成时,场所必须清洁到什么程度? 这个问题的答案是复杂的,因为,实际上,《综合性环境响应、赔偿和责任法》预计这个答案将会以各个不同的场所为基础做出。所以《综合性环境响应、赔偿和责任法》可能已建立一个平等地适用于所有场所的全国清理目标。例如,这样的标准可能需要足够的清理来实现:(1)零污染水平(实际上是原始状态);(2)保护人类健康所必需的最低浓度水平;(3)现有技术可能达到的最低浓度水平;(4)最具成本效益的浓度水平。而不是由《综合性环境响应、赔偿和责任法》为每一个特定的场所制定因个体情况不同而不同的应用标准的清理水平。因此,对某个特定危险物质所要求的清理水平可能在每个场所都是不同的,并且无法预测。实际上美国环保署有广泛的自由裁量权,来决定多少环境恢复行动是适当的。

《综合性环境响应、赔偿和责任法》关于这个问题的主要条款是§121,添加为《超级基金修正案和再授权法案》的一部分。尽管其结构很尴尬,但它列举了在选择最终的环境恢复措施时,必须考虑的六个因素。作为回应,美国环保署修改了国家应急计划,规定了在环境恢复措施选择中使用的九个标准。下面的讨论首先考查§121创立的法律框架,接着讨论国家应急计划标准。

8.8.1 第121条的框架

第121条适用于根据§104而执行的所有环境恢复行动(由政府执行的污染清除行动)或根据§106采取的行动(如由行政命令授权的污染清除行动)。但有些不确定该条是否也适用于根据§106获得的禁令性救济,如在第十章所讨论的。

旨在指导美国环保署选择环境恢复方案的六个原则散见于§121。以下进行了组合和重新安排,它们要求环境恢复行动应当:

• 具有成本效益,考虑全部的短期和长期成本,包括操作和维护的成本(§121(a),(b)(1));

• 符合国家应急计划"在某种程度上是可行的"(§121(a));

• 通常是减少危险物质的容量、毒性、渗透率的永久性处理,而不是没有经过处理,就仅在场所外运输和处置这些物质(§121(b)(1));

• 保护人类健康和环境(§121(b)(1),(d)(1));

• 利用备选处理技术或资源恢复技术"在最大程度上是可行的"(§121(b)(1));

• 通常要符合"适用的、相关的或恰当的要求"标准(ARARs),也就是达到依据联邦环境法律的任何"法定适用的或相关的和适当的"标准所要求的清理水平,以及达到比联邦法律严格的州法律所要求的任何标准(§121(d)(2))。

不幸的是,这些原则为美国环保署提供了很小的实际指导。一个主要的问题就是内部不一致。例如,确保永久环境恢复的清理可能是不具有成本效益的,该条并没有规定解决这种冲突的机制。而且,这些原则大多是很模糊的。例如,当美国环保署被要求保证"保护人类健康和环境时",这是否意味着,这个场所的清理必须达到对每一个人零健康风险的目标?

8.8.2 美国环保署的回应:九个标准

美国环保署对§121混乱规定的回应是,正式通过规定修改国家应急计划。因此40.C.F.R §300.430(f)确定了美国环保署在选择一项环境恢复措施时要使用的九项标准:

(1)对人类健康和环境的全面保护;

(2)遵守"适用的、相关的或恰当的要求"标准(ARARs);

(3)长期有效性和持久性;

(4)减小毒性、渗透率或容量;

(5)短期有效性;

(6)易于实施的选择;

(7)成本;

(8)州对环境恢复措施的可接受性;

(9)社区对环境恢复措施的可接受性。

在应用这些标准上,国家应急计划建立了一个三步骤的过程。根据这种方法,有些标准就要比其他的更重要了。第一,为了能得到进一步的审议,所有被提议的环境恢复措施必须符合上述最开始的两个标准(被称为是"最低限度的标准")。因此,所有的环境恢复行动必须保护人类健康和环境,且符合"适用的、相关的或恰当的要求"标准(ARARs)。第二,接下来,美国环保署通过标准(7)使用标准(3)来评估留下的可能的环境恢复措施(被称为"主要衡量标准");美国环保署要选择最符合这些标准的环境恢复措施。第三,美国环保署接到州和社区在公众参与过程中对被提议环境恢复措施的意见后,就要考虑最后两个标准(被称为"修改标准")。州或社区对被提议环境恢复措施的不利反应,可能会导致选择另一个环境恢复措施。

检测这一程序的最重要的判决是 Ohio v. EPA(D. C. Cir. 1993)案。在该案中,哥伦比亚特区巡回法院判定,美国环保署对国家应急计划的修订和国会在§121的授权是一致的。这个判决从两个方面说明了美国环保署充实§121框架的方式。

第一,"怎样的安全是安全的?"修订后的国家应急计划规定,在评估被提议的环境恢复措施是否能保护公众健康免于癌症时,在1百万个中有100个有增加的癌症风险是可以接受的。Ohio 控诉,这个标准违背了§121的要求,即环境恢复行动是为"人类健康的保护"。他们认为大于1/1000000的风险都是不能接受的。法院的回应很简单:"《综合性环境响应、赔偿和责任法》要求选择能够保护人类健康的环境恢复行动,而不是尽可能想像的保护。"美国环保署对"怎样的安全是安全的"这个问题的解决是给予"重大遵从"和认可的。

第二,一项环境标准什么时候是"适用的、相关的或恰当的要求"(ARAR)? 因为大多数的环境恢复行动包括处理受污染的地下水,注意力都集中在哪些《安全饮用水法》的标准是"适用的、相关的或恰当的要求"(ARARs)。§121(d)(2)(A)(i)明确指定为"适用的、相关的或恰当的要求"(ARAR)是《安全饮用水法》中的与释放情况相关的和适当的任何标准、要求、条件或限制"。正如在第五章讨论的,《安全饮用水法》建立了水质量目标(最高污染水平控制目标或 MCLGs)和最高污染物水平(MCLs)。但是美国环保署决定当最高污染水平控制目标设置为零时,它就不是"适用的、相关的或恰当的要求"(ARAR);然而,在这种情况下,最高污染物水平就是"适用的、相关的或恰当的要求"(ARAR)。实际上,这种准则确保了一些环境恢复行动将会无法清理大量的危险物质。例如,三氯乙烯(TCE),在地下水中最常见的污染物,有一个零"最高污染水平目标",但它的"最高污染物水平"是每升 0.005 毫克。如果"最高污染物水平"是"适用的、相关的或恰当的要求"(ARAR),那么即使是地下水中所含的 TCE 浓度到 0.005m/l,场所也被认为是"清洁的"。

美国环保署证明自己工作的基础是,是否已达到"真正的"零是科学无法衡量的:"如果测量装置显示为零,这只是表明这个装置不够灵敏,检测不到污染物的存在。"Ohio 对这一规定提出质疑,认为§121 规定美国环保署要求清理到不能发现污染物的目标,这就是近似于零水平。虽然同意美国环保署可以采取一个基于可检测限制的"适用的、相关的或恰当的要求"(ARAR),但法院认为不需要这样做。它得出结论:给予美国环保署合理的自由裁量权来决定什么时候"适用的、相关的或恰当的要求"标准(ARARs)是相关的和适当的,零"最高污染水平控制目标"是达不到的。

第9章 《综合性环境响应、赔偿和责任法》：政府提起的费用收回诉讼

9.1 概述

第107条是《综合性环境响应、赔偿和责任法》的核心。它是关于清理费用和相关损害赔偿强制责任的基本规定。该条授权政府实体和私人，对有责任的潜在责任方提起"费用收回诉讼"。本章讨论的是政府提起的费用收回诉讼，第十一章讨论的是私人提起的费用收回诉讼。

国会设想§104和§107可以相结合，以促进政府清理工作，就像一个机器中相互连接的齿轮。理论上，政府可以(1)使用超级基金的资金执行§104的响应行动；(2)依据§107起诉潜在责任方，使它的响应费用和其他损害赔偿获得偿付；(3)通过诉讼程序补充超级基金。最初，这个制度的功能不佳。事实上，在《综合性环境响应、赔偿和责任法》实施的第一个15年中，美国环保署只收回了它花费在清理活动中的100亿美元的10%。但是，从那以后，收回比例在一定程度上有所提高。

但是，§107作为一个解决杠杆被证明是有效的。根据该条建立起来的责任是非常广的，甚至是严厉的。运用

这种责任的威胁,美国环保署和其他政府机构经常能够达成谈判协议,由潜在责任方承担资金或执行响应行动,很少或没有实际的政府花费。的确,美国环保署的报告显示,到目前为止所有的环境恢复工作中,大约有 70% 是由潜在责任方提供资金或执行的。

9.2 第 107 条的责任标准

9.2.1 一般标准

§107(a)规定了响应费用的责任要素。它的结构是令人困惑的,需要仔细研究。主要的责任规定(有导致响应费用发生的释放或释放的威胁;来自危险物质的)似乎只与§107(a)(4)有关,它关注的只是一类潜在责任方(运输者)。在现实中,这句话适用于§107(a)(1),(2),(3),(4)这四部分;相应地,它就为所有四类潜在责任方设定了责任标准(当前的所有者和经营者;过去某个时段的所有者和经营者;安排者;运输者)。

把§107(a)的要素稍微重新调整,那么责任标准就容易理解了。如下:

- "释放"或释放的威胁;
- 有关"危险物质"的;
- 在"设施"或"船舶";
- 导致了响应费用的发生;
- 宣布潜在责任方;
- 责任;
- 由政府产生的"不与国家应急计划不一致"的"污染清除或环境恢复行动的所有费用",对"自然资源"的损害赔偿,以及其他项目。

前三个要素在第七章讨论了,以下将对后四个要素,连同§107建立的责任抗辩事由进行讨论。

9.2.2 什么是"导致响应费用发生"

只有设施或船舶中的危险物质的释放或释放的威胁——孤立的——并不足以确立§107(a)的责任。释放或释放的威胁必须也"导致"了"响应费用的发生"。

正如在第七章所讨论的,这里的"响应费用"是由政府根据§104执行污染清除行动或环境恢复行动时发生的花费。例如,如果美国环保署在一个受污染的场所执行初步评估/现场调查,它的花费被认为是"响应费用"。同样,如果美国环保署雇用承包商清除泄露的桶、挖掘受污染的土壤、处理受污染的地下水或者修复一个有问题的场所,它所产生的费用就是"响应费用"。以下将对可收回的费用范围进行更加详细的讨论。

解释"导致"的意思是比较困难的。作为一个初步的问题,法院通常赞同《综合性环境响应、赔偿和责任法》施加的严格责任;原告不需要证明被告的行为导致了释放或释放的威胁。① 但是,一方面是释放和释放的威胁,另一方面是响应费用的发生,它们之间需要什么联系?

这个问题的答案是要相对清楚哪里存在释放的威胁。原告必须确定它的响应费用的发生是因为这个威胁。Dedham Water Co. v. Cumberland Farms Dairy, Inc. (1st. Cir. 1989)(Dedham I)案是有启发性的。原告,一个公共供水系统,在其井场发现了重金属和挥发性有机化合物

---

① New York v. Shore Realty Corp(2d Cir. 1985)

(VOC),并聘请了顾问,顾问建议安装水处理设备来消除这些污染物。后来,原告发现被告附近的卡车维修院子里释放 VOCs。原告主张,被告的设施是 VOC 污染的源头并且具有未来污染的威胁,原告安装了处理设备并依据§107起诉要求收回其费用。审判法院发现被告的释放实际上并没有污染原告的井,并拒绝原告的收回请求。第一巡回法院提出了相反的看法,主张《综合性环境响应、赔偿和责任法》并没有要求证明"被告的危险物质已经实际迁移到原告的财产"。它建议,如果原告能证明费用的发生是因为被告的释放的威胁,它就可以收回费用。正如法院在后面的观点中解释的,要符合这个标准,原告必须证明:(1)它善意地相信对于解决"特定环境威胁"该行动是可取的;(2)它的响应是"客观合理的"。[①]

许多法院通常假定这同一个因果关系标准适用于释放和释放的威胁,并且认为这是更好的规则。一些法院已实际将这一标准应用于释放了。[②]

但是,有一些判决认为"导致响应费用的发生"只与"释放的威胁"有关。例如,在 Westfarm Associates L. P. v. International Fabricare Institute(D. Md. 1993)案中,法院通过分析§107(a)认为:"那句话为释放施加了责任,也为导致响应费用发生的释放的威胁施加了责任。因此,它似乎只要求在释放的威胁案件中,原告必须证明有何种程度

[①] Dedham Water Co. v. Cumberland Farms Dairy, Inc. (1st Cir. 1992) (Dedham II)

[②] Amoco Oil Co. v. Borden, Inc(5th Cir. 1989); but see A&W Smelter and Refiners, Inc. v. Clinton(9th Cir. 1998)

的因果关系。"

9.2.3 谁是"潜在责任方"

§107(a)为四类潜在责任方或PRPs施加了责任：

- 当前的"所有者"或"经营者"；
- 在处置期间的"所有者"或"经营者"；
- "安排处置或处理"的人；
- "选择"该处置或处理场所的运输者。

重要的是要强调，《综合性环境响应、赔偿和责任法》建立了仅仅基于被告的身份的严格责任，而无论它的诚信、过失或不作为。国会可以为场所清理费用向纳税人征税。但是它选择了将这些费用强加于与这个问题至少有某些联系的人，尽管依照传统规则可能不应承担责任。这四类潜在责任方有一个共同的主题：控制。潜在责任方通常控制着危险物质或最终的处置场所；因此，至少在理论上，潜在责任方有能力阻止、减少或减轻污染。而且，在很多情况下，潜在责任方是从危险物质或场所中获得经济利益的。一方面是无辜的纳税人，另一方面是与受污染财产有关联的潜在责任方，在二者之间，国会发现让后者承担责任是公平的，而且在政治上也是有利的。

但是，这四类潜在责任方的范围还是有些模糊不清。《综合性环境响应、赔偿和责任法》提供的指导出人意料得少。尽管好几百份判决报告都探究了这个问题，但是最终产生的判例法是不完善的，并且经常是前后矛盾的。

1. 当前的所有者或经营者

§107(a)(1)把第一类潜在责任方确定为"船舶或设施的所有者和经营者"。法院在解决这句话所产生的两个早期问题上没有什么困难。第一，尽管"所有者和经营者"似乎是联合在一起的(它好像只适用于既是所有者又是经营者的人),但法院通常认为它是分隔的。因此,所有者或者经营者都要承担责任。第二,它迅速确立了确定所有者或经营者身份的时间是提起费用收回诉讼之时。

重要的是要理解:依据§107(a)(1),当前的"所有者"或"经营者"只是基于这种身份而应负法律责任的。例如,政府不需要证明当前的所有者或经营者:(1)引起了释放;(2)知道该释放;或(3)在释放时拥有或经营该设施。《综合性环境响应、赔偿和责任法》是以这种假设为出发点的,即作为当前的所有者或经营者的身份是场所责任的代表。

但是谁是"所有者"或"经营者"? 相关的法律语言是混乱的循环的。§101(20)(A)把设施的"所有者"或"经营者"定义为"拥有或经营这种设施的任何人"。正如第九巡回法院在 Long Beach Unified School District v. Dorothy B. Godwin California Living Trust 案中所抱怨的,"这有点像定义'绿色'为'绿色'的。"

(1)所有者

鉴于这种循环,大多法院适用州法律原则定义"所有者"。这一过程在最常见的不动产所有权的情况下是简单的——享有绝对所有权的人。法院普遍认为这样的人就是"所有者"。但是,除了这种简单的情况,"所有者"身份的界限并不够清晰。这个问题主要出现在两种情况下:①享有财产权利而没有绝对所有权的人(如地役权人);②代表他人享有所有权的受托人(如受托者或执行者)。

在第一种情况下——没有绝对所有权的人,其责任取决于被告在多大程度上拥有控制生产经营场所的合法权利。例如,大多数法院得出结论,地役权人不是"所有者",

因为他们事实上没有控制所讨论的这个场所。第九巡回法院在 Long Beach Unified School District v. Dorothy B. Godwin California Living Trust(9th. Cir. 1994)案中认为,向地役权人施加《综合性环境响应、赔偿和责任法》责任会不公平地处罚"像运行管道和电缆的合法的、没有污染的企业,在国家危险废物问题上,它们并不比一般公众有更多的责任"。

有关第二种情况下——代表他人的受托权人——的判决,同样渗透着控制的主题。例如,在 City of Phoenix v. Garbage Services Co. (D. Ariz. 1993)案中,遗嘱信托的受托者被认为是"所有者"。但是,在 Castlerock Estates,Inc. v. Estates of Markham(N. D. Cal. 1994)案中,注意到执行人或管理人的权力和自由大大小于受托者,法院得出结论:依据《综合性环境响应、赔偿和责任法案》,执行人和管理人不是"所有者",因为他们仅是对设施有法定权利;只有在他们也拥有了所有权的一些其他特征时,才会承担责任(即使受托者被认为是潜在责任方,但是,它的责任也受到了1996年添加到《综合性环境响应、赔偿和责任法》的特殊条款的限制;这些规定将在下面讨论)。

(2)经营者

在《综合性环境响应、赔偿和责任法》颁布之前,"经营者"并没有一个确定的普通法含义。因此,最初法院在界定"经营者"责任的界限时遇到了难题,由此产生的判例法反映了一个重大分歧。早期一些判决认为,如果被告有权控制生产经营场所,就认定为经营者的责任,即使是他从未行使那种控制。① 但是,大多数巡回法院要求被告对生产经营场所实际上已经行使了控制。

最高法院通过支持大多数的观点在 United States v. Bestfoods, Inc 案中解决了这种争议:"依据《综合性环境响应、赔偿和责任法》,经营者仅仅是指导工作、管理或掌管设施事务的某些人。"根据这个标准,被告只有在他实际上对设施实施了监督、管理或其他控制行为时,才会作为经营者承担责任。例如,在 FMC Corporation v. U. S. Department of Commerce(3d Cir. 1994)案中,美国联邦政府被认为是第二次世界大战期间人造丝制造厂的一个过去的"经营者"。虽然工厂曾被一个私人公司拥有和经营,但第三巡回法院得出的结论是,联邦政府"积极参与到"工厂的活动中,并因此对工厂实施了"实质控制"。那时,政府①决定工厂要生产什么样的产品;②控制原材料的价格和供应;③提供生产中使用的设备;④参与职工管理和监督;⑤控制产品价格;⑥控制能购买产品的人。②

同样,承租人通常也被认为是它租得的生产经营场所的"经营者"。虽然不是一个所有者,但承租人有合法权利控制,并且实际对场所实施了日复一日的控制。在经营者承担责任的例证案例中,发现了同样的双重主题:①对建设中的场所负责监督挖掘的分级承包商;③②为禁止入侵者

---

① Nurad, Inc v. William E. Hooper & Sons Co. (4th. Cir. 1992)

② But see, e. g. Edward Hines Lumber Co. v. Vulcan Materials Co (7th Cir 1988)(木材加工厂的设计者/建造者不是经营者。)

③ Kaiser Aluminum & Chemical Corp. v. Catellus Development Corp. (9th Cir. 1992)

而在财产周围建立铁丝网围栏的有优先权的城市[①]。

2."处置时"的过去所有者或经营者

§107(a)(2)把第二类潜在责任方描述为"在处置任何危险物质时,拥有或经营处置这种危险物质的任何设施的任何人"。因此,过去的所有者或经营者只有在"处置时"这个特定的时间拥有或经营设施才承担责任。"所有者"和"经营者"的定义在上面已经讨论过了。但什么是"处置"呢?

基本的原则很简单。§101(29)是通过明确地具体化《资源保护和恢复法》中"处置"的含义而对其进行定义的。《资源保护和恢复法》§1004(3)规定"处置"是:把任何固体废物或危险废物排放、沉积、注入、倾倒、溢出、泄露或放置到任何土地或水体中,以使这些固体废物或危险废物或任何成分由此能进入环境或排放到空气中或排放到任何水体,包括地下水。

例如,假设A在2000年把她的100英亩农场卖给B,B在2004年又卖给了C,C最后在2007年把它卖给了D,D目前仍拥有这片土地。如果美国环保署现在发现,在2002年有人丢弃到农场一货车的多氯联苯废物,那么谁应承担责任?根据上面的定义,这种行为可以被认为是一种"处置";废物被"存放""倾倒""放置"在这片土地上。A是过去的所有者,但他不是潜在责任方,因为在"处置"时他没有拥有这个农场。B是处置时的过去的所有者,D是目前的所有者,她们都是潜在责任方。但是C应承担责任吗?

在应用于这种具体的"被动的"处置情况时,"处置"的

---

① City of Toledo v. Beazer Materials & Services, Inc

定义是模糊不清的。被动处置是指,"在危险物质初始处置之后,泄露或迁移到土壤中"。① 接着上面的假设,如果在C拥有所有权期间,在没有任何人类行为的情况下,多氯联苯废物继续进一步迁移进入到土壤,那么这种"处置"能使他作为处置时的过去的所有者而承担责任吗?

关于这个问题有一个尖锐的分歧。跟随着第四巡回法院在Nurad, Inc. v. William E. Hooper & Sons Co. (4th Cir.1992)案中的引导,一些法院为污染物被动迁移施加了责任。Nurad法庭为它的结论找到了支撑:对定义的字面解释和根据《综合性环境响应、赔偿和责任法》的公共政策。它指出,尽管"处置"定义中的一些要素好像是经过考虑的行动(如存放和放置),但其他的则"很容易被认为是被动的——危险废物可能在没有任何人类行为参与的情况下泄露或溢出"。而且,法院观察到,主动参与的要求会破坏《综合性环境响应、赔偿和责任法》的鼓励私人自愿清理活动的政策。由于没有对被动处置的责任,"当其财产上的环境危险恶化时,所有者通过长期闲置财产可以很简单地避免责任"。相反地,其他法院认为,"处置"需要所有者或经营者实施一些积极的人类活动,这样,仅有被动的迁移就不能施加责任。②

在Carson Harbor Village, Ltd v. Unocal Corp. (9th Cir.2001)案中,第九巡回法院采取了折衷的方法。该案有关的焦油和熔渣材料起初被放置在空闲的土地上,这时土地是属于A所有的。接下来财产被卖给了B,并且在B的

---

① Idylwoods Associates v. Mader Capital, Inc. (W. D. N. Y. 1996)
② United States v. 150 Acres of Land (6th Cir. 2000)

所有权期间,石油类碳氢化合物和铅从这些材料中迁移到底土中。法院拒绝裁决 B 作为处置时的一个过去的所有者而承担责任,法院推断,在法定定义中没有任何一个动词适用于这种情况。大多数动词,如"倾倒"或"放置"要求主动的人类行动;而"溢出"或"泄露"可能不要求积极的行动,但这些词语没有描述本案所涉及的污染物的逐渐扩散。这一判决表明,如果是被动迁移形成的"处置",那么就需要进行特定事实分析来确定。

3."安排处置或处理"的人

§107(a)(3)把第三类潜在责任方描述为:对他们"拥有或控制的"危险物质,通过合同、协议或其他方式安排处置或处理,或者与运输者达成协议安排处置或处理的运输。这句话与《综合性环境响应、赔偿和责任法》规范相比更加模糊不清,并激发了大量的诉讼。尽管该项规定有时被认为具有引起"产生者"责任的特征,但它的范围要比这个词所建议的范围更广泛。国会在 1999 年通过采用§127 在某种程度上解释了这部法律,§127 规定,回收者一般不被认为是安排者或运输者而承担责任。

最常见的安排者责任模式是有关"产生者"被告的——制造厂、精炼厂、冶金厂或其他能产生含危险物质废物的工业园区。产生者雇用运输者运送它的废物就取得了作为安排者的潜在责任方身份。同样地,当产生者与处理或处置设施订立合约来处置它的废物时,它也变成了"安排者"。如果这些危险物质后来又释放了——即使是因为不可预见的事件——履行了所有的行为准则的产生者仍要承担严格责任。

例如,在 O'Neil v. Picillo(D.R.I.1988)案中,法院发

现,被告化学品生产商"在处置它的废物时采取了所有的预防措施",包括与运输者商定把废物运送到宾夕法尼亚和新泽西有资质的处置场所。但是在没有被告所知或同意的情况下,运输者把一些废物存放在了 Rhode Island 养猪场。调查人员后来在养猪场看到"大量充满着自由流动的、多色的、刺鼻的液体废物的沟渠和深坑"。产生者被告被认为是"安排者"承担责任,而不论它采取的预防措施。

即使缺乏自己的废物被释放的证据,产生者也可能承担释放的责任。在一个重要案例 United States v. Monsanto. Co(4th Cir. 1988)中,Monsanto 和其他产生者被告认为,原告美国政府没能证明在释放发生时,它们的废物仍存在于设施中。然而,注意到"跟踪废物不当处置的来源在技术上是不可行的",第四巡回法院认识到,这种责任负担会削弱涉及多个产生者的《综合性环境响应、赔偿和责任法》案件的实施;法庭拒绝了被提议的"所有权证据"标准。法院主张,原告只需证明:(1)产生者被告的废物运到该场所;(2)危险物质与那些在释放时仍存在于被告废物中的物质相同。理论上,被告可以证明它的废物实际上没有释放,以此来避免责任;但是实践中,这通常不可能实现。

其中最麻烦的"安排者"问题就是区分危险物质的处置和产品的销售。显然,产生者销售原始产品不会引起责任。但是,法院会详细审查含有危险物质的使用过的产品的销售,以此来确定这种交易是否事实上是一种伪装的处置安排。例如,当出现以下情况时,会被施以安排者责任:(1)用过的汽车电池卖给回收公司进行铅回收;(2)含多氯联苯污染的废弃油卖给需要喷洒润滑油防尘的牵引带。一般来说,如果一种产品对其最初的目的有很小或没有剩余价值,并且它还包含有一种危险物质,它的销售有可能被看做是导致《综合性环境响应、赔偿和责任法》责任的一种"处置安排"。

可能关于安排者责任的最具包容性的观点是在 United States v. Aceto Agricultural Chemicals Corp 案中。该案涉及八家农药产生者,它们与另一家公司订立合同来"制造"工业用的农药。按照产生者提供的配方,配方制造者把每个产生者提供的惰性材料中的活性成分进行配制,它接下来把最终的产品运送给产生者或直接运送给产生者的客户。美国政府清理了配方制造者的受污染的工厂,接着依照安排者理论起诉农药产生者。被告们坚称,它们仅是订立合约加工有价值的产品,不是处置或处理废弃物。然而,第八巡回法院得出结论,正如美国政府所主张的,如果农药废物的产生是配制过程中所固有的,那么产生者应作为安排者承担责任。它总结:"在本案这种情况下,任何其他的判决都会允许被告禁用'闭上他们眼睛'的方法来处置……,结果与以《综合性环境响应、赔偿和责任法》为基础的政策相反。"同样也见案例 Gencorp, Inc. v. Olin Corp. (6th Cir. 2004)(Gencorp,购买了 50% 的在 Olin 工厂生产的化学品,作为"安排者"承担了责任,因为 Gencorp 的代表是监督工厂建设、经营和管理的特殊委员会的成员)。

4."选择"处置或处理场所的运输者

最后,§107(a)(4)描述第四类潜在责任方是,接受危险物质并运送到"其自己所选择的处置或处理设施、焚化船舶或场所"的任何人。虽然大多数运输者的案件涉及的是危险物质的长途移动(如通过火车、卡车或管道),但即使是微小距离的移动也可能产生责任。

第九巡回法院在 Kaiser Aluminum & Chemical Corp. v. Catellus Development Corp. (9th Cir. 1992)案中明确了运输者责任的外沿限制。在该案中,一个建筑承包商挖掘了一个建设中的场所,并把一部分挖出的土壤散布到土地的其他区域。这些土壤含有某些的危险物,包括铅和石棉。注意到§101(26)对"运送"的定义包括"通过任何方式移动危险物质",法院发现这种分阶段的活动也是"运送"危险物质到运输者选择的场所。

仅有运送并不引起责任。更确切地说,运输者必须事实上选择了场所或积极地参与了选择。例如,在 Tippins, Inc. v. USX Corp. (3d Cir. 1994)案中,运输者调查了可能的处置危险粉尘的场所,确定了两个可以接收粉尘的垃圾填埋场,收集了这两个场所的资金信息,并把这一信息提供给它的委托人,委托人最终选择了其中一个场所。第三巡回法院认为,这些事实构成了"积极参与"场所的选择,应承担运输者的责任。

5. 具体案件

(1)公司管理者和雇员

公司管理者和雇员也会作为"经营者"承担个人责任,而不论传统的公司庇护。但是,早期的判例法在责任施加标准上有分歧。一些法院认为,如果管理者或雇员拥有在设施中处理危险物质的权力,即使他从未实际实施这种控制,也应承担责任。例如,在 United States v. Carolina Transformer Co. (4th Cir. 1992)案中,公司总裁被宣布是一个经营者,仅仅基于他的证词,即他"主管"公司并对它的业务"负责"。很多法院遵照这种观点强调,只有通过向能够阻止危险释放的人施以责任,《综合性环境响应、赔偿和责任法》的环境恢复目的才能实现。

相反,许多法院只向事实上实施控制危险物质处置的管理者或雇员施加经营者责任。这些法院认为"经营者"的一般意思是要求实施积极的行为或活动。因此,在 Riverside Market Development Corp. v. International Building Products, Inc. (5th Cir. 1991)案中,公司秘书、董事会主席以及控股股东个人都不是"经营者",因为他没有实际参与到危险物质处理中,他的公司活动只是偶尔访问设施、审核财务报表和参加定期的会议。

最高法院似乎对这个问题的解释是赞成实际控制标准。在 United States v. Bestfoods(S. Ct. 1998)案中它把经营者定义为"指导工作,管理或掌管设施事务的某些人"。虽然这个案件是把母公司作为经营者进行责任处理,同样的逻辑好像可以适应于其他类型的经营者,包括管理者和雇员。

管理者和雇员也可以作为安排者承担责任。在这方面最有名的案例是 United States v. Northeastern Pharmaceutical & Chemical Co. Inc(8th. Cir. 1986),公司副总裁授权运输二恶英和其他危险生产废物到密苏里州的一个没有资质的农场进行处置。第八巡回法院裁决,这个管理者是§107(a)(3)意义上的"控制"废物,因为他实际控制着它们并直接负责安排它们的运输和处置。

(2)母公司

探索母公司什么时候要作为它子公司的"经营者"承担责任的重要案例是最高法院关于 United States v. Bestfoods(S. Ct. 1998.)案的判决。法院认为,"经营"一个污染设施的任何人都要根据《综合性环境响应、赔偿和责任法》

承担责任,并把"经营者"定义为"指导工作,管理或掌管设施事务的人"。但是法院强调,母公司对子公司的普通控制并不足以使其承担经营者责任:"问题不是母公司是否经营子公司,而是它是否经营该设施,并且这种经营是由参与了该设施的活动来证明的。"因此,法院建议,母公司在以下情况下应承担责任:(a)如果它代替子公司直接经营设施或与子公司联合经营,(b)如果双重管理者或代理人远离"母公司影响的规范,通过双重任职为母公司尽职责",或者(c)如果母公司的代理人没有职务,但是母公司的职务可能是管理设施或直接在设施中活动。

同样,母公司也可能是安排者。如果一个母公司对子公司的危险物质处置实施了实质性控制,它就要依照这个安排者理论承担责任。① 另外,如果依照州法律能揭开公司的面纱,那么母公司就直接作为"所有者"承担责任。

(3)继任者公司

法院赞同国会要把公司的现有《综合性环境响应、赔偿和责任法》责任转移给继任者;但是对责任标准应由州法律还是联邦法律管理,有不同的意见。一些法院运用关于继任者责任的州法律推论出,《综合性环境响应、赔偿和责任法》并没有打算预先制止它。但是大多数法院适用的是从公司法一般原则中而来的联邦普通法标准,这是一个比较好的观点。第八巡回法院在 United States v. Mexico Feed & Seed Co. (8th Cir. 1992)案中解释了这一新兴标准。它指出,只有在适用以下条件之一的情况下,获得另一个公司财产的公司也要承继它前任的《综合性环境响应、赔

---

① United States v. TIC Investment Corp. (8th Cir. 1995)

偿和责任法》责任：
- 买方公司明确地或隐含地同意承担责任；
- 交易金额达到"事实上"的合并或吸收；
- 买方公司仅仅是被售公司的延续；
- 为逃避责任而进行的欺诈交易。

在这一领域，最具争议的问题是："延续"规则是否扩大到包括把"实质的连续性"标准作为联邦普通法的一种方式。当出现以下情形时，适用延续规则：①一个责任公司将其财产转移给另一个；②在转移之后只保留一个公司；③在两个实体之间有相同的股票、股东和主管。这个僵化的规则可以很容易地被规避（如延续被售公司的存在）。相反，"实质连续性"的准则通过使用更加灵活的标准，显著地扩大了继任者责任范围；依照这种方法，法院通过对一系列事实的评估来确定一个公司是否是继任者。一些法院采用了这个准则，尽管在某种程度上对应考虑的标准持有不同意见。

赞成这个准则的最著名的案例是 United States v. Carolina Transformer Co. (4th Cir. 1992)，第四巡回法院评估了下列标准，确定一个买方公司应作为继任者承担责任：

- 保留着同样的雇员；
- 保留着同样的监管人员；
- 在同样的地点保留着同样的生产设施；
- 生产同样的产品；
- 保留同样的名称；
- 财产的连续性；
- 一般业务经营的连续性；

- 继任者是否保持自己作为前企业的延续。

然而,在 United States v. Bestfoods(S. Ct. 1988)案中最高法院对实施连续性准则的可行性提出了强烈的质疑。尽管是解决一个不同的问题,但法院解释,"《综合性环境响应、赔偿和责任法案》中没有规定取代或根本改变有限责任的普通法标准"。这句话强烈地暗示,继任公司的责任应由州法律进行调整,而不是联邦法律。[①]

(4)出借人

关于管理出借人的《综合性环境响应、赔偿和责任法》责任原则的进展的最好的描述是,到最后停止的一个很长的过山车。最初制定的§101(20)反映了保护债权人一般不承担责任的规则。该条规定,在设施中拥有所有权主要是为保护他的"抵押权益"而不参加设施管理的人,不认为是所有者或经营者。因此,仅仅持有抵押或信托契约作为债务担保的传统的、被动的出借人,可以避免责任。然而,除了这个基本的情况外,出现了两个问题:①多大程度上的出借人活动是足以引起责任的"参与管理"? ②如果出借人通过止赎权获得了财产,那么豁免权是否就终止? 法院在每一个问题上都有分歧。经过多年的不确定性,出借人感到欣喜的是,国会 1996 年最终修订《综合性环境响应、赔偿和责任法》澄清了这些问题。

现行§101(20)(F)(i)(I)规定,"参与管理"意味着"实际参与到设施的管理或经营事务中"。因此,只有在以下情况下,一个受保护的债权人才会被认为是参与了管理:①对

[①] K. C. 1986 Ltd. Partnership v. Reade Manufacturing(8th Cir. 2007) (在 Bestfoods 案后,对实质连续性的可行性提出了质疑。)

设施的环境合规实施了控制;②对设施实施了"与管理者相似"水平的总控制。[1] 该条不同意第十一巡回法院在 United States v. Fleet Factors Corp. (11th. Cir. 1990)案中的有争议的建议,即出借人仅仅具有影响借用人经营决定的资格就会引起责任;它规定,参与管理并不包括"仅仅有影响设施经营的资格或控制设施经营的未执行的权利"。

另外,现在已经很清楚,出借人通常并不会仅通过以下方式变成所有者或经营者:①通过对其抵押品的止赎权获得受污染的财产;②通过承担相关的后止赎活动(如参与业务活动、采取相应行动、终止经营)。然而,为了能有资格获得这种保护,出借人必须寻求转售、让与或在最早可行的商业上合理的时间,以商业上合理的条件止赎后转移设施。

(5)受托人

受托人作为潜在责任方受到 1996 年增添的 §107(n) 的特殊保护。根据该规定,受托人是代表别人的人,包括受托管人、执行者、管理员、保管人、监护人、收受人或遗产代理人;该术语也包含依据融资安排的受托管人,如信托契约的受信托人。

作为一个一般原则,受托人根据《综合性环境响应、赔偿和责任法》承担的责任不会超越"资产受托人资格"。该规定还列举了受托人可以实施的,依照《综合性环境响应、赔偿和责任法》不会引起个人责任的具体行为,包括:①在设施中实施响应行动;②检查设施;③管理一个已经受污染的设施。但是,如果由于受托人的疏忽而导致或促成了释放或释放的威胁,那么就不适用这些保护。

---

[1] §101(20)(F)(ii)

(6)政府实体

政府实体并不排除于《综合性环境响应、赔偿和责任法》责任之外。§107(a)对四类潜在责任方中的"人员"施加了责任。§101(21)对"人员"的定义包括"美国政府、州、市政府、委员会、州的行政区或州际团体"。因此,诸如县、城市和其他地方政府实体都要遵守《综合性环境响应、赔偿和责任法》。

在《综合性环境响应、赔偿和责任法》中,美国政府要部分放弃主权豁免。§120(a)(1)规定,美国政府每个部门、行政机构——包括执行、立法和司法,都要与所有非政府实体一样同等地遵守《综合性环境响应、赔偿和责任法》。但是,如果美国政府在它的监管能力范围内行动(如依照§104执行环境恢复工作),它不需承担责任。主权豁免"只限于私人主体也要承担责任的情况"。① 管理由联邦政府所有的或经营的设施适用规定于《综合性环境响应、赔偿和责任法》§120的特殊程序。

《综合性环境响应、赔偿和责任法》对"人员"的定义中明确包括州。因此,例如,联邦政府发生的响应费用可以依据§107从责任州那里收回。但是,宪法第十一修正案可能限制了私人或印第安部落对州的费用收回诉讼。它规定,"美国的司法权"没有延伸到由"其他州的居民"或"任何外国国家的居民或主体"起诉州的任何诉讼。最初,在Pennsylvania v. Union Gas Co. (S. Ct. 1989)案中,最高法院认为,修正案没有禁止私人主体依据§107在联邦法院针对州提起的诉讼。但是七年之后,法院在 Seminole

---

① In re Paoli Railroad Yard PCB Litigation(E. D. Pa. 1992)

Tribe of Florida v. Florida（S. Ct. 1996）案中,明确推翻了Union Gas。在非《综合性环境响应、赔偿和责任法》的情形下,法院认为第十一修正案禁止国会废除被印第安部落起诉的弗洛里达州的豁免权。这一判决强烈建议,私人主体和印第安部落不能在联邦法院对州提起费用收回诉讼。①

9.2.4 "有责任的"是什么意思

1. 严格责任

法院在施加严格责任时一贯地采用§107(a)来分析,而不论过错是什么。表面上,该条款对责任的标准未做说明。它只是列举说——如果满足必须的要素——一个潜在责任方"应该是有责任的"。但是§101(32)明确地把"有责任的"定义为"标题33第1321条中包含的责任的标准";该条是《清洁水法》的§311,这是监管石油和危险物质向可航水道排放的。在《综合性环境响应、赔偿和责任法》颁布之前,大多数联邦法院把《清洁水法》的§311看做是建立了严格责任。按照这样的逻辑链,法院推理《综合性环境响应、赔偿和责任法》具体化了由§311的司法解释所创立的严格责任标准。

2. 连带责任

假设美国环保署花费了1000万美元修复了一个被100个产生者潜在责任方排放的危险废物所污染的场所,然后向唯——个有债务清偿能力的产生者潜在责任方——

---

① Burnette v. Carothers(2d Cir. 1999)（根据"Seminole Tribe"的分析,第十一修正案禁止针对州官员提起《综合性环境响应、赔偿和责任法案》的诉讼。）

M提起了费用收回诉讼。试问即使M只排放了1‰的废物,M对于整个的清理费用还是负有连带责任的吗?答案是"是的"。《综合性环境响应、赔偿和责任法》对于这种问题是沉默的。然而,事实上所有法院都将《综合性环境响应、赔偿和责任法》解释为允许但不是强制规定连带责任。国会认定由法官根据不同的案例情况来确定连带责任是被广泛接受的。

在这个过程中一个非常统一的联邦判例法出现了。按照在 United States v. ChemDyne Corp. (S. D. Ohio 1983) 案中采用的开创性方法[①],法院一般在审理连带责任时遵循两个原则:

- 可分割的损害:当两个或多个被告造成不同的损害,或者造成了一个根据每个被告的贡献有合理的基础能够划分的单一伤害,那每个被告仅对他自己造成的损害部分负有责任。该被告有责任来证明损害可以被分摊负担。

- 不可分割的损害:当两个或多个被告导致了单一的不可分割的损害,每个被告都对整个损害负有连带责任。

因此,在上面例子中的M如果要避免承担连带责任,只有他能够证明:(1)他的废物造成了一个单独的、有区别的损害;(2)有一个合理的依据可以确定他对单一损害的贡献。M想要达到这一条件的可能性是极小的。大多数的《综合性环境响应、赔偿和责任法》场所是被大量的混合的危险物质污染的。通常,每个潜在责任方所造成的污染的体积、本质、迁移的可能性、实际迁移、互相影响能力以及毒性都不能被确定。例如,在案例 O'Neil v. Picillo (1ˢᵗ Cir.

---

① 该方法从 Restatement (Second) of Torts §433A 中借鉴了很多。

1989)中,Rhode Island 向 35 个潜在责任方提起了一个费用收回诉讼,这些潜在责任方的废物在"充满着自由流动、色彩斑斓、刺激性液体废物的"沟渠和坑井中被发现。第一巡回法院肯定了审判法院判决被告承担连带责任的决定。之所以这样做,它是这样解释的:

由被告承担责任的实际效果是责任方很少能够避免连带责任,法院通常能发现毒性程度的变化和潜在混合物的迁移,但根本不可能确定每个责任方所造成的环境污染量。

在很多情况下,被告可以通过寻找由其他被告所造成的影响来最小化连带责任的影响。正如接下来第十一章要讨论的内容。

在大多数有多个产生者的情况中,连带责任是不可避免的。但在相对简单的几个案例中,少数被告已经避免了这样的责任。例如,在 Matter of Bell Petroleum Services, Inc. (5th Cir. 1993) 案中,涉及三个相继运营镀铬商店并因此向地下水中释放铬的潜在责任方。因为该案只涉及一种危险物质,第五巡回法院认为,以每个运营商排放的铬污染水量来分担损害责任是合理的。

但如何将这些连带责任应用到被动的所有者和经营者身上呢?这个问题的答案是不清楚但很有趣的。假设 O 购买了一个受污染的场所,随后在一个费用收回诉讼中作为"现在的所有者"(和各式各样的产生者、运输者和过去的所有者及经营者一起)被起诉,而且由于缺乏足够的购买前调查,而不能主张无辜土地所有者抗辩。如果 O 确实没有"造成"任何"伤害",按照上文的连带责任规则,他的责任应该为零吗?第三巡回法院在 United States v. Rohm & Haas Co. (3d Cir. 1993) 案中建议了这个结果。在判决附带意见中注解道"能够证明在该场所发现的危险物质中没有一种是完全归因于它的,我们可以很好地下结论说这样的分担是合适的而且(所有者的)分摊额应该为零"。然而这样的结果是与《综合性环境响应、赔偿和责任法》中无论什么样的过错或因果关系都要强加严格责任的基本规则是不一致的。

3. 追溯责任

法院几乎普遍赞同《综合性环境响应、赔偿和责任法》施加追溯责任。换句话说,潜在责任方应对 1980 年《综合性环境响应、赔偿和责任法》颁布之前所发生的行为承担责任。鉴于该法案通过的情形,这种解释是适当的并且是不可避免的。《综合性环境响应、赔偿和责任法》的颁布,有相当一部分,是为了清理在 1980 年之前被污染的危险废物场所。如果没有追溯责任,这种环境恢复目的是不能够实现的。虽然被告们已经频繁地就宪法依据对《综合性环境响应、赔偿和责任法》中的追溯应用进行抨击,但法院普遍地拒绝了这些质疑。例如,在 United States v. Northeastern Pharmaceutical & Chemical Co., Inc. (8th Cir. 1986)案中,第八巡回法院裁决,追溯责任并未侵犯被告的正当程序权利,而且它也并非违宪地"取走"财产。

9.2.5 潜在责任方对什么承担责任

1. 所有污染清除或环境恢复的费用

根据§107(a)(4)(A),一个责任方对"由美国政府或州或印第安部落引发的不与国家应急计划不一致的污染清除或环境恢复行动的所有费用"负有责任。虽然一些被告在试图避免承担《综合性环境响应、赔偿和责任法》责任中受挫,但依据该条挑战可收回费用的金额却获得了成功。

这就产生了两个问题:(1)"所有费用"实际上是指什么?(2)什么时候一项费用是与国家应急计划"不一致"的?

(1)"所有费用"

通常,法院相当字面地解释了§107(a)(4)(A)的"所有费用"。联邦政府或其他所列原告可以收回所有用于实施污染清除或环境恢复行动的款项。例如,政府采取直接行动进行调查、评估或者监测污染释放的费用,是可以收回的。因为§104中环境恢复工作通常是由行政机构指导的承包商进行的,政府支付给这些承包商的费用可以获得偿付。除此之外,大多数法院允许政府收回多种多样的管理费用,包括所涉及的代理人员的工资、差旅费、诉讼费用,以及"非直接花费",包括租金、公事业、供给以及文员支持费用。例如 United States v. R. W. Meyer, Inc. (6th Cir. 1989)案(允许美国环保署收回的费用包含它的工资花费、差旅费以及间接花费);但也有 United States v. Rohm & Haas Co. (3rd Cir. 1993)案(美国环保署不能收回监督私人执行的工作所导致的花费)。最后,§107(a)(4)也允许政府获得判决前利息。

被告关于"所有费用"不能包含不合理费用的抗辩通常不会被法庭接受。法院通常认为,与国家应急计划不一致才是唯一的收回限制。例如,在 United States v. Hardage (10th Cir. 1992)案中,第十巡回法院观察到了该规定"并不限制政府对'所有合理费用'的收回;更确切地说,它允许政府收回'所有费用……'"然而,第五巡回法院在 Matter of Bell Petroleum Services, Inc. (5th Cir. 1993)案中仍未能解决合理性的问题。① 虽然发现地区法院对于美国环保署不能收回由于"严重不当行为"产生的费用的结论并没有法定依据,但令第五巡回法院头疼的是美国环保署可以收回甚至是"不合理且不必要的费用"的暗示。第五巡回法院建议国会不要给予美国环保署这样无限制花费的自由裁量权。

然而,即使依照"所有费用"标准,可收回费用的总数量不能超过§107(c)(1)所列的限制。例如,一个责任人对来自运载危险物质的未焚烧船舶的排放所导致的最大责任(包括响应费用、自然资源损害等),不能超过300美元/毛吨或者500万美元(看哪种标准更多)。然而大多数的设施会适用于§107(c)(1)(D),§107(c)(1)(D)允许收回"所有的响应费用总额"加上5000万美元的自然资源损害以及其他事项。

(2)与国家应急计划不一致

被告们已经很享受通过主张某些花费由于与国家应急计划不一致因此不能被收回而获得有限的成功。法院赞同当美国政府、州或者印第安部落在寻求收回响应费用时,假定就是与国家应急计划相一致的。因此,被告有责任来证明这些响应费用是与国家应急计划不一致的。为了满足这一标准,被告必须证明政府的行动是任意的、反复无常的,因为确定适当的响应行动"涉及专业知识和专家意见,(而因此)特定清理方法的选择应是政府周密慎重的选择。②

如果政府未能遵从国家应急计划的实质性要求,就可

---

① Matter of Bell Petroleum Services, Inc. (5th Cir. 1993)
② United States v. Northeastern Pharmaceutical & Chemical Co., Inc. (8th Cir. 1986)

能会构成不一致性。例如,在 Matter of Bell Petroleum Services, Inc. (5th Cir. 1993)案中,被告攻击美国环保署在采取环境恢复措施清理被铬污染的地下水期间,提供一个替代性的公共饮水供给系统的决定。虽然当"对公众健康及环境有实质性危险"时,国家应急计划允许有这样一个替代性供水系统,但被告辩称,行政记录中未能证实任何危险。应用任意性审查标准,第五巡回法院坚称美国环保署的决定是不受支持的,因此是与国家应急计划不一致的。它如此描述:"我们已经徒劳地查看了超过5000多页的行政记录,并没有发现任何证据说在这个区域有任何人事实上饮用了被铬污染的水。令人惊讶的是,美国环保署竟然没有去尝试查看是否有人饮用了这样的水……"

严重违反国家应急计划的程序标准也可能构成不一致性。最令人震惊的一个例子是 Washington State Department of Transportation v. Washington Natural Gas Co. (9th Cir. 1995),该案中原告寻求收回对高速公路建设过程中发现的柏油沥青废物进行环境恢复工作而产生的400多万美元的费用。原告"没有适用国家应急计划作为指导来处理该场所中的污染物"。也许并不令人惊奇,第九巡回法院发现原告未能符合国家应急计划的要求;例如,原告并未进行足够的环境恢复调查,评估其他的环境恢复措施,或者为公众参与意见提供机会。法院得出结论说原告不能收回任何的响应费用:"由于与国家应急计划的要求高度不一致,(原告的)行动是任意的。"

2. 关于未来费用的宣告性救济

除此之外,在费用收回诉讼中获胜的原告可以获得一个宣告式判决,即被告对未来发生的响应费用负有责任。

§113(g)(2)规定"法院可以进行一个关于响应费用责任的宣告性判决,来约束任何后续行动或进一步的响应费用或损害赔偿金的收回诉讼"。能够解释这一规定的主要判决是在 Kelley v. E. I. DuPont de Nemours & Co. (6th Cir. 1994)案中,第六巡回法院下结论说宣告性判定是强制性的。被告 Kelley 辩称,因为所要求的清理已经完成,任何未来的花费都是推测的;他们认为并没有现存的"案例或辩论"像宪法第三篇章要求的那样来证明司法行为是正当的。法院拒绝了被告的请求,强调在《综合性环境响应、赔偿和责任法》案例中:(1)"后续行动……的可能性还是存在的";(2)无论后续的响应行动何时进行,都会浪费州、企业以及司法资源来进行责任诉讼。

获得宣告性救济使得美国环保署能够最少地动用联邦资金来进行清理。假设一个特定场所的完整修复工作预计要花费 500 万美元。美国环保署可以提供清理资金并且依据§107 提起追偿诉讼;但这是一个缓慢且不确定的过程,在这个过程中这 500 万不能用来在其他地方再利用。另一种选择是,美国环保署可以利用联邦基金来施行少量的清除行动(例如,花费 10 万美元用于紧急的圆桶清除),然后采取诉讼寻求 10 万美元的响应费用收回以及被告负担剩下的 490 万美元未来响应费用的宣告性判决。这样,宣告性救济使得美国环保署能够增强它的有限预算的效用。

3. 自然资源损害

一个责任当事人也应对"自然资源的损害、破坏或者损失"负有责任。[①] 术语"自然资源"在§101(16)中被赋予一

---

① §107(a)(4)(C)

个非常宽泛的含义:"土地、鱼类、野生生物、动植物、空气、水、地下水、饮用水供给以及其他类似的资源",这些资源由美国政府、其他政府实体或印第安部落所拥有、控制、管理或托管。不像响应费用的追偿,这里并没有要求政府在寻求收回自然资源损害赔偿之前先花费金钱。然而,对这些损害的损害赔偿只能被用来"修复、更换或者获得这些自然资源的等价物"。① 例如,假设 F 在他的工厂场所倾倒有毒废物并且作为经营者有责任偿付响应费用。如果废物释放杀死了邻近的国家森林中的动植物,F 必须对这些损失向联邦政府赔偿损害。反过来,联邦政府必须应用这些基金来进行修复和更换自然资源。

这个领域的大多数争论主要关注于损害赔偿金的合适的衡量方法。§107(a)(4)(C)中含糊地指出是"对于自然资源损害、破坏或损失的损害赔偿,包括由这种释放导致的评估损害、破坏或损失的合理费用"。在这样的语言下,被告是对修复自然资源的费用负责(有时可能会高达几百万美元),还是一个更低的损害赔偿标准是更合适的呢?《综合性环境响应、赔偿和责任法》唯一给出的指导是§107(f)(1),§107(f)(1)规定自然资源损害赔偿"不应该仅限于这些可以用来修复或更换这些资源的总金额"。

然而,内政部颁布的规定中说到了这个问题。§301(c)中要求该部门为两种情形下的自然资源"损害评估"发布规定:(1)要求最少实地考察的简化评估(通常被称为"A类"规则);(2)管理个案中更为复杂的评估的规则(通常被称为"B类"规则)。与这些规定相一致的一个损害评估被

---

① §107(f)(1)

命名为可反驳的效力推定。①

依据该职权颁布的初始规定引发了争论。他们说自然资源的损害赔偿应该是修复或更换资源的费用或者"使用价值减少"这三者中"取其轻"。哥伦比亚特区巡回法院发现这个标准与国会意图不一致,在 Ohio v. U. S. Department of Interior (D. C. Cir. 1989) 案中废除了 B 类规则中的重要部分。Ohio 法庭用一个假定的危险物质泄漏而造成一群海豹死亡的例子来解释了"取其轻"规则的现实意义:

海豹使用价值的丧失……应由海豹毛皮的市场价值来衡量(大约每个 15 美元)……这样的话,很有可能即使那部分使用价值远小于修复这群海豹的费用,但它仍是损害赔偿的唯一衡量方法。

法庭得出结论说,国会"对人们测量自然资源的真实'价值'的能力持怀疑态度",因此打算把修复费用作为基本的损害测量方法。在 43C. F. R. §11.83 中修订后的 B 类规定删除了"取其轻"原则而支持另一种基于"修复、复原、更换和/或购买等价资源"的标准。

自然资源损害的索赔受限于一些特殊原则,而这些特殊原则是不适用于正常响应费用收回诉讼的。例如:

- 原告的身份:通常来说,只有联邦、州、印第安部落可以提起此类损害赔偿诉讼。② 大多数法院坚信城市和其他地方政府实体不具有起诉资格,除非是被州授权的。

- 环境影响报告承诺禁止收回:如果涉及的资源在一

---

① §107(f)(2)(C)
② §107(f)(1)

个环境影响报告中或类似的分析和最终授权这项承诺的许可或许可证中被特别认定为自然资源的"不可撤回的和不可挽回的承诺",这种情况下§107(f)(1)禁止收回。

• 有限追溯:§107(f)(1)在这种情况下也阻止收回:"这种损害或来自这种损害的一种危险物质的释放完全发生在1980年12月11日之前。"然而如果一种释放发生在这个日期之前,但导致了这个日期之后的损害,至少仍然被允许部分收回。

4.《综合性环境响应、赔偿和责任法》留置权

§107(l)(1)规定了一项留置权来确保"对美国有责任的人"依据§107(a)赔付"所有的费用和损害赔偿"。根据该规定,在以下情况下留置权阻碍不动产财产权:(1)属于责任方;(2)经历了一个污染清除或环境恢复行动或受其影响。但第一巡回法院在 Reardon v. United States (1st Cir.1991)案中声称这项条款是违宪的。考虑到扣押权可能在没有提前通知财产所有者以及没有提前进行听证的情况下施加,法院得出结论说这违背了所有者的程序性正当程序的权利。即使其他的巡回法院至今没有说明该问题,但似乎 Reardon 已经有效地使这一条款规定归于无效。但是,根据§107(r)中的情形,2002年的修正案建立了一项关于清理棕色地块而产生的响应费用的新的留置权。

9.3 抗辩事由和除外责任

9.3.1 第107条的抗辩事由

§107(b)规定了对《综合性环境响应、赔偿和责任法》责任的四种传统抗辩:不可抗力,战争行为,第三方,无辜土

地所有者抗辩。大体上说,所有的这四种抗辩事由都是设计来保护完全无辜的当事人的。为了说服法官,一个被告人必须用大量的证据来证明:(1)有释放或释放的威胁;(2)"因此而导致的损害"仅仅是由另外一种来源(如不可抗力)造成的。因此,如果被告对释放或损害量具有一定的责任(比如由于缺乏应有的注意义务),这种抗辩是不可用的。法院通常将这些抗辩狭义地解释为推进法令的环境恢复目的。

2002年的修正案建立了三项新的针对《综合性环境响应、赔偿和责任法》责任的保护政策:微量(§107(o))、相邻财产所有人(§107(q))、预期的善意购买者(§107(r))豁免。

1. 不可抗力

"不可抗力"是对《综合性环境响应、赔偿和责任法》责任的一种抗辩事由。① 然而,主张这项抗辩的被告一贯是不成功的。§101(1)将"不可抗力"定义成"一种不能预见的大自然灾害或其他特殊的不可避免的以及无法阻止的自然现象,这不能通过应有的注意或预见来预防或避免"。各法院对这句话进行了狭义解释,认为像高海浪、暴雨、未预见的大风甚至是一次飓风等情况都不能支持这项抗辩。法院特别推理说被告在为这样的事件做准备时,没能采取"应有的注意"。鉴于《综合性环境响应、赔偿和责任法》支持者对这项决定的高呼,倘若没有像一场巨大的地震、火山爆发、小行星碰撞等灾难的发生,有效的抗辩似乎是不可能的。

---

① §107(b)(1)

2. 战争行为

第二种法定抗辩是"战争行为"。[①] 虽然《综合性环境响应、赔偿和责任法》没有定义"战争"这个词,但这种抗辩的适用范围是相当狭窄的。关于这个问题的主要案例是 United States v. Shell Oil Co. (9th Cir. 2002)。被告是在第二次世界大战期间生产航空燃料的,向非密封性的坑中倾倒生产过程产生的酸性泥渣废料。被告主张"战争"抗辩,声称他们污染该场所只是因为他们与要求他们生产这样大规模航空燃料的政府之间的战时协议,他们并没有其他的处置方案。然而第九巡回法院采纳了地区法院有关"战争"的论证,即"战争行为"必须涉及:(1)一国对另一国武力的使用;(2)对敌对国财产的夺取或占领;(3)为伤害敌人所做的战时财产破坏。因此,政府在一个战争期间对航空燃料的严密管制不能被考虑成是一种战争行为。

3. 第三方抗辩

最常主张的《综合性环境响应、赔偿和责任法》抗辩是§107(b)(3)中的"第三方抗辩"。正如名称所示,这种抗辩的核心是主张污染释放或释放的威胁完全是由一个第三方导致的。虽然这种抗辩在很多的案例中成功了,但大多数被告未能证明它所要求的三个要素。为了能获胜,被告必须证明下面所有的条件:

• 释放或释放的威胁,仅仅是由"第三方的行为或不作为"而导致的,这里的"第三方"不包括被告的职员或代理人,也不包括与被告存在直接或间接协议的人;

• 被告对危险物质履行了"应有的注意"义务;

[①] §107(b)(2)

● 被告"针对任何第三方的可预见的作为或不作为以及可以预见会导致的结果采取了预防措施"来避免这样的作为或不作为。

(1)第三方的行为或不作为

在释放完全归责于另外一个人的稀有情况中,这是第一个需要充分满足的条件,例如迷路的卡车司机将他的有毒货物非法倾倒在其他人的土地上。然而,在通常的案例中,所谓的第三方一般与被告有某些法律联系。因此,很多诉讼都关注于第三方行为或不作为的发生是否与被告之间的"合约关系"有关。在 United States v. Monsanto Co. (4th Cir. 1998)案中,先前的判决确认财产所有者与占用者之间的租约构成了一种"合约关系";因此,所有者不能使用第三方抗辩来避免占用者行为的责任。很多法院继续跟随第四巡回法院在 Monsanto 案中的建议,即被告和有过失方之间的任何合约关系都将会排除该抗辩。

然而,第二巡回法院在 Westwood Pharmaceuticals, Inc. v. National Fuel Gas Distribution Corp. (2rd Cir. 1992)案中开辟了一条不同的道路。注意到在§107(b)(3)的内容中,词语"有关联"改变了"合约关系",它认为只有在"合约……以某种方式与危险物质的处理有关"时才能排除被告所有者提出此类抗辩,或者"如果合约允许土地所有者在第三方的行为中实施一些控制,那么土地所有者对此释放负有相当的责任"。现在很多法院跟随 Westwood Pharmaceuticals 的方法,即只有过失者与被告之间存在特定的合约关系才会使得该抗辩无效。

(2)应有的注意

虽然就这一问题所做的决定并不一致,但第二个因素——对危险物质履行应有的注意义务——主要关注于发现释放后被告的行为。《综合性环境响应、赔偿和责任法》并不会庇护那些精明的懒惰被告。例如,在 Idylwoods Associates v. Mader Capital, Inc.（W. D. N. Y. 1996）案中,财产所有者知道出现在其土地上的桶内包含多氯联苯污染的废物却没有采取措施。当这个所有者之后主张第三方抗辩时,法院发现所有者没有尽到应有的注意义务;法院发现这个所有者并没有建立警告标示、聘请安全巡逻、防护场所或者采取类似的保护措施。

（3）预防可预见的行为或不作为

第三个要素——采取预防措施来防止第三方的可预见的行为或不作为——主要关注于在发现释放之前被告的行为。有两个事实相似的案件判决很好地阐明了这个要求：Lincoln Properties, Ltd. v. Higgins（E. D. Cal. 1992）和 Westfarm Associates v. Washington Suburban Sanitary Commission（4th Cir. 1995）。在每个案例中：①一家或多家干洗公司向污水管中倾倒氯乙烯废物；②污水管泄漏使得氯乙烯污染地下水；③公共排污管理机构在诉讼中主张第三方抗辩。该抗辩在 Lincoln Properties 案中取得了成功,法院认为排污管理机构采取了合理的预防措施;法院发现：①排污管理机构没有意识到倾倒行为；②当地的法令禁止这样的倾倒；③污水管道是按照工业标准建立和维持的。

相反,Westfarm Associates 案的被告却失败了,法院发现它没有采取合理的预防措施。被告排污管理机构实际上知道：①干洗机正向污水管中排放危险物质；②"它的污水管中已经出现了裂纹"。然而,正如法院了解到的,它"并没有采取有效预防措施——例如修理管道或禁止毒性有机物的排放——来防止可预见的结果,即氯乙烯这样的危险物质将被排放到污水管中"。

4. 无辜的土地所有者抗辩

"无辜的土地所有者"或"无辜的购买者"是第三方抗辩的衍生物。早期《综合性环境响应、赔偿和责任法》的判决认为,土地合约、契约以及其他类票据建立了一个充分的"合约关系",通过无辜买者从一个该受处罚的卖者手中购得受污染的产权来阻止第三方抗辩的使用。1986年国会通过增添§101(35)来纠正了这种情况,有效地建立了"无辜的土地所有者"抗辩。该条款规定——如果满足特定条件——契约和其他证明将不会被视为"合约关系"。一旦已经满足了§101(35)的规定,若该无辜买者能证明上文中讨论的第三方抗辩的其他因素,即:①仅由第三方导致的;②该买者履行了应有的注意义务;③该买者采取了足够的预防措施,他就可以避免责任了。

§101(35)(A)(i)规定,如果满足以下三个条件,那么"合约关系"不包含"土地合约、契约、地役权或其他转让产权或财产的合同":

- 被告在危险物质处置之后获得产权;
- 被告"不知道且没有理由知道作为释放或释放威胁的主题的任何危险物质是在该土地上被处置的";
- 被告对任何响应行动都提供了完全的支持和帮助。

§101(35)(B)更详细地解释了第二个要求。为了确定被告在购买之前对于污染"没有理由知道",他必须满足两个测试。第一,他必须"适当调查了设施之前的占有和使用是否符合良好商业惯例和实践"。第二,他必须已经采取了合理的措施来阻止任何后续的污染释放、预防任何未来释放的威胁,以及阻止或限制暴露于先前的释放。在案例①中,由于被告未能够警告场所参观者有污染,所以根据2002年之前的"应有注意"的测试,他没有资格获得此项抗辩。

在《综合性环境响应、赔偿和责任法》被颁布之后,因为法定标准有点模糊,所以很难去确定在多大程度上的购买前调查是足够满足"没理由知道"的标准的。对于很多买者来说,通常会雇用一个咨询公司来执行一个购买前的环境评估,尤其是在涉及商业或工业土地的情况中,但是所要求的评估的精确范围是不清晰的。

2002年的修正案使这个领域变得更加清晰。它们确立了商业和非商业土地之间的关键区别。因此,如果土地是由一个私人、非商业主体买来用作住宅用途或类似的用途,那所要求的评估是最小的;一个"没有发现进一步调查的基础"的设施检查和产权调查就足够了。

然而,当应用到商业地产的购买时,"没有理由知道"标准是复杂的,部分是因为在2002年确立的根据购买年份不同而要求也不同。

• 对于在1997年5月31日之前购买的地产,法院在确定被告是否是没有理由知道该污染的时候,必须考虑五个因素:(a)被告的专业知识或经历,如果有的话;(b)在没有被污染的情况下,购买价格与地产价值之间的关系;(c)关于地产广泛已知的或者可以合理查明的信息;(d)地产上污染的明显度;(e)通过适当调查可以勘测这种污染的能力。

---

① United States v. Domenic Lombardi Realty Co (D. R. I. 2003)

• 对于在1997年5月31日之后但在2006年11月1日之前购买的地产——一个过渡期——遵循"场所环境评价的标准惯例:第一阶段的场所环境评价过程",正如美国测试和材料协会所确立的就满足这个标准。

• 最后,对于在2006年11月1日或之后购买的地产,美国环保署采纳40 C.F.R. §312.20et seq.的规定来管理。这些规定要求由一个环境专业人员进行严格审查,包括:(1)对于场所过去和现在所有者的会谈;(2)历史资源的审查;(3)审查政府记录;(4)目视检查。除此之外,法院必须考虑上文所阐述的1997年5月31日前购买的五个方面来确定被告是否"没有理由知道"。

对§101(35)(A)(i)的要求的两个例外就是购买者实际上没有意识到且"没有理由知道"危险物质的存在。§101(35)(A)(ii)-(iii)规定,如果符合以下任何一条,当事人仍有资格获得该抗辩:(1)政府实体通过没收、其他非自愿性转让或者通过征用权来获得该设施;(2)通过遗赠或继承获得该设施。

在特殊情况下,甚至是一个通常符合无辜购买者抗辩的被告也会失去该抗辩的保护。§101(35)(C)规定,如果一个非责任被告在他拥有所有权期间获得了关于污染释放或释放威胁的"实际信息",但之后将该设施卖给了另一方而且没有披露该信息,那么该被告"应该被认为是有责任的"。实际上,该规定对特定财产出售者施加了一项特殊的联邦披露义务。

5. 微量的责任免除

根据§107(o),生产极少数量危险物质的生产商是免于责任的。除了各种例外,如果一个当事人产生的液体物质少于110加仑或固体物质少于约200磅(或者是美环保署通过规定具体确定的类似的其他数量),并且这些物质是在"国家优先清单"场所进行的处置,如果所有或部分的处理、处置或运输发生在2001年4月1日之前,那么这样的当事人将会免于承担责任。

6. 临近土地所有者例外

如果危险物质从A的受污染土地迁移到了B的未受污染的土地上,将会怎样呢?2002年修正案增添的§107(q)规定,如果符合特定条件,一个购买者购买的土地被来自临近或附近的污染释放所污染,那么该购买者可以不用负责。其中,该所有者必须证明:(1)它没有造成污染或对污染没有贡献;(2)它完全配合任何的响应行动;(3)购买时,在§101(35)(B)所要求的审查之后,它不知道或没有理由知道该土地被污染了。

7. 预期的善意购买者例外

《综合性环境响应、赔偿和责任法》施加的严格责任使得美国环保署很难说服投资者购买、清理和重建已经被污染的、通常被称为"棕色地块"的土地。最终,美国环保署建立了一种方案,使得一个受污染场所的潜在购买者可以达成一个购买前协议来同时获得责任保护和清理的资金支持。这种因地制宜处理棕色地块的方法在2002年由一个§107(r)的新的对于责任的一般抗辩所取代:预期的善意购买者责任免除。实际上,它为已知晓该场所被污染的购买者提供了有限的保护。

该例外适用于危险物质的所有处置都是在该场所进行

的,以及 2002 年该例外被采纳"之后"又获得所有权的购买者。[①] 购买者也必须满足无辜购买者抗辩的部分内容,尤其是:(1)它完成了一个适当的购买前调查;(2)它采取了合理的措施来阻止后续的释放、预防任何释放的威胁、预防或限制暴露于之前的释放。最后,购买者必须对响应行动提供充分的合作和协助。

9.3.2 诉讼时效

诉讼时效是对《综合性环境响应、赔偿和责任法》责任的另外一种可能的抗辩。依据§113(g),费用追偿诉讼的诉讼时效期间是根据所寻求救济的性质而有所不同的。

- 污染清除行动的费用:通常必须在"污染清除行动完成"之后 3 年内提起诉讼。

- 环境恢复行动的费用:通常必须在环境恢复行动的就地施工开始之后 6 年以内提起诉讼。如果环境恢复行动在污染清除行动完成后 3 年之内开始施工的,在清除行动中所产生的费用也可以在该诉讼中收回。但也有案例[②]认为,直到最终的环境恢复行动计划被采纳后,6 年的期间才开始。

- 宣告性判决之后产生的响应费用:如果政府获得了关于未来响应费用责任的宣告性判决,那么§113(g)(2)要求,收集这种费用的第二次诉讼应当"自所有响应行动完成之日起不晚于 3 年"提起。

- 自然资源损害:通常来讲,依据§113(g)(2),诉讼必须在以下日期之后 3 年内提起:(1)"发现损失以及损失

[①] City of Wichita v. Trustees of APCO Oil Corp. (D. Kan. 2003)
[②] California v. Neville Chemical Company (9th Cir. 2004)

与争辩中的释放间的关系的日期";(2)依据§301(c)颁布规定的日期。第九巡回法院认为,与§301(c)的规定相联系的诉讼时效期间开始于1987年3月20日,因此终止于1990年3月20日。[①]

9.3.3 《综合性环境响应、赔偿和责任法》的例外

分散于该法中的各种例外会减弱《综合性环境响应、赔偿和责任法》的影响。这些例外有很多是出现于关键术语的法定定义中;正如上文所讨论的,例如,在§101(22)中"释放"的定义明确地排除了工作场所污染、机动车尾气以及施用肥料等一些项目。除此之外,§107包含三个重要的例外,每个都是基于该行为已经由另一个联邦环境法令所调整的理论:

- 已登记的农药的施用:§107(i)规定,因施用已依据《联邦杀虫剂、杀菌剂和杀鼠剂法》进行登记的农药产品而引起的响应费用或损害赔偿是不能被收回的。然而,农药产品的处置可能会引起《综合性环境响应、赔偿和责任法》中的责任。

- 联邦政府所允许的释放:同样,§107(j)禁止收回"联邦政府允许的释放"所造成的响应费用或损害赔偿。正如在§101(10)中定义的那样,这一条是指在另一法令中(例如《清洁空气法》或《清洁水法》)发布的一个联邦许可授权的污染释放。

- 被关闭的《资源保护和恢复法》许可的TSD设施上的释放:最后,依据《资源保护和恢复法》标准被关闭的《资源保护和恢复法》许可的TSD设施的所有者和经营者被排

[①] California v. Montrose Chemical Corp. (9th Cir. 1997)

除在《综合性环境响应、赔偿和责任法》直接责任之外;所有此类责任是由一种专门的关停后责任基金来承担的。①

9.4 执行

9.4.1 协议

《综合性环境响应、赔偿和责任法》主要是通过美国环保署与潜在责任方之间协商的协议来执行的,而不是通过诉讼。上面所讨论的影响广泛的《综合性环境响应、赔偿和责任法》责任条款和诉讼成本一起,给了有责任的潜在责任方强烈的动机来进行协商从而最小化他们的损失。甚至在责任很清晰的情况中,资源的限制通常会促使美国环保署通过协商来解决有关《综合性环境响应、赔偿和责任法》的赔偿问题。通过协议可以花费最少的政府资金来实现合理迅速的清理。而且美国环保署没有足够的资金来对所有的索赔提起诉讼;因此它依靠协议来将它的执行基金获取最大的效益。

§122(a)鼓励总统(这里即美国环保署)"为了公众利益以及与国家应急计划相一致从而促进有效的环境恢复行动和最小化诉讼"而加入与潜在责任方的协商协议。该规定也为《综合性环境响应、赔偿和责任法》的协议过程提供了指导。即使美国环保署通常遵循这些指导,但它们在大多情况下不是强制性的。

《综合性环境响应、赔偿和责任法》的协议可能要求一个或多个潜在责任方偿付美国环保署或其他政府机构的响

---

① §107(k)

应费用,执行清除或环境恢复行动,或两者都执行。例如,假设美国环保署对一个新发现的场所花费100000美元进行紧急清除行动。之后美国环保署将会使用未来《综合性环境响应、赔偿和责任法》责任的杠杆来与潜在责任方协商一个协议,依据该协议,潜在责任方将要:(1)偿还美国环保署100000美元的响应费用;以及(2)对该场所所需要的剩余工作负责,让他们自己的承包商执行该工作或同意资助政府承包商执行工作。即使本章讨论的是美国环保署的§107的权力,但§106迫使有责任的潜在责任方执行清理工作的权力(在第十章讨论)也是在协议协商中很有价值的工具。富有经验的潜在责任方通常更喜欢让他们自己的承包商来执行所要求的响应行动,目的是使响应费用的总额最小化。

1. 协议的一般程序

《综合性环境响应、赔偿和责任法》协议的基石是集体协商。美国环保署通常可以为一个典型的场所确定20个到100个潜在责任方。在美国环保署与每个潜在责任方之间单独的协议协商会特别困难。因此,美国环保署的通用政策就是和作为一个整体的所有潜在责任方进行协商,而不是和单个的责任方协商。美国环保署通常鼓励每个场所的潜在责任方们形成一个组织(称之为"筹划委员会"),该组织的代表们可以代表所有成员直接和美国环保署进行协商。

美国环保署通常是先向暂时被确定为该场所的潜在责任方发送一封信,以此来开启一个协议过程。这封信通知接收者他们对于响应费用的潜在责任,描述污染场所,列举与该场所相关的潜在责任方,以及其他一些信息。这封信可能也会邀请接收者参加"潜在责任方会议"来了解美国环保署对该场所计划的更多信息,组织一个筹划委员会以及开始协议的讨论。

如果合适的话,美国环保署接下来将会使用在§122(e)中规定的"特别通知"。这些程序为协议讨论确立了一个具体的"时间限制",即90天到120天之间;§122(e)(2)(A)为在这期间的美国环保署的进一步响应行动施加了一个延缓履行义务权。美国环保署通过向潜在责任方发送一个"特别通知信"来开始这个过程,这封信包含了所有潜在责任方的名字和地址、每个潜在责任方对该场所贡献的物质的数量和性质,并且根据在该场所上的物质数量进行一个排名。这封信要求潜在责任方在60天之内制定出一个联合提议来执行或为所要求的响应行动提供资金。美国环保署经常使用一个初始的特别通知程序来为"环境恢复调查和可行性研究"做准备,以及用一个后续的特别通知程序为环境恢复行动做准备。

如果在90~120天的期间内没有达成一项协议,美国环保署会自己执行所要求的工作并在之后的费用回收诉讼中寻求追偿。即使有一个组织良好的潜在责任方筹划委员会,在这个很短的期限内达成一项协议也是很困难的。通常最困难的问题在于潜在责任方之间责任的分配。§122(e)(3)授权美国环保署通过准备一个"非约束性的责任的初步分配"(NBAR)来促进协议的讨论,该"初步分配"是暂时确定该场所的每个潜在责任方的适当责任的。

2. 主要责任方协议

美国环保署协议的工作主要关注于"主要责任方",即在污染场所中充当着超过微量的角色。如下文所讨论的,

"微量协议"与"极少量协议"是由更灵活的程序管理的。然而,在每个案例中,协议的协商通常会引起如下三个主要问题。

• 美国环保署不起诉契约的范围:假设美国环保署在与现在的土地所有者 B 协商一个协议。至少 B 会希望在未来美国环保署不会就现在的场所污染来起诉他。根据 §122(f)(1) 具体规定的条件,美国环保署通常对像 B 这样的潜在责任方就同一个污染场所同意一个限制性的在未来"不起诉契约"。然而,通常美国环保署会要求一个"重新协商条款"使得它能够在有限的情况下(例如,由该场所新发现的情况所引起的问题、环境恢复工作的超出费用,或者环境恢复工作未能充分保护人类健康和环境)从潜在责任方那里寻求到未来的救济。

• 免于其他责任方分担索赔的保护措施:如果 B 与美国环保署达成协议,那有什么能够阻止未达成协议的潜在责任方们对 B 提起分摊诉讼呢?依据 §113(f)(2) 和 §122(h),美国环保署被授权对 B 这样的达成协议的责任方提供分摊保护。详见第十一章。

• "孤儿份额"基金:假设被运送到该污染场所的危险物质中,有很大的份额(比如说 60%)是与无偿付能力的或未知的责任方有关的。那么在协议中谁将为这个"孤儿份额"买单呢?如果说 B 的整体责任份额是 20%,B 必须花费协议总额的 50%(即他自己的 20% 加上"孤儿份额"的一半)吗?§122(b)(1) 允许美国环保署同意一个"混合基金"协议,依据该协议,由"孤儿份额"引起的场所环境恢复费用可最终由联邦基金买单(该条款要求协议中的潜在责任方预付包含孤儿份额的费用,之后会从超级基金中补偿给他们)。实际上,混合基金协议是很少的,因为美国环保署更喜欢保存他们有限的基金。

一旦美国环保署与一个潜在责任方达成了主要责任协议,通常它必须经历一个正式的审批过程。所提出的包含协议条款的合意判决通常是向适当的联邦地区法院提起,并且要公开给公众至少30天的时间提意见。如果最终被法院批准,它就是最终判决了。[①] 初审法院必须独立评估所提议的协议,以确保它是"合理的、公平的,而且与《综合性环境响应、赔偿和责任法》服务的目标一致"。[②] 实际上,法院通常会支持这样的协议。

3. 极少量协议

§122(g)鼓励推动"极少量协议",即与场所中涉及的废物的数量和毒性两方面都最少的潜在责任方们的协议。例如,与其他潜在责任方的影响(例如为20000桶)相比,对污染场所只带来很少量(例如只有20桶)的危险物质的产生者责任方,通常有资格去达成一个极少量协议。极少量责任方与非极少量责任方的区分线是根据不同场所的情况而定的。即使分界点随着时间推移已经有所变化,允许极少量协议的最常用的标准会是:被告造成的污染量不超过该场所危险物质总量的1%。因此,对于一个有20000桶污染的场所,对该场所施加了20桶或更少桶数污染的潜在责任方都将会有资格去达成极少量协议。除了这些数量标准外,在它的废物没有相较于该设施中的其他物质不是更加有毒或危险的,潜在责任方才有资格去达成极少量协议。

---

① §122(d)(1)
② United States v. Cannons Engineering Corp. (1st Cir. 1990)

相较于一个主要责任方协议,极少量协议有两个明显的优势。首先,该协议合同通常会提供给极少量潜在责任方应对政府进一步索赔的加强保护。与被插入到主要责任方协议合同中的"重新协商条款"不同,极少量协议通常会严格限制之后的由新发现的场所状况或所采纳的环境恢复计划的失败而引发的政府行动。而且,极少量协议最小化了潜在责任方的律师费用以及其他交易费用,因为在这个过程中美国环保署会很早地达成极少量协议。

然而,从美国环保署的立场看,较早达成的极少量协议也呈现出特定的风险。未来的响应行动还没有选定;最终的环境恢复费用还不确定;而且其他潜在责任方的偿付能力可能也并不清楚。因此,美国环保署通常会要求一个补偿这些风险的协议价格,数额等于极少量责任方在实际清理费用中的预计份额,再加上一个"保险"支付,范围在实际预计费用的 50% 到 100%。例如,假设清理费用将花费 1000 万美元,负担 1% 份额的极少量责任方可能在协议中支付 20 万美元(10 万美元作为他对预计费用的预计分担份额,加上一个 10 万美元的保险费)。

4. 微量协议

一个微量协议本质上是上述极少量协议的一个特殊的子分类。只有那些给污染场所造成的废物特别微量的责任方是可得的。例如,假设一个产生者被告不符合 §107(o) 的除外责任,因为它给场所造成了 3 桶(165 加仑)的液体废物,而例外情况要求两桶或更少量。该被告仍有可能取得订立微量协议的资格,这取决于物质的毒性、多重微量协议对剩下的潜在责任方的影响以及其他等因素。微量协议的处理很像极少量协议,除了美国环保署通常不要求一个

"保险"支付作为协议费用的一部分;微量协议的潜在责任方只支付清理费用中自己的预计份额。

9.4.2 诉讼

费用收回诉讼案件的早期程序是相对简单的。§113(b)规定联邦地区法院对因《综合性环境响应、赔偿和责任法》引起的争议享有专属管辖权,不管责任方的国籍和争议数量。根据§113(e),诉讼文件的送达在美国任何一个地方都是有效的。

然而,典型的《综合性环境响应、赔偿和责任法》诉讼案件出现了一个案例管理的噩梦。责任方数量庞大且相互敌对。可得的证据通常是零碎且陈旧的(尤其是关于抗辩的证据)。最后,案例还引发了关于环境恢复工作充分性的复杂技术问题。结果是,政府经常要求关于责任问题的即决审判。或者,可能会寻找到该案例的分支点,这样就可以先解决责任问题,之后再解决救济问题。根据这种分支的方法,关于被告责任的早期决定可能会促成协议。相反,如果责任没有被确立,耗时的救济阶段可能会被避免(关于涉及危险物质的诉讼程序的复杂性的其他讨论,详见第十三章)。

第10章 《综合性环境响应、赔偿和责任法》:由政府命令的清理

10.1 概述

第106条提供给联邦政府一个实现《综合性环境响应、赔偿和责任法》环境恢复目的的备选方案:强制负有责任的人来清理受污染场所。当出现以下情况时,该条的内容就会发挥效力:总统发现"来自于设施的危险物质释放或释放威胁"可能会对公众的健康、福祉或环境造成"紧急的重大危害"。虽然该条指的是政府的行为,但这一职权已经通过行政命令授权给了环境保护署。因此,根据§106,美国环保署既可以通过在地区法院得到一个禁制令,也可以通过发布一个行政命令,来强制责任方环境恢复该场所。最近几年,美国环保署发现通过行政命令要比通过诉讼来强制§106的环境恢复工作更加有效。[①]

该条的内容部分来源于《资源保护和恢复法》§7003(在第十二章中讨论),§7003授权联邦政府在"对健康和

---

① Chem—Nuclear Systems Inc. v. Bush(D. C. Cir. 2002)(美国环保署命令强制清除80桶液体化学废物。)

环境的危急及重大的危害"可能发生时,命令责任方清理危险废物污染。早期的判例法对§7003的解读是暗示它只适用于由《资源保护和恢复法》管理的仍使用着的设施的突发泄漏事件。初始的关于§106的裁判似乎也建议类似的限制。然而,大多数法院很快就认识到§106的规定既包含使用中的场所也包含闲置的场所。

§106在《综合性环境响应、赔偿和责任法》军火库中是一个强大的武器。它与标准的§104和§107"清理和追偿诉讼"方法相比有几个优势。首先,§106中的清理由"有责任的"一方提供资金,不使用稀缺的联邦基金。其次,尤其是在通过行政命令实施的时候,§106的清理过程相对于§104的政府主导的清理既迅速又便宜。最后,根据§104进行的环境恢复工作仅限于国家优先清单中的场所,而美国环保署可以对那些不在国家优先清单中的场所强制命令进行§106的环境恢复工作。美国环保署在以下情况中是不情愿使用§106方案的:(1)责任方缺乏清理场所必要的财力;(2)存在很多责任方;(3)响应行动没有被提前清楚完整地定义好。

§106的精确范围仍然是未知的。该条是异常模糊和笼统的,提供给读者极少的指导而且为司法裁决留下很多未解决的问题。至今,只有一些上诉的判决分析了这一部分内容。

10.2 第106条的责任标准

10.2.1 一般规定

§106(a)的第一句话使用了熟悉的《综合性环境响应、

赔偿和责任法》术语来描述引起责任的条件：来自于"设施"的"危险物质的""一种实际的释放或者释放的威胁"。但该条款的表述在两个主要问题上是沉默的：(1)谁是有责任的？(2)责任的标准是什么？法院很快就通过寻找国会的意图来将§107(a)的责任标准结合到§106(a)中，填补了这个空白。现在广泛认可的是，§107(a)规定的四类潜在责任方在§106(a)中同样是有责任的。而且，大多数法院将§106(a)解读为施加严格责任，正如和它相对应的§107(a)。

因此，§106责任的要素如下：
- 对公众健康、福祉或者环境的一种"紧急的重大危害"；
- 一个"实际的释放或释放的威胁"；
- "有害物质的"；
- 来自一个"设施"或"船舶"；
- 证明对§107(a)规定的潜在责任人的禁制令或命令是合法的。

后四个要素已经在第七章和第九章中进行了讨论。因此，只有第一个因素——"紧急的重大危害"——在下文会讨论到。

10.2.2 "紧急的重大危害"

法院就"紧急的重大危害"这一标准是否仅适用于紧急情况产生了分歧。多数（而且是更好的）观点是，该表述应被公平地解释为包含非突发的情形。虽然《综合性环境响应、赔偿和责任法》没有定义该术语，但在其他联邦环境法中也有同样的表述（尤其是在 SDWA §1431 和 RCRA §7003 中）而且被理解为包含了非突发情形。因此，大多数法院在解释§106中的该术语时,采用这个含义。

根据§106探索"紧急的重大危害"含义的主要案例是United States v. Conservation Chemical Co. (W. D. Mo. 1985),该案中联邦政府寻求禁制令以强制清理化学倾倒场所。被告主张,这不符合紧急的重大危害标准,因为:该场所被一圈挂着警示标志的围栏所围绕,因此是禁止任何人进入的;而且即使来自该场所的危险物质无可否认地泄漏到了地下水和附近河流中,但实际上并没有饮用水供应系统受到影响。

应用在解释其他法令的判决中所获得的"紧急的重大危害"的含义,Conservation Chemical法庭认为,以它之前的事实为依据,该标准已经被满足。法院首先观察到"危害"不是指实际的伤害,而仅仅是一种"威胁的或潜在的"伤害;法院得出结论,如果公众的健康、福祉或环境"可能被暴露在伤害的风险中",那么危害就可能存在。然后,法院推理说"紧急的"并不是指立即的;"一个危害'紧急'是指引发它的因素是存在的,即使该危害可能几年内都不会实现"。最后,法院将"重大的"与"合理的关注理由"等同,而不是统计方面的证据。人们可能暴露在经由地下水、表层水或空气迁移的危险物质中的风险已经足够启动§106。法院强调说对公众健康或公众福祉或环境的可能的危害都有必要开展救济。因此,支持该法院的责任判决的因素之一就是对栖息于该场所中的非人类物种的伤害风险(例如,青蛙、蟾蜍、龟、蜥蜴和鸟类),因为它们无法被围栏或警示标志阻止进入。

总之,Conservation Chemical法庭认为,如果有以下情形,就是存在一个紧急的重大危害:

- 有"合理的关注理由";
- 公众或环境"可能会被暴露于危险物质的实际释放或释放的威胁所造成的伤害风险中";
- "即使该伤害可能多年都不会显现"。

这个适中的标准在大多数普通的《综合性环境响应、赔偿和责任法》案例中都可以被满足。例如,储存在被遗弃的倾倒场所中的危险物质通常会随着时间推移过滤到地下水中,并可能在未来影响公众饮水资源。同样,在这些场所的表面污染通常会危及野生动植物。因此,在大多数《综合性环境响应、赔偿和责任法》案例中,联邦政府可以依据§106选择强制清理,以避免在§104/§107程序中存在的费用、延迟和不确定性因素。然而,一些法院仍然将§106的范围限制在紧急突发情况中,实质上是限制了它作为备选清理方法的常规应用。

10.3 责任抗辩

关于抗辩,第106条是沉默的。至少,大多数法院承认,§107(b)中建立的法定抗辩——不可抗力、战争行为、第三方和无辜土地所有者,也被默认并入到§106(a)中的。这个结论是由§107(b)(2)(C)和(D)支持的,§107(b)(2)(C)和(D)授权一个场所的责任方在依据§107他们不对响应费用负有责任的情况下依据§106从超级基金中寻求补偿。

但法院在衡平抗辩是否适用于§106责任的问题上有争议。不像§107,§106明确地指出了公平原则,规定在政府关于禁制令的诉讼中,在采取救济时应考虑"公共利益和案件的公正性"。一些法院通过解释这句话,得出结论认为它为传统的衡平抗辩提供了机会(例如,过失、禁止反言和不洁之手)。在这种观点下,§106(a)行政命令的接收者有理由相信他可以成功地主张一个有"足够理由"不服从命令的衡平抗辩。

10.4 通过行政命令执行

要求清理的行政命令是由§106(a)的第二句话授权的。它规定:"总统也可以……根据该条采取其他的行动,包括但不限于发布可能对保护公众健康、福祉和环境有必要的命令。"该规定是非常模糊的。作为总统的代表,美国环保署似乎被授予了几乎无限制的自由裁量权。然而被广泛接受的是,§106(a)第一句话规定的禁令性救济的责任要素——包含来自设施的危险物质的实际释放和释放的威胁,也适用于行政命令。但是,正如美国环保署在一个政策备忘录中认可的那样,§106的行政命令授权是"在任何现行环境法令下,对机构最有效的行政救济措施之一"。

对美国环保署来说,命令一个污染场所的清理是相对简单的。例如,假设美国环保署认为根据§106(a),X公司有责任清理一个废弃的垃圾填埋地。美国环保署通常会寄送一封信通知X公司,其打算命令公司进行清理。美国环保署和X公司可能之后会协商一些彼此都能接受的命令条款,达成一个一致的命令进行发布;很多依据§106发布的命令是来源于协商的。假设协商失败了,美国环保署将会撰写一个关于拟提议的命令的行政记录。根据这个记录,美国环保署之后会确定该条的责任要素是否都被满足;

如果满足,它之后会准备一个草拟命令和支持性的文件。虽然 X 公司会收到关于这些程序的通知,以及享有书面回应的机会,但它没有权利要求听证。

假设美国环保署发布了一个单方的命令要求 X 公司执行。如果 X 公司认为它自己是有责任的,它唯一实际的选择就是遵从命令。《综合性环境响应、赔偿和责任法》通过威胁不服从者将面临严重的罚款来鼓励责任方接受§106(a)命令。如果一方"没有充分的理由"不执行这种命令所要求的清除或环境恢复工作,他可能就要向美国政府承担由此导致的响应费用和高达三倍响应费用的惩罚性损害赔偿。① 因此,在 United States v. Parsons(11th Cir. 1991)案中,拒不服从的被告不仅要对政府的响应费用负责,还要对高达 220 万美元的惩罚性损害赔偿负责。除此之外,"没有充分的理由"而忽视这种命令的责任方将会按照其不服从的天数,每天被处以高达 2.5 万美元的罚款。②

然而,如果 X 公司认为它可能能够避免《综合性环境响应、赔偿和责任法》责任,那么它将面临一个进退两难的境地。依据§113(h),X 公司在这个阶段不能对该命令的合法性提起诉讼。该条剥夺了联邦法院"审查"依据§106(a)发布的"任何命令"的司法管辖权,除非命令是与政府提出的费用收回或执行行动有关。在 Wagner Seed Co. v. Daggett(2d Cir. 1986)案中,第二巡回法院解释了这种执行前审查禁止的理论依据:"在清理的初始阶段引入法院程序的延迟将会与在《综合性环境响应、赔偿和责任法》规定下

---

① §107(c)(3)
② §106(b)(1)

发生在责任方的权利和责任确定之前的指导进行清理的强宪法政策相冲突"。但也有例外,请参见案例①(坚持称根据正当程序条款,§113(h)没有限制执行前的质疑)。

因此,正如一个诉讼当事人所抱怨的,这样一个命令的无辜接收者"陷入进退两难的境地"。② 它必须在两个不招人喜爱的可选方案中选择:

• 遵从命令:X公司可以花费它自己的资金来清理该场所,之后寻求追偿。如果该公司可以证明它是没有责任的,§106(b)(2)允许该公司从超级基金中收回这些费用。或者,尽管这部分的法律不是很清晰(请看第十一章),但它也可能通过§107(a)的私人费用收回诉讼从第三方那里获得费用补偿。但是该公司可能不能够得到全部的偿还。资金紧张可能会使得从政府那里收回的费用有限;责任第三方可能是无偿付能力的或者不可能找到的。因此,如果选择这一项,X公司可能会最终承担一些它没有责任的清理费用。

• 不服从命令:另一种选择是,X公司可以不遵从命令,但面临着承担§107(c)(3)和§106(b)(1)规定的严酷惩罚的风险。在此方案下,美国环保署将可能会清理该场所,之后会针对该公司提起费用收回诉讼,寻求罚款和惩罚性损害赔偿。如果该公司最终被发现对响应费用是有责任的,那么接下来的调查会关注于是否应该对其施加惩罚。不服从并不会自动地引发惩罚性损害赔偿和罚款。§107(c)(3)和§106(b)(1)都只是规定惩罚"可能"被施加。正

---

① General Electric Company v. EPA(D.C.Cir. 2004)

② Solid State Circuits, Inc. v. EPA(8th Cir. 1987)

如 Wagner Seed 法庭推理所言："既然罚款和惩罚都是酌情决定的,而且它们可能只是在一个司法听证之后施加,很明显该自由裁量权取决于司法机构。"根据这两条的规定,关键的问题是,是否该责任方的拒绝是"没有充分理由的"。大多数法院承认,当被告有一个客观合理的基础去相信该命令是无效的或不适用于它,这种情况就算是有充分的理由。但在 United States v. Parsons(N. D. Ga. 1989)案中,法院认为,该被告没有足够的经济能力来支付所要求的环境恢复费用不是一个充分的理由。

§106(a)命令可允许的范围是相当广泛的。Employer Insurance of Wausau v. Clinton(N. D. Ill. 1994)案很好地说明了这一点。该案中,美国环保署命令 Employer Insurance of Wausau(EIW)和其他责任方清理一个被多氯联苯和各种各样不稳定的有机复合物(VOCs)污染的场所。虽然可以说 EIW 是受多氯联苯污染区域的一个责任方(安排将多氯联苯废物运送到该场所),但它与 VOCs 的问题无关。美国环保署的命令是要求 EIW 清理该设施中的所有危险物质,而不仅仅是多氯联苯污染。在继而发生的起诉中,EIW 声称美国环保署不能够命令一个责任方清理那些甚至不是它潜在负有责任的废物。但法院驳回了这一理由,认为"这与该法令要求对一特定场所的部分污染有潜在责任的一方清理整个场所,之后向政府申请收回那些实际上该责任方不应负责的污染的清理费用的广泛目的不一致"。

美国环保署的§106(a)执行行动以行政命令为重点,而不是禁制令。该命令较之于禁令性救济诉讼有三个优势:费用、速度和控制。美国环保署通过一个命令的发布可以保护它有限的资源,而无需进行诉讼;事实上,它的命令在所要求的环境恢复工作完成之前不需受到司法审查。同样,在不能获得初步禁制令的紧急情况时,发布一个命令的过程要比诉讼快得多。最后,命令加强了美国环保署控制环境恢复计划的能力。联邦法官在起草禁令性救济条款的时候行使了广泛的宽容度,如下文所讨论的,可以说甚至到了驳回美国环保署清理建议的地步。相比之下,如果在美国环保署命令的环境恢复完成之后继而进行诉讼,法院将会在很大程度上对该命令给予尊重。根据§113(j),行政命令将会得到支持,除非它被证明是武断的、反复无常的或有其他违法情形。在缺少紧急状况的情况下,依据§106进行的环境恢复工作通常必须遵守"国家应急计划"和§121的清理标准。

10.5　通过禁制令执行

依据§106(a)寻求禁令性救济的诉讼是由上文所讨论的一般责任标准来管理的。但如果责任已经被确立,谁来选择清理计划——美国环保署还是法院?这个问题的产生是由于§106(a)包含与《综合性环境响应、赔偿和责任法》其他条款明显不同的语言,但就像一个一般的公平标准一样被人熟悉。当责任被发现时,该条款授权地区法院"按照公众利益和该案可能要求的公正性给予这种救济"。相反地,§121似乎限制了在《综合性环境响应、赔偿和责任法》清理背景下法院的传统的公正权力。它规定"总统"(和他的代表美国环保署)依据§106"应该选择合适的环境恢复行为",与在§121中建立的清理标准,以及"与国家应急计划,在切实可行的范围内""相一致"。

法院在该问题上出现了尖锐分歧。例如,在 United States v. Ottati & Goss, Inc. (1st Cir. 1990)案中,Breyer 法官(稍后在第一巡回法院中)推理说,这种语言授予了地区法院在审判中选择环境恢复方案的权力,正如在任何禁制令程序中一样;因此,"在法律上",法院没有被"要求接受美国环保署关于环境恢复措施的观点"。而且,他推理说一个法院有自由依据传统的原则,根据不同案例的情况来设计公平的救济方案。相反的观点以第六巡回法院在 United States v. Akzo Coatings of America, Inc(6th Cir. 1991)案中的观点为代表;法院认为,§113(j)中所规定的"武断的和变幻莫测的"审查标准适用于美国环保署所提议的环境恢复方案。法院发现了国会的意图"在这个高科技的领域,关于环境恢复方案选择的决定应该留给美国环保署,而且那些决定应该被接受或拒绝——不被修改——由地区法院依据武断和变幻莫测的标准来进行审查"。鉴于法律对这一点的不确定状态,美国环保署已经从司法治理到行政命令,不断地调整它的§106(a)的重点。

美国环保署在§106(a)中的司法权力现在主要被用于两个特殊背景下。第一,在一个真实紧急情况下,它可以被用来获得立即的禁令性救济,例如暂时的限制命令或初步的禁制令。第二,§106(a)的诉讼促进了协议;它为联邦政府和责任方之间的和解协议提供了一个执行工具,正如在§122(d)(1)(A)中所规定的。详见第九章。

第 11 章 《综合性环境响应、赔偿和责任法》：由私人主体提起的诉讼

前四章已经介绍了《综合性环境响应、赔偿和责任法》的清理过程以及这些清理费用的责任要素。那些章节关注于联邦政府命令责任方清理一个场所或补偿一个公共主导的清理。这一章考查私人主体依据《综合性环境响应、赔偿和责任法》，自己提起合法诉讼的两种方式。第一，本章讨论了已经承担了响应费用或《综合性环境响应、赔偿和责任法》责任的主体可以将这些费用的一部分或全部转移给其他主体。特别考查了：(1) 依据《综合性环境响应、赔偿和责任法》§107(a)，收回响应费用的私人诉讼；(2) 依据§113提起的损害分摊诉讼。第二，本章简述了依据§310进行《综合性环境响应、赔偿和责任法》公民诉讼的要素，关注于公民针对为一个特定场所所制定的清理决议提起诉讼的一些限制性条件。

11.1 依据§107收回响应费用的私人诉讼

11.1.1 概述

1. 典型情形

作为前面章节描述的《综合性环境响应、赔偿和责任

法》清理条款的结果,一个私人主体可能已经通过三种方式承担了响应费用。第一,他可能已经遵守了一个依据§106发布的行政或司法清理命令(或和解协议)。第二,在政府依据§107(a)(4)(A)提起费用收回诉讼后,他可能补偿了政府主导的清理费用。第三,他可能已经自愿地清理了一个场所。

在《综合性环境响应、赔偿和责任法》宽泛的责任规定下,通常有很多人对一个场所的清理都潜在地负有责任。然而,在很多情况中,只有一部分潜在责任方可能在最初已经承担了响应费用。这种情况通常发生在一个单一的潜在责任方(如场所的现任所有者),已经自动地花费资金去清理被其他人(例如一个承租人或之前的所有者)污染的场所的情形中。它也可能是源于政府依据§106或§107只起诉那些财力雄厚、最应受罚或最容易加入的责任方的决议。最后,它可能是由于当一些责任方依据§107对政府提起诉讼,来和政府协商他们的责任,但其他责任方既不协商,他们的责任也不被审判。

在大多数有多个主体对一个场所的清理潜在地负有责任,但只有一些主体实际上为这个过程出资的案例中,已经承担了响应费用或已经被判决对这些费用负责的责任方将会试图将一些或全部的费用转移到其他潜在责任方身上。《综合性环境响应、赔偿和责任法》规定了两种方式来尝试这种转移。第一,§107(a)(4)(B)使得一个责任方对"由任何……人(除了联邦或州的机构或印第安部落)承担的……与国家应急计划相一致的任何必要的响应费用"承担责任。第二,《综合性环境响应、赔偿和责任法》规定了损害分担的两个基础:(1) §113(f)(1)允许"任何人"在"民事诉讼期间或之后(依据§113(f)(3)(B))",来"寻求来自于其他有责任的或者潜在有责任的任何人(依据§107(a))的损害分摊";(2) §113(f)(3)(B)授权由一个加入到与政府之间行政的或司法的被批准的协议中的人提起分摊诉讼。

2. 私人费用收回和损害分摊诉讼的比较

依据§107提起的私人费用收回诉讼和依据§113提起的损害分摊诉讼的具体要素,以下将会详细描述。在很大程度上,二者的区别是无关紧要的。因此,在这两种情况下,责任取决于:(1)依据《综合性环境响应、赔偿和责任法》的责任制度,原告关于被告是责任方的证据;(2)原告的证据,即存在来自于设施的《综合性环境响应、赔偿和责任法》所调整的危险物质的释放或释放的威胁,并导致了响应费用的发生;(3)被告未能证明任何的法定抗辩。①

但是,辨别原告是依据§107还是依据§113提起的诉讼是很重要的,原因有三个。第一,最为重要的是,原告是否有权利提起诉讼的问题,正如下面更详细的讨论所示。在最高法院对Cooper Industries, Inc. v. Aviall Services, Inc. (S. Ct. 2004)案的判决之后,就变得很清晰了,即,没有依据§106或§107提起诉讼的一方是不能够依据§113(f)提起损害分摊诉讼的。因此,假如一个潜在责任方没有被政府起诉或与政府协商就自愿地清理一个污染场所,那么他就不能寻求分摊。这样一个潜在责任方是否可以通过§107的费用收回诉讼来收回它的清理费用?对该问题的答案仍然是不清楚的。可能只有一个"无辜的"责任方能够

---

① United States v. Taylor(M. D. N. C. 1995)

提起§107的诉讼。

第二个理由涉及共同责任的内容。依据§107,责任是连带的。因此,在这样一个诉讼中,被告需要证明伤害是可分的;否则,每个被告都可能被整个清理费用所套牢。① 鉴于这种连带责任,理论上,在一个依据§107提起的诉讼中,原告可以将所有的响应费用转移给被告(们)(然而实际中,损害分摊反诉的有效性使得它不可能只有一部分无辜原告能够使用§107来将所有他们的响应费用转移到被告身上。参见案例②)。相比之下,§113中的责任是个别的。因此,在这样的诉讼中,原告必须确定每个被告对于该清理所应分摊的比例份额。③ 因此,原告只能转移超过它自己比例份额的那部分响应费用,并且只能转移给那个承担相应分摊份额的特定的被告。

区分两个费用转移诉讼的最终关键基础是所适用的抗辩。尤其是时效期间有很大不同。依据§107的私人诉讼有长达六年的时效期间。④ 相较之下,依据§113的损害分摊诉讼只有三年的时效期间。⑤ 而且法院更愿意在损害分摊的诉讼中考虑衡平抗辩,例如疏忽或不洁之手;相比之下,法院在依据§107的费用收回诉讼中,大多驳回了"非法定的"、普通法抗辩。

---

① Barton Solvents, Inc. v. Southwest Petro−Chem, Inc. , 38 Env. Rept. Cas. (BNA)1002(D. Kan. 1993)

② Pneumo Alex Corp. v. Bessemer & Lake Erie R. R. Co. (E. D. Va. 1996)

③ United States v. Taylor(M. D. N. C. 1995)

④ §113(g)(2)(B)

⑤ §113(g)(3)

3. 谁可以依据§107提起费用收回诉讼

正如最初颁布的那样,《综合性环境响应、赔偿和责任法》没有明文规定授权一个潜在责任方从其他潜在责任方那里获得分摊。因此,如果美国环保署以1000万美元的费用清理了一个污染场所,之后起诉 A(处置时之前的所有者)来收回这个费用,这就产生了一个问题:A 可以强迫其他潜在责任方来分担这个费用的一部分吗?早期的《综合性环境响应、赔偿和责任法》判决认为,像 A 这样的一个潜在责任方可以依据§107(a)(4)(B) 对其他潜在责任方提起费用收回的诉讼,并以此来填补了这个缺口。

在1986年的《超级基金修正案和再授权法案》中,国会在§113中建立了一个明确的分摊权。因此,法院必须确定§107的费用收回诉讼和§113的分摊诉讼之间的关系。这种区分是重要的,因为尽力转移响应费用的责任方不可避免地会更喜欢依据§107提起诉讼,原因是§107提供了大量的苛刻抗辩的责任规定。

今天主要的观点是一个潜在责任方不能依据§107提起费用收回诉讼,但可以依据§113提起寻求分摊之诉。[①] 这个观点的基础理论很简单:允许一个潜在责任方依据§107提起诉讼与国会关于§113是潜在责任方的唯一救济措施的意图不一致。按照此项原则,只有真正无辜的主体才可能依据§107提起一个费用收回的诉讼。因此,举个例子,一个符合无辜土地所有者抗辩或预期的善意购买者抗辩的土地所有者可以首先清理受污染的土地,之后再对潜在责任方提起追偿诉讼。然而,一些法院会将"无辜"

---

① E. I. DuPont de Nemours & Co. v. United States(3d Cir. 2006)

的定义延伸到包含那些在技术上来讲可以作为潜在责任人（如现在的土地所有者），但实际上没有污染该场所的主体。[①]

在 Cooper Industries, Inc 中，最高法院拒绝决定一个潜在责任方是否有资格依据§107起诉。它仅仅阐述说："§107(a)(4)(B)下的费用收回救济和§113(f)(1)下的分摊救济在总水平上是相似的，因为它们都允许私人主体从其他私人主体那里获得费用补偿。但两种救济是明显不同的。"在本书的写作中，这个问题在法院处理 Atlantic Research Corp. v. United States (8th Cir. 2006) 案之前，目前是未知的。

11.1.2 基本要素

如果已经符合《综合性环境响应、赔偿和责任法》责任的基本要素，一个私人主体只能依据§107进行收回。因此，正如第七章到第十章描述的那样：(1)必须已经有来自于设施的导致原告承担响应费用的《综合性环境响应、赔偿和责任法》所调整的危险物质的释放或释放威胁；以及(2)被告必须是一个潜在责任方。除此之外，被告必须不符合《综合性环境响应、赔偿和责任法》责任的任何法定抗辩。如果满足这些条件，对于所规定的这类"人"，§107(a)(4)(B)授权其可以收回"与国家应急计划一致的""必要的响应费用"。

1. "任何……人"

表面上，§107(a)(4)(B)没有明确规定一个响应费用

---

① Metropolitan Water Reclamation District v. North American Galvanizing & Coatings, Inc. (7th Cir. 2007)

收回诉讼的明确理由。它只是很简单地让一个责任方对由"任何其他人"(即除了§107(a)(4)(A)中规定的那些人)承担的特定费用负有责任。然而,法院已经得出结论,这些人拥有依据§107(a)(4)(B)提起诉讼的隐含权利。[①]

《综合性环境响应、赔偿和责任法》§101(21)将"人"广泛地定义为个人、商业组织和政府实体。就像前面章节中描述的那样,§107(a)(4)(A)规定了有三个政府实体可以提起费用收回诉讼:联邦政府、州和印第安部落。因此,有资格依据§107(a)(4)(B)提起一个私人费用收回请求的一方是在§101"人"的定义中的任何人,除了§107(a)(4)(A)中提到的三个政府性的"人"。

2."必要的响应费用"

§107(a)(4)(B)授权"必要"的响应费用的收回。理论上,响应费用的"必要性"是独立于响应行动与国家应急计划"一致性"的一个单独的要素。[②] 实际上,两者之间有很大一部分的重叠。

通常来讲,"必要性"是指要求原告花费资金来致力于解决一个对人类健康或环境的威胁。[③] 平常来讲,原告必须依据§107提出至少一种可收回的费用作为其初步证据的一部分。[④] 可收回的特定费用将在下文对§107中"救济"的讨论中更加详细地阐述。

---

① Key Tronic Corp. v. United States (S. Ct. 1994)

② Ambrogi v. Gould, Inc. (M. D. Pa. 1990)

③ Reginal Airport Authority v. LFG (6th Cir. 2006)(发现原告对机场跑道的清理没有满足这个标准。)

④ Ascon Properties, Inc. v. Mobil Oil Co. (9th Cir. 1989)(找到了充分的"清理费用"以及制订和提交环境恢复行动计划所引发的费用的指控。)

3."与国家应急计划一致"

第八章阐述了"国家应急计划"(NCP)。那个计划有单独的部分描述了"污染清除"和"环境恢复"行动中所要求的程序。第九章强调了,依据§107(a)(4)(A)寻求费用偿付的公共实体,只能收回那些不与国家应急计划"不一致"的费用。同样,一个私人主体依据§107(a)(4)(B)寻求费用收回,必须证明它所承担的费用是与国家应急计划"相一致的"。在上述任何一种情况下,"一致性"都是由原告实际承担这些响应费用时国家应急计划的版本所决定的。① 一致性将由采取的特定类型的响应措施所适用的那部分国家应急计划来决定。因此,法院必须明确原告的响应是"清除"行动还是"环境恢复"行动。②

公共和私人费用收回条款说法的不同已经使得法院赞同了,原告表面证据确凿的案件的要素在这两个过程中是不同的。正如在后续章节中所强调的,在依据§107的政府主导的费用收回诉讼中,被告负有证明政府的费用与国家应急计划"不一致"的责任。相较之下,从其他潜在责任方寻求费用收回的私人原告必须证明,他们承担的费用与国家应急计划"一致",来作为他们是表面证据确凿案件的一个要素。③

对于原告来讲,更为安全的方法是将这种一致性作为他控诉的一部分来进行陈述。但至少一些法院只要求与国

---

① Louisiana—Pacific Corp. v. ASARCO, Inc. (9th Cir. 1994)
② General Electric Co. v. Litton Industrial Automation Systems, Inc. (8th Cir. 1990)
③ County Line Investment Company v. Tinney (10th Cir. 1991)

家应急计划一致性的证据,并不会因为没能陈述一致性而驳回其请求。① 在做证明时,原告不必证明美国环保署明确支持原告的活动。②

通常,没有遵从国家应急计划的将会被禁止通过费用收回诉讼获得任何收回。③ 但是,法院可以允许收回初步调查和监测的费用,即使是后来的清理与国家应急计划不一致。④ 而且,法院可能只坚持"实质相符"。⑤

与国家应急计划的"一致性"是一个普通的事实问题。⑥ 依据这个标准,审判法院的判决将会被支持,除非是出现了明显的错误。但是,一些法院将"一致性"作为一个法律和事实的"混合问题"。⑦ 在这个标准下,上诉法院将重新全面审查判决,但判决的事实基础将会被支持,除非有明显的错误。

11.1.3 救济措施

1."必要的响应费用"

(1)被允许的收回

法院已经批准了很多响应费用的偿付。由于没有适用于所有费用偿付的通用标准,法院通常允许原告收回以下情形中发生的费用:

---

① Metal Processing Company, Inc. v. Amoco Oil Co. (E. D. Wis. 1996)
② Wickland Oil Terminals v. Asarco, Inc. (9th Cir. 1986)
③ County Line Investment Company v. Tinney (10th Cir. 1991)
④ Donahey v. Bogle (6th Cir. 1993)
⑤ General Electric Co. v. Industrial Automation System, Inc. (8th Cir. 1990)
⑥ New York v. Exxon Corp. (S. D. N. Y. 1986)
⑦ Louisiana－Pacific Corp. v. ASARCO Inc. (9th Cir. 1994)

• 确定是否是《综合性环境响应、赔偿和责任法》所调整的物质被牵扯到了一个污染释放中;[1]

• 准备一个响应行动;[2]

• 寻找其他潜在责任方,甚至在由代理律师为原告进行的调查中;[3]

• 毁坏或移除私人财产,虽然不是这些财产价值的损失;[4]

• 关闭一个设施;[5]

• 在清理期间保护一个设施;[6]

• 重新安置企业。[7]

(2)不被允许的收回

除了前面段落中所列的获得支持的特定的"相反的"方面,法院通常不允许以下的收回:

• 经济损失、失去的收入或利润、财产损坏;[8]

• 医学监测、运输、财产有益用途的损失;[9]

---

[1] Allied Towing Corp. v. Great Eastern Petroleum Corp. (E. D. Va. 1986)

[2] New York v. Exxon Corp. (S. D. N. Y. 1986)

[3] Key Tronic Corp. v. United States (S. Ct. 1994)

[4] Wehner v. Syntex Corp. (N. D. Cal. 1987)

[5] International Clinical Laboratories, Inc. v. Stevens (E. D. N. Y. 1989)

[6] Amoco Oil Co. v. Borden, Inc. (5th Cir. 1989), contra Woodman v. United States(M. D. Fla. 1991)

[7] anglewood East Homeowners v. Charles—Thomas, Inc. (5th Cir. 1988), contra T&E Industries, Inc. v. Safety Light Corp. (D. N. J. 1988)

[8] Ambrogi v. Gould, Inc. (M. D. Pa. 1990)

[9] Ambrogi v. Gould, Inc. (M. D. Pa. 1990), contra Williams v. Alllied Automotive (N. D. Ohio 1988)

- 提供一个可替代的供水系统;①
- 惩罚性赔偿。②

律师费用作为§107(a)的"响应费用"的收回问题是由最高法院在 Key Tronic 案中提出的。在那个案例中,法院判决,依法依据§107提起的诉讼所产生的律师费用不是"响应的必要费用"。③ 同样,法院认为,之前潜在责任方原告和美国环保署之间的协议协商期间发生的费用是不可收回的。他们认为,他们帮美国环保署形成了最终的命令,所以这些费用是可以收回的,但法院拒绝了他们的请求。但是,法院允许收回由律师追查其他潜在责任方的活动所发生的费用。通过追查其他有清还债务能力的污染者,该潜在责任方"增加(了)有效清理且获得偿付的概率"。因此,法院推理说,这些费用的偿付"除了重新分配费用之外,还满足了一个法定目的"。

2. 公平的宣告性救济

§107条没有授权法院判决禁令性救济。因此,在一个依据§107提起的私人费用收回诉讼中,法院不会命令另一个潜在责任方来清理一个场所。④ 相较之下,法院通常会准许宣告性救济。因此,一个§107中的原告可以获得一个明确各自责任方资助未来清理工作的义务的宣告。⑤

---

① Werlein v. United States (D. Minn. 1990), contra Lutz v. Chromatex, Inc. (M. D. Pa. 1989)

② Regan v. Cherry Corp. (D. R. I. 1989)

③ Key Tronic v. United States (S. Ct. 1994)

④ Cadillac Fairview/California v. Dow Chemical (9th Cir. 1988)

⑤ Ambrogi v. Gould, Inc. (M. D. Pa. 1990)

11.1.4 抗辩

1. 法定抗辩

正如上述所强调的,私人费用收回诉讼中的被告只能通过第九章中所讲的有限的法定抗辩来避免责任。除了那些抗辩,另外的唯一的法定抗辩就是时效期间。时效期间的长度取决于所涉及清理行动的类型。对于"污染清除"行动,费用收回诉讼必须在行动"完成"之后三年以内提出。如果涉及一个"后续的响应行动",在依据§107(c)(1)(C)解除义务之日起,原告有六年的时间。① 对于"环境恢复"行动,原告必须在现场施工开始后六年内提起费用收回诉讼。② 如果一个环境恢复行动是在污染清除行动完成后的三年内进行的,原告也可以在适时提出的环境恢复行动费用收回诉讼中,收回先前发生的污染清除费用。

2. 非法定抗辩

除了这些法定抗辩,法院在去创立普通法的、"非法定"抗辩方面显示出很低意愿。例如,法院已经拒绝过这样的请求,原告不可能收回费用,除非该场所已被列入国家优先清单中。③ 同样,法院在损害分担诉讼中可能会考虑传统的公平抗辩,例如在责任分配中考虑货物出门概不退换、禁止疏忽或不洁之手,但在确立作为一个责任方的被告责任的诉讼中,法院将不会考虑那些抗辩。④

---

① §113(g)(2)(A)

② §113(g)(2)(B);但也见案例 Schaefer v. Town of Victor(2d Cir. 2006)(认为原告未能遵守法定期间。)

③ New York v. General Elect. Co. (N.D.N.Y. 1984)

④ Westfarm Associates L.P. v. International Fabricare Inst. (D. Md. 1993)

被告可能避免《综合性环境响应、赔偿和责任法》责任的其他唯一方式是通过主张一个有效的赔偿协议,正如在第十四章讨论的。一些法院已经允许通过赔偿协议来转移《综合性环境响应、赔偿和责任法》责任。① 然而,其他法院拒绝允许潜在责任方提出赔偿协议使自己免于责任,而将责任转移给另一个潜在责任方。②

3. 宪法抗辩

在有限的情况下,联邦宪法可以为《综合性环境响应、赔偿和责任法》诉讼提供抗辩。尤其是,如果一个州没有同意依据《综合性环境响应、赔偿和责任法》在联邦法院诉讼时,第十一修正案可以禁止它的参与。③ 然而,第十一巡回法院拒绝了关于被商业条款禁止的清理地下蓄水层的《综合性环境响应、赔偿和责任法》责任延伸的请求。④ 至今,依据第十修正案对《综合性环境响应、赔偿和责任法》责任发起的挑战仍是不成功的。⑤

11.2 依据 §113 的分摊诉讼

11.2.1 简介

已经承担响应费用或已被判决对这些费用负有责任的一方,可能试图通过分摊请求来将这些费用转移给其他责任方。正如上述内容所强调的,《超级基金修正案和再授权

---

① Olin Corp. v. Consolidated Aluminum Corp. (2d Cir. 1993)
② Harley—Davidson, Inc. v. Minster, Inc. (E. D. Wis. 1993)
③ Thomas v. FAG Bearing Corp. (8th Cir. 1995)
④ United States v. Olin (11th Cir. 1997)
⑤ Bolin v. Cessna Aircraft Co. (D. Kan. 1991)

法案》规定了一项明确的分摊权利,由联邦法律来管理。依据§113(f)(1),"任何人都可以在依据§107(a)提起的民事诉讼期间或之后,向依据§106或§107(a)有责任或潜在有责任的任何其他人来寻求分摊"。它进一步规定,"在缺少§106或§107的民事诉讼的情况下,该条也不会削弱任何人提起分摊诉讼的权利"。而且,§113(f)(3)(B)为已通过"一个行政和司法批准的协议"与政府达成协议的潜在责任方提供了一个相似的分摊权利。

1. 依据§107和§106的分摊和诉讼

分摊请求通常产生在未决的或已完成的诉讼中。例如,如果联邦政府依据§107起诉场所所有者A收回其响应费用,A可以在这个案件中或者在该案结束之后,寻求其他潜在责任方的分担。同样,如果政府基于对公众健康、福祉或环境的紧急重大危害,对A依据§106提起诉讼,A有同样的分摊权利。

但如果一个像A这样的潜在责任方自愿地清理污染场所,之后依据§113提起一个分摊诉讼,将会发生什么呢?在Cooper Industries, Inc. v. Aviall Services, Inc.(S. Ct. 2004)案中,最高法院认为,基于该条的清晰的语言,在这种情况下是不能获得分摊的。因为§113(f)(1)说的是一个人"可以在(在§107或§106的)任何民事诉讼期间或之后,寻求分摊……"法院推理说"只能在特定条件下寻求分摊,即在一个特定的民事诉讼'期间或之后'"。实际情况是,这种观点将阻碍现有的所有者和运营者自愿清理污染场所。

2. 分摊和§106命令

正如在第十章中讨论的,美国环保署有权力依据§107

发布一个行政命令来强制潜在责任方清理一个受污染场所。然而,在这些情况下潜在责任方的分摊权利是不清楚的。

(1)救济措施的存在

按照 Cooper Industries 的观点,规定一个潜在责任方只能在一个民事诉讼"期间或之后"获得§113(f)(1)中的分摊,只遵从§106行政命令的潜在责任方似乎很可能没有分摊的权利。如果这样的话,就造成了严重的政策担忧。正如在第十章中提到的,对无正当理由不服从行政清理命令的惩罚是严重的。进一步惩罚一个通过拒绝分摊权利来遵从这样一个命令的人是没有理由的。事实上,政策应该是恰恰相反的。法院应该鼓励自愿遵守行政清理命令来防止在美国环保署寻求清理命令的司法执行或避免自己清理场所的决议中不可避免的拖延和花费。

对遵守§106命令的潜在责任人的最好的保护,可能是加入一个与美国环保署的和解协议,之后依据§113(f)(3)(B)寻求来自其他潜在责任方的分担。

(2)诉讼请求要素

假设有分摊的权利,遵从§106命令的诉讼的要素也是不清楚的,主要问题涉及分摊被告辩驳该清理的合理性的能力。至少存在两个主要观点:第一,法院可以简单地认可分摊原告能够证明的费用的表面价值,然后在他们的公平考量下分配它们。第二,法院可以允许被告辩驳响应费用的合理性。反过来,这可以以两种方式发生。首先,法院可以让分摊原告承担证明这种合理性的责任,很像在依据§107(a)(4)(B)的私人费用收回诉讼中施加的责任。其次,法院可以让被告证明该费用的不合理性,很像是他们在依据§107(a)(4)(A)的政府主导的费用收回诉讼中必须做的。

最终,法院必须调解两个相互冲突的政策:鼓励及时的清理与对被告的公正性。强迫原告来承担证明美国环保署命令合理性的责任似乎是过分严厉了。因此,更好的方法应该是安排与清理命令过程中相同的证明责任给挑战者,来证明分摊背景下的不合理性。这样一个规定会鼓励及时的清理,而且给分摊被告们提供了相同的公平因素。

11.2.2 提起分摊请求的程序选择

一个分摊请求可以以五种不同方式来提起。当然,在上文所阐述的情况下,它可以支持自己的诉讼,它也可以以如下的形式在一个之前被提起的诉讼中提出:

- 一个第三方请求(参见案例[①]);
- 一个交叉请求(参见案例[②]);
- 反诉(参见案例[③]);或
- 参加诉讼提出请求(即为了保护分摊权利不被提起§107费用收回诉讼的政府协议所消除,未参加协议的人员试图去参加诉讼[④])。

调解诉讼已经受到了最多的司法关注,而且显示了最多的司法争议。一个非协议方是否可以"基于正当权利"参加到§107诉讼中,法院对此存在分歧。比较案例如下:Arizona v. Motorola, Inc. (D. Ariz. 1991)(基于正当权

---

① United States v. R. W. Meyer, Inc. (6th Cir. 1991)
② United States v. Cannons Engineering Corp. (1st Cir. 1990)
③ Pneumo Abex Corp. v. Bessemer & Lake Erie R. R. Co. (E. D. Va. 1996)
④ Fed. R. Civ. P. 24

利参加诉讼被拒绝)和 United States v. Union Electric Co. (8th Cir. 1995)(基于正当权利参加诉讼被允许)。大多数法院已经拒绝随意地参加诉讼。①

11.2.3 要素

1. 基本要求

为了确立它的分摊权利,一方必须依据《综合性环境响应、赔偿和责任法》证实基本的责任要素。因此,正如在第七章到第九章描述的那样:(1)必须已经有来自设施的《综合性环境响应、赔偿和责任法》所规定的危险物质的释放或释放的威胁导致了响应费用;以及(2)被告必须是一个潜在责任方。除此之外,如果被告可以证实任何一个《综合性环境响应、赔偿和责任法》责任的抗辩,那么分摊将不被允许。不像依据§107的一个费用收回诉讼,在§113分摊诉讼中的责任是非连带的。因此,如果发现分摊被告的责任是单独的,那么原告就有责任证明被告的损害份额。② 正如§113(f)所确立的那样,一旦一方被确定为责任方,它就应承担全部响应费用中自己的那部分份额,而不仅是那些由于它的释放导致的响应费用。

2."必要性"和"一致性"

理论上,反对分摊请求的一方应该与§107的费用收回诉讼中的原告有相同的机会就响应费用的合理性进行辩论。因此,在由联邦政府、州或印第安部落依据§107(a)(4)(A)提起的费用收回诉讼中,被告有机会证明该费用不是"清除或环境恢复行动的费用",或者"不与国家应急计划

---

① United States v. ABC Industrials (W. D. Mich. 1993)
② United States v. I. M. Taylor (M. D. N. C. 1995)

一致"。或者,在由"任何其他人"依据§107(a)(4)(B)提起的费用收回诉讼中,被告可以证明该费用是"不必要的"或"与国家应急计划不一致的"。同样,对分摊请求进行抗辩的一方也应能够提起相同的主张。因此,如果一个上诉法院已经宣称与国家应急计划不一致,就可以很好地在一个分摊诉讼中阻止费用的收回。[①]

在实际中,一个分摊被告重新提起这些诉讼的能力范围将取决于该请求产生的诉讼历史。因此,如果该分摊请求是作为依据§107的基本诉讼的一部分而被提起的,那么,根据"争点排除规则",在法院继续解决分摊请求时,先前诉讼的关于"必要性"和"一致性"的判决通常具有约束力。然而,如果被提起分摊请求的人不是依据§107的先前诉讼的当事人,那么,除非"争点排除规则"有所规定,否则分摊被告能够挑战关于响应费用的初始判决的基础。同样,如上所述,在遵从任何一个§106授权发布的命令——一个行政清理命令、一个法院禁制令或一个协商的和解协议——的分摊程序中,该分摊被告应该也能够挑战关于响应费用的初始判决的基础。

11.2.4 抗辩

1. 法定抗辩

如同依据§107的私人费用收回诉讼,一个分摊被告可以尝试证明《综合性环境响应、赔偿和责任法》责任的狭窄的法定抗辩。除了这些以外,只有两个其他的积极抗辩可以适用:(1)三年的时效期间;(2)分摊保护条款。

根据§113(g)(3),一方有三年的期间来寻求分摊。

---

① County Line Investment Co. v. Tinney (10th Cir. 1991)

这个期间是从下面两个单独的起始点之一开始的:(1)费用收回诉讼的判决日期;(2)批准费用收回诉讼协议书的行政或司法命令的日期。

根据§113(f)(2),"(一个)在一项行政或司法批准的协议中已经向美国政府或州履行其责任的人,对关于协议中事项的分摊请求应该是不负责任的"。§122(g)(5)对于"极小量"协议的责任方提供了相似的保护。协议方可能仍会向非协议方寻求分摊。[1] 但是,非协议方不能从协议方那里寻求分摊。

为了鼓励《综合性环境响应、赔偿和责任法》协议,一些法院已经拒绝对法定分摊保护给予一个狭窄的理解。因此,第一巡回法院裁决,协议也阻止向协议者提起的赔偿请求。[2] 一个地区法院得出结论,一个责任方与美国环保署的协议阻止了对那一方提起的分摊交叉请求,即使该交叉请求原告已经将他们的交叉请求设计为§107下的"费用收回"诉讼。[3] 最后,至少一个地区法院已经将分摊保护延伸到了只有私人主体的协议,即既不包含联邦政府又不包含州。[4]

分摊禁止的特定范围取决于协议的具体主体。法院广义地解释了协议中所阐述的事项的范围,以此来鼓励协议和确定责任。[5] 不过,根据一些协议的条款,一些非协议被告可能仍然能向协议被告寻求部分分摊。因此,在协议中

---

[1] United States v. Cannons Engineering Corp. (1st Cir. 1990)
[2] United States v. Cannons Engineering Corp. (1st Cir. 1990)
[3] United States v. ASARCO, Inc. (D. Colo. 1993)
[4] United States v. SCA Services (N. D. Ind. 1993)
[5] United States v. Colorado & Eastern R. R. Co. (10th Cir. 1995)

只覆盖了美国环保署初始场所工作的费用责任的情况下,一个地区法院拒绝驳回这样的请求。①

关于责任分配的协议的效果将在下文分摊的讨论中陈述。

2. 衡平抗辩

如同依据§107的私人响应费用诉讼,法院通常不愿承认非法定的、衡平抗辩,因为对于费用收回来说是完全的阻碍。例如,法院已经拒绝"不洁之手"作为一个完全的抗辩。它们认为,既然原告将频繁地承担污染的后续责任,对这种抗辩的认可将会在很大程度上造成分摊不可得。② 但是,与§107的诉讼不同,在分摊诉讼中,法院会考虑传统的衡平抗辩(例如,货物出门概不退换、禁止反言、疏忽和不洁之手)作为责任分配中的因素。③ 下面关于"分摊"的讨论中,会思考这些问题。

3. 宪法抗辩

如同以上所讨论的私人费用收回诉讼中的抗辩,在极为有限的情况下,联邦宪法可以提供一个抗辩。第十一修正案或商业条款抗辩可能也适用于分摊诉讼。

11.2.5 分摊

1. 一般规定

§113(f)(1)授予了法院在责任方之间分配责任的广泛的自由裁量权。它这样规定:"在解决分摊索赔时,法院

---

① Transtech Industrials, Inc. v. A & Z Septic Clean (D. N. J. 1992)
② United States v. R.W. Meyer, Inc.(6th Cir. 1991)
③ Western Properties Service Corp. v. Shell Oil Co.(9th Cir. 2004)(疏忽)

可以使用这种公平的因素来在责任方之间分配响应费用,因为法院的判决是恰当的。"

作为这些公平标准的一个便利组合,法院常常引证所谓的"Gore"因素。这些因素是以 Albert Gore, Jr. 命名的,他在《综合性环境响应、赔偿和责任法》通过之前的立法讨论中引入了这些因素。这些因素是:

• "当事人能够证明他们对可辨别的污染释放或危险废物处置所起作用的程度";

• "涉及的危险废物的数量";

• "涉及的危险废物的毒性程度";

• "当事人在危险废物的生产、运输、处理、贮存或处置过程中的参与程度";

• "针对这些危险废物的特点,当事人对有关危险废物是否尽到注意义务的程度";

• "以及当事人与联邦、州或地方政府一起来防止任何对公众健康或环境伤害的合作程度"。

参见案例。[①]

然而,这些因素并没有穷尽可能性。正如第六巡回法院在一个经常引用的案例中所陈述的,在费用分摊收回的分配中,法院会考虑它认为的是出于正义的任何因素。……没有详尽的标准清单需要或应该被程式化。然而,除了 Gore 因素,法院可能会考虑当事人的心态、他们的经济地位、他们之间任何与主题有关的协议、任何传统的衡平抗辩如减罪因素以及任何被认为适合来平衡情况整体的公正

[①] United States v. A&F Materials Co., Inc. (S. D. Ill. 1984)

性的其他因素。① 该法院也批准一个不仅基于被告场所所有者对污染的物质影响,"也基于它作为场所所有者的道德影响"的分配判决。

不管审判法院所使用的特定因素,上诉法院只会因"滥用自由裁量权"而推翻判决。②

2. 自愿分摊

即使法院因此在分摊程序中分配《综合性环境响应、赔偿和责任法》责任中考虑各种各样的因素时有广泛的自由裁量权,但很多分摊诉讼从未考验那种自由裁量权。就像大多数其他的诉讼,分摊请求通常由当事人他们自己来协议解决。在很多这样的协议中,用以分配责任的主要因素是一方贡献给该场所的废物的容积份额。

3. 孤儿份额的分摊

在法院被要求行使其自由裁量权的很多案例中,一些责任方会是无偿付能力的、已故的、解散的或是无法联合诉讼的。这样的情况迫使法院将缺席的或无偿付能力的责任方的比例份额在有偿付能力的责任方之间进行分配。这些份额通常被称为是"孤儿"份额。

对于这个问题有两个可能的不同方法。第一,在传统规则下,分摊被告仅仅对他们自己的份额负有责任。因此,寻求分摊的一方就承受了如果它没有联合所有的侵权者或一个侵权者是无力偿付的损失风险。③ 第二,根据《统一比较过失法》(UCFA) 的 §2(d),法院可以在所有切实可行

---

① United States v. R. W. Meyer, Inc. (6th Cir. 1991)
② United States v. R. W. Meyer, Inc. (6th Cir. 1991)
③ 《侵权行为法第二次重述》,§886A

的责任方之间分配孤儿份额。到目前为止,《综合性环境响应、赔偿和责任法》法院已经遵循了《统一比较过失法》的解决方式。因此,对于被施加连带责任的不可分割伤害的任何孤儿份额,有偿付能力的责任方会承担与责任方相对公平的份额相对应数量的孤儿份额。[1]

4. 协议效果的降低

第二个分摊问题是由之前的一些责任方《综合性环境响应、赔偿和责任法》责任的协议产生的。在《超级基金修正案和再授权法案》实施之前,法院在是通过和解的金额,还是通过协议方的公平的份额数量来减少非协议责任方的分担责任上存在着争议。在非协议方认为协议方收到一个慷慨交易的案例中,这种区别可能是重大的。美国环境保护署更喜欢前一个方法,这种方法与《统一侵权责任人分担法》所采纳的观点相似。另一种方法,为很多《超级基金修正案和再授权法案》实施之前的法院所喜欢,是《统一比较过失法》采纳的观点。

正如《超级基金修正案和再授权法案》所添加的,§113(f)(2)和§112(g)(5)规定,任何协议"除非它的条款有规定,否则不会免除任何潜在责任人的责任,但它可以通过和解的金额减少其他人的潜在责任"。自《超级基金修正案和再授权法案》后,法院通常只通过和解金额,而不通过协议方清理的公平份额来减少非协议方责任份额。[2] 因此,非协议方承担着协议太过慷慨的风险。这个态度是与鼓励协

---

[1] Action Manufacturing Co., Inc. v. Simon Wrecking Co. (E.D.Pa. 2006)

[2] United States v. Cannons Engineering (1st Cir. 1990)

议的《综合性环境响应、赔偿和责任法》总体政策保持一致的。

11.3 公民诉讼

虽然在本章以及前面四章大部分内容中的讨论重点是负有场所清理潜在责任的责任方的义务,但《综合性环境响应、赔偿和责任法》的影响从那些责任方延伸到了大众。结果,在《综合性环境响应、赔偿和责任法》一般政策和特定场所清理的规划中,公众通常要求实质的参与。

《综合性环境响应、赔偿和责任法》通过很多种方式来承认公众参与的重要性。例如,在美国环保署颁布解释《综合性环境响应、赔偿和责任法》的规定时,公众有机会通过联邦《行政程序法》的"通知和公告"条款来参与这些提案。[1] 另一种方式,美国环保署和责任方设计一个污染清除行动来清理特定污染场所时,国家应急计划通常会为公众参与这样的决定提供机会。[2]

然而,公众可能最终并不满意所颁布的规定或特定的场所清理计划及计划的实施。例如,环境或公共卫生倡导者可能认为一个规定或所选择的清理计划在保护人类健康或环境上是远远不够的。或者,他们可能认为没有一个充分的计划能够实施。相较之下,商业组织和个人潜在责任方很可能认为一个规定或所选择的清理计划走得太远了,即它要求的环境恢复行动超出了法令所要求的。

---

[1]　5 U.S.C.A. § 551—559; see, e.g., CERCLA § 105(a)
[2]　§ 113(k)

当这些不满意是基于有充分的理由相信《综合性环境响应、赔偿和责任法》或它的实施规定和命令已经被违反时,《综合性环境响应、赔偿和责任法》提供了一个有限的救济措施——公民诉讼。《综合性环境响应、赔偿和责任法》对这一救济措施的规定,与其他主要的联邦环境法律没什么不同。然而,依据《综合性环境响应、赔偿和责任法》的公民诉讼有一个重大限制。因为这些诉讼可能会大大拖延场所清理,所以国会很大地限制了联邦法院受理针对特定场所清理计划的诉讼的管辖权。

11.3.1 一般规定

§310(a)明确了两种此类诉讼。其中(a)(1)允许"对有嫌疑违反任何已经(依据《综合性环境响应、赔偿和责任法》)生效了的标准、规定、条件、要求或命令的任何人……"的诉讼。(a)(2)允许"对被认为未能依据(《综合性环境响应、赔偿和责任法》)执行任何……非自由裁量的行为或义务的总统或任何其他美国政府官员"的诉讼。

对于这样的法令来说这是典型的:对于原告已经给出必要的诉讼前通知以及政府不"努力地执行"一个相似的行动的案件,附加条款对起诉的权利进行了限制。[1] 原告必须在依据§310(a)(1)提起诉讼前至少60天,已将指控违法的通知给予总统、被指控的违法行为发生地的州以及被指控的违反者。[2] 对于后者,通知被指控违法者的工厂管理者就已足够了。[3] 同样,原告必须在依据§310(a)(2)提

---

[1] §310(a)(2)
[2] §310(d)(1)
[3] Lutz. v. Chromatex, Inc. (M. D. Pa. 1989)

起诉讼前至少60天,通知美国环保署或其他联邦部门、机构或被指控违反了《综合性环境响应、赔偿和责任法》的机构。① 在任一种情况中,原告不能对完全过去的违法行为提起诉讼;而应是被告必须仍在"违法中"。② 对仍在继续或将来可能会再发生的违法行为的指控也是符合要求的。

法令也明确了审判地点和救济措施。依据(a)(1)提起的诉讼必须在所指控的违法行为发生地的地区法院提起。③ 依据(a)(2)提起的诉讼"可以"在哥伦比亚特区巡回法院"提起"。④ 法院可以制定任何相关实施许可条件、法令或规定的必要命令。⑤ 胜诉的原告可以收回它的诉讼费用,包括合理的代理律师和专家证人的费用。⑥

11.3.2 审查的限制条件

根据公民诉讼的特定基础,可能会适用额外的法定条款。

1. 对规定提起的诉讼

对依据《综合性环境响应、赔偿和责任法》颁布的规定提起的公民诉讼,必须在哥伦比亚特区巡回法院提起。⑦ 原告必须在规定颁布之日起90天内向法院提起。法令禁止任何在后续执行诉讼中审查已在90天期间内被提起诉讼的规定的有效性。

---

① § 310(e)
② Coalition for Health Concern v. LWD, Inc. (6th Cir. 1995)
③ § 310(b)(1)
④ § 310(b)(2)
⑤ § 310(c)
⑥ § 310(f)
⑦ § 113(a)

2. 对场所清理决定提起的诉讼

由于可能会极大减慢场所清理过程，§113(h)限制了联邦法院审理对有关特定场所清理决定的诉讼的管辖权。该法令只允许在四种情况下提起：

• 在§107的费用收回诉讼中；
• 在执行依据§106颁布的行政清理命令的诉讼中，或依据该法规定提起的强制清理诉讼中；
• 在遵守§106命令的一方针对超级基金提起的索赔诉讼中；
• 以及在特定的公民诉讼中。

最后这种情形，规定于§113(h)(4)中，允许"指控依据§104所采取的或依据§106所担保的清除或环境恢复行动违反了《综合性环境响应、赔偿和责任法》的"公民诉讼。但是，这些公民诉讼，不能对"将要在该场所进行环境恢复行动"的"污染清除"行动提起挑战。[1]

§113(h)限制条件的范围已经受到了显著的司法关注。在很大程度上，对潜在的清理延迟的关注已经迫使法院宽泛地解读这些限制。因此，法院通常会禁止在美国环保署已完全执行完特定环境恢复决定之前，对这些环境恢复决定提出质疑。[2] 这些法院已经抓住了上述引用的公民诉讼条款所强调的部分；以过去时态陈述的那句话，使法院确信在法院受理针对环境恢复行动提起的诉讼时，那些环境恢复行动已经完成了。事实上，有些法院甚至已经走得更远，禁止对清理决定进行实施前的审查。对于这些法院，

---

[1] §113(h)(4)
[2] Schalk v. Reilly (7th Cir. 1990)

场所的潜在责任方甚至是不能对一个已完全执行完毕的清理决定提起诉讼,直到美国环保署已对他们提起费用收回诉讼。① 该禁止不仅延伸到了依据《综合性环境响应、赔偿和责任法》提起的诉讼,也延伸到主张任何联邦法律来对环境恢复决定提出挑战的诉讼。②

对于认为一个清理策略太昂贵的潜在责任方,以及对于认为清理策略不适当的公民团体来讲,这些决定的严肃性是显而易见的。在任何一种情形下,决定是不能被挑战的,除非这项决定做出得太晚而不能有足够的效果。在只有一个潜在责任方,并且只需一个"大众汽车"就能满足的清理,而政府却执行了一个"凯迪拉克清理"的情况下,该潜在责任方理论上有一些救济措施。在一个§107诉讼中,可以证明希望得到的补偿不是"污染清除或环境恢复的花费"或者这些花费是"与国家应急计划不一致的"。然而,在实践中这些条款为潜在责任方提供了极少的真实补偿;法院将会支持美国环保署的行动,除非它们是"专断的和反复无常的或有其他违法情形"。③在任意一个只关于钱的事件中,国会可能很有理由得出结论说,相较于公众可能必须承担的从不可避免的延误到广泛的实施前和执行前审查的费用,对可能会为一个过度的清理买单的少数潜在责任人造成的伤害则显得很苍白。

然而,在公民团体认为环境恢复措施不足以保护公众健康的情况下,该公正性是不同的。例如,要求对被填埋的

---

① Voluntary Purchasing Groups, Inc. v. Reilly (5th Cir. 1989)
② Boarhead v. Erickson (3d Cir. 1991)
③ §113(j)(2)

废物进行挖掘和运输的环境恢复计划对公众造成的危害，可能会超过就地隔离这些废物的决定所造成的损害。在这样一个案例中，这种直到挖掘发生之后才能对挖掘决定进行司法审查的限制条件，意味着公民根本没有得到真正的环境恢复。

认识到这些严峻的后果，一些法院已经开始慢慢放弃对场所清理活动执行前审查的绝对禁止。因此，在一个案例中，第六巡回法院允许非协议的潜在责任方，以及通过延伸而来的其他受影响的公民，来检查和解协议中的任何环境恢复措施的适当性。① 就像第七章到第十章所论述的，由于协商的§106和解协议是美国环保署最喜欢的清理策略，那么第六巡回法院的判决对实施前或执行前审查的禁止打开了一个重要的突破口。在另一个案例中，第十巡回法院得出结论说，§113(h)中没有禁止州实施它的《资源保护和恢复法》授权的对国家优先清单上场所的危险废物计划。② 而且在一个潜在责任方主张美国环保署清理策略的剩余部分可能会造成不可修复的环境损害的情况下，第三巡回法院得出结论认为，这样一个潜在责任方（该潜在责任方是美国环保署依据§107提起的收回其迄今为止的费用的诉讼中的被告）可以在该计划完全实施前对其提出挑战。③

在另一个领域，法院已经就执行前审查禁止的范围达成了相矛盾的结果。当一方当事人对依据《综合性环响

---

① United States v. Akzo Coating of America, Inc. (6th Cir. 1991)
② United States v. Colorado (10th Cir. 1993)
③ United States v. Princeton Gamma-Tech, Inc. (3d Cir. 1994)

应、赔偿和责任法》采取的环境恢复行动提出宪法挑战的情况下,依据正当程序原则,适用执行前审查禁止可能本身就会引起宪法问题。一些法院,例如第六巡回法院,认为该禁止适用于这些挑战,而且这样的适用本身并没有否认正当法律程序。① 相较之下,第一巡回法院认为,至少这种对《综合性环境响应、赔偿和责任法》决定的表面挑战可能很好地克服了§113(h)的禁止。② 该法院也得出结论说,缺乏先前通知和听证这样的适当程序,也阻止了美国环保署对潜在责任方财产行使扣押权来确保潜在的《综合性环境响应、赔偿和责任法》责任。③

---

① Barmet Aluminum Corp. v. Reilly (6th Cir 1991)
② Reardon v. EPA (1st Cir. 1991)
③ General Electric Co. v. EPA (D. C. Cir. 2004)(认为,§113(h)没有禁止一个基于正当程序条款的执行前挑战。)

第12章 依据《资源保护和恢复法》和《综合性环境响应、赔偿和责任法》的其他的危险废物清理选择

正如在第七章到第十一章中详细描述的,很多危险废物场所是依据《综合性环境响应、赔偿和责任法》中环境恢复措施和费用转移条款而进行的清理。虽然《综合性环境响应、赔偿和责任法》为美国环保署和其他人规定了他们偏爱的清理选择,但《资源保护和恢复法》的两个条款也规定了大量的危险废物清理职权。

第一,《资源保护和恢复法》§7003,以及有关公民诉讼的§7002,授权了针对"对健康或环境造成紧急的重大危害"的危险废物场所的行政和司法行动。《综合性环境响应、赔偿和责任法》将这些《资源保护和恢复法》条款在危险废物清理中的作用降低到了一个不太突出的角色。虽然如此,在不适用《综合性环境响应、赔偿和责任法》的情形下,这些条款仍起到了重要的"填补空缺"的作用。

第二,《资源保护和恢复法》§3004和§3008授权美国环保署针对已经或应该已经获得《资源保护和恢复法》许可证或是过渡状态的TSD设施采取"修复行动"。这些规定所提供的大量手段已经使得它们成为美国环保署对受污染的TSD场所进行清理时更偏爱的选择。同时,这些条款使

得第六章所阐述的《资源保护和恢复法》对危险废物"从摇篮到坟墓"的监管,变为一个"从摇篮到坟墓,乃至超越"的系统。

第六章说明了《资源保护和恢复法》管理危险废物的行政的、民事的、刑事的执行。本章先说明依据这两个《资源保护和恢复法》清理条款所采取的执行行动。之后再对《资源保护和恢复法》和《综合性环境响应、赔偿和责任法》间相互作用的讨论中得出结论。

12.1 "紧急的重大危害"诉讼:《资源保护和恢复法》§7003 和 §7002(a)(1)(B)

12.1.1 历史和概述

在 1976 年颁布《资源保护和恢复法》中,§7003 是授权美国环保署清理危险废物污染的唯一一条款。事实上,在《综合性环境响应、赔偿和责任法》颁布之前,§7003 对这种清理规定了几乎全部的联邦法定权限(类似于《有毒物质控制法》(详见第四章)和《安全饮用水法》(详见第五章)所规定的"危害"条款,但这些在固体废物污染的适用上有所限制而且极少被用到)。但是,《资源保护和恢复法》§7003 被弃置了三年,因为它的初始语言使得美国环保署认为,它只被授权清理正在使用中的 TSD 设施。[1] 最终,美国环保署重新解释了该条款来授权对正在使用中的以及废弃的设施进行联邦清理。[2] 在它的 1984 修正案中,国会将后来的

---

[1] 43 F. R. 58,984 (Dec. 18, 1978)

[2] 45 F. R. 33,170 (May 19, 1980)

解释编入了法典。① 在这个重新解释之后的很短的时期内，§7003规定了由政府主导对在《综合性环境响应、赔偿和责任法》通过之前受污染的场所进行清理的主要权限。

第7003条在1979年收到了它的第一个重要的联邦使用。在那一年，司法部使用它强制对纽约一些受污染的废弃设施进行清理，包括声名狼藉的拉夫运河。在接下来一年的一些其他立案，促进了判例法的适度发展，即，使§7003中诉讼的主要要素具体化了。然而，1980年《综合性环境响应、赔偿和责任法》的通过以及1984年对美国环保署的《资源保护和恢复法》中军火库的"修复措施"的添加，共同降低了该条的重要性。但是，在一些不适用《综合性环境响应、赔偿和责任法》的少数情形下，它仍是一个重要的清理选择。因此，当存在《综合性环境响应、赔偿和责任法》的管辖范围明确排除的情况下（如石油排除），或者废物是危险的但又不符合《综合性环境响应、赔偿和责任法》中规定的"危险物质"的情况下，§7003是有用的。与之相配套的公民诉讼条款，也可能被没有财产利益或责任足以寻求在自愿《综合性环境响应、赔偿和责任法》清理中所引发的"响应费用"的补偿的人使用。② 因此，它可能允许"善意人"来寻求一个要求清理的禁制令，即使这样的原告依据《综合性环境响应、赔偿和责任法》或《资源保护和恢复法》可能不能收回其响应费用。

---

① United States v. Waste Industries, Inc. (4th Cir. 1984)
② Pennsylvania Urban Development Corp. v. Golen (E. D. Pa. 1989)（之后的购买者没有起诉资格来寻求购买前"谨慎处理"工作的补偿。）

12.1.2 要素

1. 关键术语

根据§7003(a)(以及与之相配的§7002(a)(1)(B)公民诉讼规定),原告必须证明被告对废物的处置或处理已经导致了一个危险状态。更精确地讲,原告必须证明:(1)存在对"健康或环境"的"紧急的重大危害";(2)"过去或现在的对任何固体或危险废物的处理、贮存、加工、运输或处置"引发了该危害;以及(3)被告"促成了"导致危害的活动。责任是严格的,连带的。[1] 因此,原告不需要证明被告是过失的、鲁莽的,或是故意的伤害。[2]

少数几个对这些要素进行推论的案例已经使原告的情况变得相对简单。关于第一个要素,法院得出结论说"紧急的重大危害"仅仅包括受到威胁的伤害,即使至今还未实现。[3] 因此,原告不需要证明一个"紧急情况"的存在。[4] 至于第二个要素,可提起诉讼的废物并不局限于在《资源保护和恢复法》C节中规定的危险废物(关于C节对"危险废物"定义的讨论,详见第六章)。§7003不是C节("危险废物管理")的一部分,而是出现在G节("其他条款")中的。因此,当依据§7003来确定环境保护署的职权范围时,法院适用了《资源保护和恢复法》§1004(5)和(27)中的"固体"

---

[1] United States v. Northeastern Pharmaceutical & Chemical Co. (8th Cir. 1986)
[2] United States v. Ottati & Goss, Inc. (D. N. H. 1985)
[3] United States v. Conservation Chemical Co. (W. D. Mo. 1985)
[4] United States v. Waste Industries, Inc. (4th Cir. 1984)

和"危险"废物的广义的、一般的法定定义。① 广义法定术语的司法应用避免了依据C节监管定义而引发的复杂分析。而且,因为没有为了§7003目的而管理"固体"和"危险"废物的美国环保署的规定,所以法院在理论上可以更少地顺从美国环保署关于法定定义的解释。最后,关于第三个要素,法院很广泛地解释了"导致"。事实上,在根据§7003的可能最著名的案例中,第八巡回法院最初得出结论,它包含公司的总裁和主要股东,因为他对公司的危险物质处置具有整体权威。② 然而,最近法院已开始更多地要求参与,而不仅仅是"控制能力"。③

2. 公共执行

§7003(a)给予美国环保署两个主要的执行选择。第一,它可以发布"必要的"行政命令"来保护公众健康和环境"。该法令使得故意违反这种命令的人能够被罚款惩罚。④ 第二,它可以就禁止被告继续他的危险废物处置活动或者为了获得一个"采取其他必要的行动"的命令而提起诉讼。衡平法上的救济可能包含调查或环境恢复场所的命令。由于这些诉讼的公平的本质,被告能够提出衡平抗辩;然而,这些已被证明一般是不成功的⑤。在依据§7003解决任何请求之前,政府必须通知公众,举行公开会议,并为

---

① Connecticut Coastal Fishermen's Ass'n v. Remington Arms Co. (2d Cir. 1993)

② United States v. Northeastern Pharmaceutical & Chemical Co. (8th Cir. 1986)

③ United States v. Gurley (8th Cir. 1994)

④ §7003(b)

⑤ United States v. Hardage (W. D. Okl. 1987)(疏忽和不洁之手。)

"征集公众意见提供合理的机会"。①

至今,美国环保署的依据§7003强迫被告来补偿公共资金资助的清理费用的权限仍是不确定的。最高法院驳回了在依据§7002提起的公民诉讼中的返还性判定。② 尽管一个§7003行动的公共性的本质为辨别Meghrig留有空间,但缺乏关于这种返还性判定的明确法定职权,根据§7003很可能会导致相似的结果。

3. 私人执行

如上所述,§7002——《资源保护和恢复法》的公民诉讼条款——授权私人来对"紧急的重大危害"行为提起诉讼。③ §7003和§7002的主要术语都是相同的。正如在第六章长篇讨论的,《资源保护和恢复法》对于一个公民诉讼的提起施加了两个程序上的障碍。第一,原告必须在诉讼前足够的时间,给予正确的人正确的通知。第二,特定的政府执行行动将会阻碍公民诉讼。除此之外,非政府的原告不可以适用§7003来挑战一个TSD设施的选址或许可。④

通知的条款要求打算提起诉讼的私人,首先将其意图告知环境保护署、危害可能发生地的州、被指控的造成危害的贡献者。⑤ 美国司法部长也必须要收到通知。⑥ 对于大多数危害行为,通知必须在原告诉讼之前至少90天发生。

---

① §7003(d)
② Meghrig v. KFC Western, Inc. (S. Ct. 1996)
③ §7002(a)(1)(B)
④ §7003(b)(2)(F)
⑤ §7002(b)(2)
⑥ §7002(b)(2)(F)

这似乎是违反常理的,因为不指控"紧急的危害"的原告在提起他们的公民诉讼之前只需等待60天。对比§7002(b)(1),如果原告指称危害是违反C节中的危险废物条款的结果,那么大大推迟适用危害条款的这种讽刺就会稍微缓和。涉及这种指控的诉讼可以在通知给出之后立即提起。① 如同在第六章讨论的其他公民诉讼条款,结合了依据《资源保护和恢复法》多个部分的指控而提起的公民诉讼,使必要的诉讼延迟的计算变得复杂了。②

《资源保护和恢复法》列出了一些阻碍公民诉讼的政府执行行动,这些政府执行行动是"已开始了"并且"正在努力地实施的"。这些行动包括:(1)依据§7003对"紧急的危害"实施的公共行动;(2)依据《综合性环境响应、赔偿和责任法》采取的所列出的活动。③ 关于这些行动的阻碍影响的其他讨论,请看第六章。

根据§7002,可获得的救济措施包括撤销令。但是,它们不包含补偿原告过去(即审判判决前)用私人基金来清理设施的花费。④ 然而,在Meghrig案件中,最高法院给予了私人获得要求被告支付由除了被告以外的其他人引发的未来清理费用的资格。当然,正如在第六章更全面讨论的,胜诉的原告也可以获得关于诉讼费用的判定,包括合理的代理律师费用。

---

① §7002(b)(1),(2)

② Zands v. Nelson (S. D. Cal. 1991)

③ §7003(b)(2)(B),(C)

④ Meghrig v. KFC Western, Inc. (S. Ct. 1996)

12.2 "修复行动":《资源保护和恢复法》§3004和§3008(h)

12.2.1 简介

1980年的《综合性环境响应、赔偿和责任法》将《资源保护和恢复法》§7003的联邦危险废物清理计划转移到《综合性环境响应、赔偿和责任法》下的多种清理选择。然而在1984年,国会意识到《综合性环境响应、赔偿和责任法》在实施中受到了严重的限制。诸如潜在场所的数量是巨大的;清理过程太缓慢;而且清理费用很快就会用尽从超级基金中可得的有限的资金。

为应对这些限制,国会实施了两个立法步骤。最终,正如在第七章中所讲的,国会在1986年直接对《综合性环境响应、赔偿和责任法》进行了修订。但是在这之前的两年,国会就已经采取了第一个、间接的步骤来应对《综合性环境响应、赔偿和责任法》清理的瓶颈。在《资源保护和恢复法》的1984年修正案中,国会极大地扩大了美国环保署可以应用到TSD设施的有限的"修复行动"计划。

作为一个获得《资源保护和恢复法》许可的条件,美国环保署已经要求被定义为"受监管的(TSD)单位"清理它们的边界内危险废物的释放。[①] 1984年《资源保护和恢复法》修正案,以及它们的实施规定和政策文件,大大扩大了可能被要求完成这些修复行动的TSD设施的数量。虽然该计划仅限于TSD设施,但美国环保署估计有5700个这样的

---

① 40 C. F. R. §264.100

设施,包含了高达80000个的"固体废物处置点",这些都是可能要遵守修复行动要求的。在这些处置点,有超过一半的可能必须要进行一些修复行动,总共费用在几百亿美元。因此,在潜在场所的数量和规划的清理费用这两个方面,该修复行动计划都与《综合性环境响应、赔偿和责任法》相匹敌。

修复行动计划包括分别适用于被许可的设施(§3004(u),(v))和临时状态的设施(§3005(i),§3008(h))的不同规定(关于对这两种类型设施区别的讨论,请看第六章)。由于临时状态设施的当代重要性的降低,以下的讨论将首先关注对被许可设施的要求,然后以对临时状态设施要求的简短概述来结束。

12.2.2 关键术语

第3008条包含两个单独的修复行动要求。第一,§3008(u)规定,任何1984年11月8日之后发布的TSD许可,需要求"对(TSD)设施中的任何固体废物处置点所释放的危险废物或成分采取修复行动……而不管废物被放置在此的时间"。该许可必须包含一个执行时间表以及一个TSD所有者有足够资金来完成清理的担保。修复行动的要求也适用于被关闭的而不是获得进一步经营许可的设施。为了确保设施不能通过简单的关闭来避免修复行动,美国环保署要求设施在1982年7月26日之后收到废物,或者到1983年1月26日还没有得到官方确认的,将获得一个"关停后"许可。[①] 通常,这些关停后许可会要求采取

---

① 40 C. F. R. §270.1(c)

修复行动。① 哥伦比亚特区巡回法院在 American Iron & Steel Institute v. EPA (D. C. Cir. 1989)案中就支持了这些要求。第二，§3008(v)要求 TSD 设施对延伸到"设施边界之外的,且对保护人类健康或环境是有必要的……"释放采取修复行动。TSD 所有者只有证明他不能够获得临近土地所有者的许可进入该场所,才可避免这种边界之外的清理要求。

该法令没有定义"释放""危险废物成分"或"固体废物处置点"这些关键性的术语。通过一系列的规定、监管提议和指导性文件,美国环保署对这三个术语中的每一个都进行了广义的解读。至今,法院通常支持美国环保署给予它们的广义解读。

1."危险废物或成分"

该法令提出了"危险废物或成分"的释放。"危险废物"是根据在第六章详尽描述的 C 节的规定而定义的。如同那一章所讨论的,那个定义,是取决于"固体废物"的监管定义的。

"危险废物成分"的含义潜在地拓宽了修复行动的管辖范围,超出了那些构成"危险废物"的特定材料。美国环保署持有一个关于这些成分的列表。② 这是用来申请第六章所讨论的《资源保护和恢复法》"土地禁令规定"的同一个列表。

2."释放"

令人意外的是,修复行动规定使用"释放"一词,但却不

---

① §270.14
② 40 C. F. R. Part 261, Appendix VIII

定义它,参见§264.90 到§264.101;与之相比较的是§280.12(为 UST 修复行动计划定义了"释放")。美国环保署在对 1984 年法定修正案的初次实施规定的 1985 年解释中,得出结论说修复行动计划的"释放"必须是"至少与《综合性环境响应、赔偿和责任法》中的定义一样宽泛"。① 然而,根据这些解释,《资源保护和恢复法》的定义并不受限于《综合性环境响应、赔偿和责任法》的法定豁免。而且,美国环保署还得出结论说,其修复行动的权限不仅延伸到实际的释放也延伸到受到威胁的释放,只要这种未来的释放是"可能的"。② 与《综合性环境响应、赔偿和责任法》宽泛的释放定义一致(详见第七章),美国环保署也将含有危险物质的密封容器的丢弃包含在《资源保护和恢复法》修复行动定义之内,至少泄漏是有可能发生的。

然而,在一个经常会遇到的情况中,"释放"不会被认为是已经发生了。美国环保署不认为从原材料或已完成产品的贮存中发生的泄漏是一种释放,除非该释放是"日常的和系统的"。③ 但是,美国环保署可以根据"综合性"许可规定主张它的剩余权限,来要求这种发生在指定的"关注区域"(AOC)的泄漏或溢出的清理。根据这一"综合性"规定,美国环保署可以施加任何必要的条款来保护健康和环境。④ 在以下情形中,美国环保署将会要求对 AOC 场所进行清理:(1)AOC 与设施的废物管理活动之间存在关联;(2)来

---

① 50 F. R. 28702(1985)
② 50. F. R. 30874(1990)(试行规定)
③ 55 F. R. 30808 (1990)
④ §3005(c)(3)

自 AOC 的伤害显示了足够的威胁性。

3."固体废物处置点"和"设施"

有关修复行动的法令重点提出了来自于"寻求许可的 TSD 设施中的固体废物处置点（SWMUs）……"的释放。尽管国会没有定义"固体废物处置点"，但美国环保署对此有一个定义。依据修复行动的规定，固体废物处置点是"在任何时间已将固体废物放置其中的任何可辨别的单位……"[1]在这个定义下，一个典型的固体废物处置点是一个更大的"设施"的一部分，例如，一个特定的垃圾填埋场，一个地面储存池或废物焚化炉。

尽管该法令没有定义"固体废物处置点"，但其暗示 TSD 设施通常可能是由多种"固体废物处置点"组成的。在一些这样的设施中，在《资源保护和恢复法》颁布后要求有许可证的 TSD 活动可能仅仅发生在其中一些处置点；其他很多处置点可能已经闲置多年了。事实上，为了实现修复行动的目的，美国环保署广泛地定义了"设施"，包括了相关 TSD 设施所有者所拥有的所有毗连的财产。[2] 它包括被道路分隔开的毗邻的地块和财产。针对工业界的反对，美国环保署得出结论说，无论何时 TSD 设施所有者或运营者申请一个许可，美国环保署都可以要求对来自于该设施的任何"固体废物处置点"的任何释放采取修复行动，包括那些没在使用中的处置点。哥伦比亚特区巡回法院在 United Technologies Corp. v. EPA (D. C. Cir. 1987)案中支持了这个广义的解释。如上所述，扩大该修复行动计划

---

[1] 55 F. R. 30798

[2] 40. C. F. R. §260.10

的广度是法定要求,即,将 TSD 设施所有者的清理活动延伸到了场所外,除非他们没能获得毗邻土地所有者的许可。因此,鉴于正在使用中的"固体废物处置点"的广泛数量、清理闲置处置点的责任以及清理厂区外废物的责任,修复行动计划对 TSD 持证人具有巨大的潜在影响。

12.2.3 程序和标准

1990 年,美国环保署提出了管理修复行动过程和清理标准的规定。[①] 1999 年,美国环保署撤销了大多数的提议规定[②],而制定了一系列的指导和政策性文件。采用的程序与《综合性环境响应、赔偿和责任法》的"国家应急计划"相似,虽然是不同的首字母缩略词。

为了能探测到任何释放,获得许可的设施被要求对其"固体废物处置点"下面的地下水和土壤进行监测和取样。如果探测到释放,或者被美国环保署关注到,那么一个五部分的修复行动过程就开始了。第一,美国环保署将会进行"RCRA 设施评估"(RFA)。这个报告要描述设施、它的"固体废物处置点"以及它的"关注区域",以及已知释放的程度。第二,设施要准备一个"RCRA 设施调查"(RFI)。这与《综合性环境响应、赔偿和责任法》"环境恢复调查和可行性研究"中的"环境恢复调查"的相类似。在 RFI 期间,设施所有者要详细地调查已知的或潜在的释放。第三,设施所有者可能需要采取临时措施来保护公众免受在等待 RFI 结果出来期间存在的公众健康和安全风险。第四,设施所有者必须进行"修复措施研究"(CMS)。该"修复措施

---

① 55 F. R. 30,798 (1990 年 7 月 27 日。)
② 64 F. R. 54604 (1999 年 10 月 7 日。)

研究"与《综合性环境响应、赔偿和责任法》"环境恢复调查和可行性研究"中的"可行性研究"相似。事实上,就像"环境恢复调查和可行性研究"的相互作用,很多所有者开始"修复措施研究"工作的同时,还完成了"RCRA 设施调查"。然而,与"环境恢复调查和可行性研究"过程不同,美国环保署已经表明了更强烈的意愿来根据已知的释放呈现出的风险量来定制所要求的"修复措施研究"工作。不管怎样,在"修复措施研究"期间,设施必须确定并评估可替代的环境恢复措施。最终,首选的环境恢复措施将被写入许可条款或修复行动命令中。第五,该过程的最后一步涉及所选择的清理措施的完成。美国环保署已经提议在该过程的特定阶段加入公众参与。

正如在第八章中所描述的《综合性环境响应、赔偿和责任法》清理一样,《资源保护和恢复法》修复行动也出现了关于设施必须变得"多么干净"的问题。然而,与《综合性环境响应、赔偿和责任法》强调清理要满足"适用的、相关的或恰当的要求"标准(ARARs)不一样,《资源保护和恢复法》在很大程度上将所要求的清理标准交给了美国环保署自由裁量。美国环保署认为,修复行动的清理应该保护现在的和合理预期的未来使用。它已经提议建立"引发"和"目标"标准。引发标准将会决定何时释放会要求一个"修复措施研究";目标标准将会决定该场所必须被清理到的水平。后者将可能根据不同情况,应用各种不同的因素来设定。例如,在地下水有可能受到污染的情况下,《安全饮用水法》所设立的 MCLs 将可能成为《资源保护和恢复法》修复行动的目标标准。不像《综合性环境响应、赔偿和责任法》以财产的边界来计量执行,对于《综合性环境响应、赔偿和责任法》

修复行动的执行通常会以泄露可能发生的每一个点来测算。这个方法理论上要求更高,因为作为环境恢复方式它减少了"在原位置上"污染的可能性。

12.2.4 临时状态的设施

有两个规定是关于临时状态设施的修复行动的。§3005(i)适用于在1982年7月26日之后所有接收到危险废物的这样的设施。它要求这些临时状态的设施采取与适用于被许可的设施的相同的修复行动,包括监测地下水来探测释放。§3008(h)适用于任何临时状态的设施。它授权美国环保署来命令修复行动,或者寻求一个禁制令。美国环保署广义地解释了§3008的授权,将其适用于应该获得临时状态的任何设施,即使是还没有获得的。至少有一个地区法院已经支持这个解释。[①] 除此之外,由于疏忽而要遵守 TSD 要求的产生者或运输者(例如储藏废物超过可允许的限制、混合废物或自愿环境恢复一个场所)也要遵守修复行动的要求。唯一被排除的设施是那些申请了临时状态但从未使用过其授权的设施。

不像§3004(u)谈及了"危险废物或成分"的释放,§3004(h)只是提到了"危险废物"的释放。然而,美国环保署已经得出结论说,这两个部分说的都是相同的材料和情况。[②]

---

① United States v. Indians Woodtreating Corp. (S. D. Ind. 1988)
② 52 F. R. 45795 (Dec. 1, 1988)

12.3 《资源保护和恢复法》和《综合性环境响应、赔偿和责任法》重叠的地方

依据《资源保护和恢复法》和《综合性环境响应、赔偿和责任法》,相独立的清理方案和监管要求的存在催生了四个问题。第一,这两部法令是从哪个点上开始相分歧的?也就是说,是否存在可以只依据其中一个法令进行清理的受污染场所的情形?第二,在广泛的相重叠的范围内,能够促使美国环保署或进行清理的另一方,选择其中一个法定方案而不是另一个的情形是什么?第三,是否一个《资源保护和恢复法》环境恢复能够阻止美国环保署依据《综合性环境响应、赔偿和责任法》进行行动,或反之亦然?第四,除了清理权限,这两个监管制度有没有其他相重叠的地方?

12.3.1 管辖权的重叠

正如在第七章中讨论的,《综合性环境响应、赔偿和责任法》适用于来自"设施"的"危险物质"的"释放"或释放的威胁。这些术语中的每一个,在《资源保护和恢复法》中都有相对应的部分。这两套定义间的微妙区别使一些清理只能依据其中一个而不是另一个法令进行成为可能。但是,实践中,大多数受污染场所可能会由美国环保署依据任意一个法令进行清理。

第一眼看上去,有关管辖权的这两个定义之间,最有意义的区别似乎是在于《综合性环境响应、赔偿和责任法》的"危险物质"与《资源保护和恢复法》的"危险废物"之间的区别。与《资源保护和恢复法》的条款相比,《综合性环境响应、赔偿和责任法》的规定似乎是覆盖了一个更广的物质范

围。事实上,《综合性环境响应、赔偿和责任法》中"危险物质"明确地包含了《资源保护和恢复法》C节中规定的危险废物。除此之外,它们还包括由《清洁空气法》《清洁水法》和《有毒物质控制法》所监管的其他物质。[①] 因此,从《资源保护和恢复法》关于固体和危险废物的定义中排除的材料,或仅仅是由于它们没有被遗弃过而不在那些定义之内的材料,可能仍要受《综合性环境响应、赔偿和责任法》管辖。最后,无论如何,在理论上,《综合性环境响应、赔偿和责任法》适用于危险物质,而不管它们在受污染环境媒介中的浓度;然而,很大一部分危险废物由《资源保护和恢复法》C节进行监管,仅仅是因为它们所处的特定浓度是危险的。

然而,在一些领域,《资源保护和恢复法》可以授权《综合性环境响应、赔偿和责任法》不能的清理。很重要的是,《综合性环境响应、赔偿和责任法》在它的"危险物质"的管辖中排除了"石油";但是,《资源保护和恢复法》并没有这样的排除。而且,《资源保护和恢复法》§7003授权对呈现出"紧急的重大危害"的"固体废物"进行清理;理论上,它可以要求对虽然是"危险的",但既不是《资源保护和恢复法》中的"危险的",也不是《综合性环境响应、赔偿和责任法》中的"危险物质"的废物的清理。

除了《综合性环境响应、赔偿和责任法》和《资源保护和恢复法》的排除适用的领域,《综合性环境响应、赔偿和责任法》中"危险物质"和《资源保护和恢复法》C节中"危险废物"之间的实际差别不是非常有意义的。《资源保护和恢复法》C节规定的物质的范围已经通过在第六章所讨论的

---

① CERCLA §101(14)

TCLP和LDPs下添加的"危险成分"的增加而增长。同样,《资源保护和恢复法》修复行动计划也延伸超出"危险废物"而到了"危险成分"。而且,虽然在理论上《综合性环境响应、赔偿和责任法》授权对危险物质进行清理而不管它们的浓度,但至少一些法院已愿意要求证明该物质正处于足以需要美国环保署或其他责任方来承担响应费用的浓度。①

其他明显的区别存在于《资源保护和恢复法》和《综合性环境响应、赔偿和责任法》对"释放"和"设施"的定义之间。在这些领域,《资源保护和恢复法》的定义可能稍微更宽泛一些。根据《资源保护和恢复法》的修复行动的定义,"设施"从围墙线延伸至围墙线,有时甚至会超越。对比之下,在《综合性环境响应、赔偿和责任法》中的"设施"可能只局限于受污染的区域。至于《资源保护和恢复法》和《综合性环境响应、赔偿和责任法》对"释放"的定义的区别,《资源保护和恢复法》修复行动的定义可能稍微更宽泛一点。正如上面提到的,美国环保署认为,《综合性环境响应、赔偿和责任法》的"释放"定义的法定排除不适用于《资源保护和恢复法》中修复行动的定义。然而,美国环保署通常也没有将《资源保护和恢复法》中修复行动的"释放"定义适用于单独的溢出中;但是,《综合性环境响应、赔偿和责任法》中的定义不建议要求系统的释放。然而,在实践中,除了在最不同寻常的案件中,这些区别大多数都很可能是微不足道的。例如,正如上文所讨论的,根据美国环保署的综合性权限,

---

① Amoco Oil Co. v. Borden, Inc. (5th Cir. 1989); contra, United States v. Alcan Aluminum Corp. (N.D.N.Y. 1991)

可以对持证人施加任何必要条件的权力,美国环保署有可能要求对《资源保护和恢复法》修复行动场所中"关注区域"上的"溢出"进行清理,即使它们可能并不符合"释放"的定义。

12.3.2 环境恢复选择和限制

1. 美国环保署的政策

如果受污染场所是《资源保护和恢复法》监管的 TSD 设施,那么《资源保护和恢复法》和《综合性环境响应、赔偿和责任法》相重叠的地方是最明显的。在这些重叠的部分中,美国环保署可以使用《综合性环境响应、赔偿和责任法》或《资源保护和恢复法》来强制进行清理;而且,在《资源保护和恢复法》中,美国环保署可以选择是依据紧急的危害还是依据修复行动条款来进行。

美国环保署已发布了一个正式的政策文件来指导它在这些领域中的环境恢复选择。通常来讲,在 TSD 设施的所有者或运营者有经济清偿能力的情况下,美国环保署会依据《资源保护和恢复法》修复行动计划而不是《综合性环境响应、赔偿和责任法》来进行。然而,在一些情况下,美国环保署会选择依据《综合性环境响应、赔偿和责任法》清理一个《资源保护和恢复法》的 TSD 设施。这可能发生在美国环保署希望追查厂区外的产生者,或者被 TSD 设施所污染的区域只是整体污染区域的一部分的情况中。在这两种情况中,对于美国环保署来说,依据《综合性环境响应、赔偿和责任法》追查所有潜在责任方通常更容易。当然,在这样的《综合性环境响应、赔偿和责任法》清理中,《资源保护和恢复法》标准仍然会像"适用的、相关的或恰当的要求"标准(ARARs)那样扮演一个很重要的角色。

这些平行的清理条款的存在已经使得一些责任方对美国环保署的选择有所争议。他们特别持有争议的是,《资源保护和恢复法》环境恢复措施的可用性阻碍了美国环保署对《综合性环境响应、赔偿和责任法》的使用。这些挑战并未成功。然而,可能稍微更成功的是,其他责任方主张,依据《综合性环境响应、赔偿和责任法》进行的决定阻碍了一些由于《资源保护和恢复法》修复行动计划而引起的费用的收回。

2.《资源保护和恢复法》是否限制了《综合性环境响应、赔偿和责任法》

在美国环保署已经选择了依据《综合性环境响应、赔偿和责任法》而不是《资源保护和恢复法》修复措施条款进行的情形下,TSD设施面临着一个更加严格、更加公开的而灵活性更少的国家应急计划清理的可能。设施所有者偶尔会质疑美国环保署使用《综合性环境响应、赔偿和责任法》来清理他们设施的决定。同样,寻求收回因清理TSD设施而产生的《综合性环境响应、赔偿和责任法》响应费用的私人主体,已经遭到了《资源保护和恢复法》阻碍了《综合性环境响应、赔偿和责任法》费用收回诉讼的反对。然而,对于限制《综合性环境响应、赔偿和责任法》适用于《资源保护和恢复法》的TSD设施所做出的努力,法院至今都没有表示同情。因此,在一个案件中,哥伦比亚特区巡回法院支持了美国环保署的决定,即把一个《资源保护和恢复法》监管的TSD设施列到"国家优先清单"中。① 在另外一个案件中,地区法院允许一个自身可能违反了《资源保护和恢复法》要求的TSD设施去依据《综合性环境响应、赔偿和责任法》寻

---

① Apache Powder Co. v. United States (D. C. Cir. 1992)

求费用收回。① 在后面的例子中,原告对污染的责任仅仅影响了它收回《综合性环境响应、赔偿和责任法》中响应费用的能力的程度;它并没有阻碍这种收回。

在另外一个领域中,受《资源保护和恢复法》所调整的责任方主张,《资源保护和恢复法》阻碍了针对他们的《综合性环境响应、赔偿和责任法》所规定的费用收回诉讼,但该主张并没有成功。正如在第六章中讨论过的,《资源保护和恢复法》的市政废物排除条款将很多市免于《资源保护和恢复法》规定的监管。这些市已主张,《资源保护和恢复法》的排除也会阻碍依据《综合性环境响应、赔偿和责任法》寻求因清理市民运送到垃圾填埋地的废物而引发的响应费用的收回诉讼。然而,法院推理说,《资源保护和恢复法》对关于这些废物的产生的证明要求的放宽,并没有免除清理这些废物的《综合性环境响应、赔偿和责任法》责任,法院因此拒绝将《资源保护和恢复法》的免除移植到《综合性环境响应、赔偿和责任法》中。②

3.《综合性环境响应、赔偿和责任法》是否扩展了《资源保护和恢复法》

在一些情形中,美国环保署和私人主体已经使用《综合性环境响应、赔偿和责任法》来试图收回在《资源保护和恢复法》修复行动中引发的费用。一些地区法院已经允许了至少一些这种费用的收回。③ 然而,有一个上诉法院限制

---

① Chemical Waste Management, Inc. v. Armstrong World Industries, Inc. (E. D. Pa. 1987)

② B. F. Goodrich v. Murtha(2d Cir. 1992)

③ Chemical Waste Management, Inc. v. Armstrong World Industries, Inc. (E. D. Pa. 1987)

了美国环保署对于这种《资源保护和恢复法》费用的收回。虽然它允许美国环保署收回花费在危险废物的调查或清除中的钱,但它拒绝美国环保署试图追偿因指导 TSD 设施的修复行动而引发的监督费用。[1]。

12.3.3 其他相互影响

《资源保护和恢复法》和《综合性环境响应、赔偿和责任法》在另外两个领域也有重叠。第一,《资源保护和恢复法》和《综合性环境响应、赔偿和责任法》都要求当一个规定的危险物质被释放到环境中时,应向美国环保署的国家应急中心立即报告。[2] 因此,来自于一个《资源保护和恢复法》TSD 设施的需报告的释放,依据《综合性环境响应、赔偿和责任法》也很可能是需要报告的。为了防止对同一释放的重复报告,《综合性环境响应、赔偿和责任法》把依据《资源保护和恢复法》需要报告的释放排除在外了。

第二,《综合性环境响应、赔偿和责任法》和《资源保护和恢复法》都潜在地适用于储存在地下存储罐中的《综合性环境响应、赔偿和责任法》危险物质(除了《资源保护和恢复法》的危险废物)的泄漏。第六章描述了《资源保护和恢复法》对地下储存罐(UST)的规定。那个方案包含了它本身的修复行动方案和它自己的微型"超级基金"。理论上,来自于《资源保护和恢复法》规定的 UST 的泄漏可能也符合《综合性环境响应、赔偿和责任法》的清理条件。

---

[1] United States v. Rohm & Haas Co. (3d Cir. 1993)
[2] 《综合性环境响应、赔偿和责任法》§103;40 C.F.R. §264.56(d)(《资源保护和恢复法》。)

第13章 普通法应对危险废物和有毒物质的方法

因为有充分的理由,所以本书关注于管理危险废物和有毒物质的制造、使用、处置和清理的复杂的法律框架。国会颁布这些法令很大一部分原因是普通法在应对这些物质时的存在限制。尤其是,关于控制危险物质方面,普通法在五个方面存在特殊问题。第一,法官对危险物质的复杂性通常知道得很少。第二,普通法是回应性的:法院通常直到伤害已经发生并且某人已被起诉之后才行动。第三,普通法逐案分析、发展缓慢,即使先前案例的判决是有问题的,法官也会依据"遵循先例"原则而遵循。第四,普通法充满了不一致性,因为不同的法院有时会就实质上相同的事实而形成不同的结果。第五,"优势证据"的证明责任给原告带来了一个重大困难;事实上,它要求原告证明被告的物质或行为是不安全的,而不是迫使被告来证明它是安全的。

为了应对这些缺陷,国会主要安排由美国环保署来负责清理危险废物和防止因暴露于有毒物质所造成的伤害的法律工作。理论上,凭借它技术上的专业性,美国环保署可以迅速并有效地来制定和适用统一标准。当然,对于这些危险物质问题,法律上和监管上的回应也引起了它们自己的技术、法律以及政策上的问题。但是,它们代表了关于这些问题的方法与普通法方法有质的区别的。

尽管像《有毒物质控制法》《联邦杀虫剂、杀菌剂与杀鼠剂法》《应急计划与社区知情权法》《清洁水法》《清洁空气法》《安全饮用水法》《资源保护和恢复法》和《综合性环境响应、赔偿和责任法》等法律在当代有重要作用,以及普通法的局限性已经被意识到,但普通法在应对由危险废物和有毒物质造成的伤害时仍扮演着重要的角色。事实上,国会制定法令时,在很大程度上并没有取代普通法的责任制度。或者更确切地说,国会是在这些责任制度基础上去构建的。尽管有这些监管制度,但当一个人因危险物质的使用或不当处置而遭受到伤害时,关于人身伤害或财产损害的普通法责任仍是一个重要的法律救济。例如,虽然《综合性环境响应、赔偿和责任法》规定了对财产的清污,但只有普通法才会就财产价值的减少或由污染导致的人身伤害而对土地所有者进行补偿。同样,虽然《职业安全和健康法》限制工作场所暴露于有毒物质,但只有普通法会对因这种暴露而导致伤害的工人进行赔偿。因此,即使在联邦法律中有公民诉讼的规定,但寻求对人身伤害和财产损害赔偿的普通法诉讼仍然在当前危险废物污染或有毒物质暴露问题上提起的诉讼中占据绝大多数。

在过去的 25 年间,普通法的一个分支已经发展成为"有毒物质"或"环境"侵权行为。总体上,这些案例适用了传统的侵权行为原则来救济因危险废物或有毒物质暴露引起的污染而导致的损害。

普通法该分支的发展说明了普通法体系的两个主要优势:对于异常状况它的耐用性和它的适应性。在对由危险废物和有毒物质造成的伤害进行责任分配时,法院已把传统侵权行为的因果关系原则、救济方法等适用于此类物质引发的特别问题。然而,这种改变也面临着重大的问题。在这个过程中,法院必须努力克服这样的问题:(1)对于争议中物质的毒性的科学不确定性;(2)在暴露和损害显现之间通常有很长的滞后期;(3)由于暴露途径的多重性,显现出伤害的当事人可能被暴露于相同毒物的不同源头上。此外,有时会存在大量的当事人,有时有数以千计的原告方和几十个被告方,这迫使法院对有毒物质侵权诉讼采取新的程序。这些实体上和程序上的适应性调整会随着新案件对普通法制度提起的新挑战而持续进行。

这一章简要地向学生介绍由危险废物和有毒物质引发的普通法责任问题。它假定对过错、因果关系、救济方式和司法程序等基本的民事侵权概念有所熟悉。它关注于因危险废物或有毒物质暴露引起的污染而导致的损害索赔的侵权制度中的特殊问题。

13.1 请求和抗辩

普通法对于由危险废物和有毒物质导致的损害的救济并没有建立起专门的请求权,而是简单地将传统的普通法责任事由适用于危险废物和有毒物质背景下。下面的讨论将重点强调在诉讼中最常提出的请求以及一些主要的抗辩。

方便起见,该讨论将请求分为要求财产损失(包括清理费用)和人身伤害赔偿它两个最常见的独立事由。在实践中,在这些要求赔偿的事由之间并没有严格的区分。因此,在一个适当的案例中,一个妨害或侵害行为也可以支持因财产污染造成的人身伤害的赔偿。同样,在侵权行为中,作为独立的要求赔偿的事由或者一个妨害行为的证据序列的一部分,过失和严格责任可能也支持对财产损失的赔偿(包含清理费用)。

13.1.1 就财产损失提起的诉讼

1. 妨害

妨害法为财产损失和清理费用补偿提供了最重要的事由。它以其不同的形式,很好地例证了普通法侵权制度对变化着的时代的适应性。

妨害请求有两种:私人妨害和公共妨害。私人妨害请求本质上是被告对原告对其财产的使用和享受的进行了实质的不合理干扰。① 公共妨害被更加宽泛地陈述为,是对一般公众公共权利的不合理干扰。② 它可以包含任何对公众健康有害的活动。公共妨害已经被用来消除从妓院到患病树木的任何事物。根据危险废物或有毒物质污染财产行为的持续性,不管依据哪一个理论,都很容易认定为一种妨害。

一个基础的问题是关于依据这两个理论提起一个妨害请求的原告的资格。如果提起一个私人妨害请求,原告必须拥有一个适当的不动产占有权益,并且其使用受到了被告行为的影响。例如,承包人和抵押权人通常具有该资格。然而,大多数法院拒绝允许现在的土地所有者依据妨害理

---

① Restatement(Second) of Torts, § 822
② Restatement(Second) of Torts, § 821(b)

论起诉之前的所有者。① 同样,妨害请求还没有被广泛地允许用来控诉危险物质的产生者和它们的废物,除非这些制造商也已控制了处置活动。②

在公共妨害诉讼中,原告资格是更加常见的一个问题。负责法律实施或监管健康与安全的公务人员很容易就符合资格要求。然而,为了确定私人是否具有这种资格,法院要查明原告受到的损害是否与一般公众所受的损害在很大程度上是不同的。③ 实际上,法院要求证明被告的行为对原告来讲可能既是一种公共妨害也是一种私人妨害。因此,能够证明妨害所造成的身体伤害或私人财产损害的私人原告,通常有资格提起公共妨害诉讼。④ 由于它对资格和个人要求赔偿的重要性,下面的讨论将关注于私人妨害的要素。

一旦被证明具有资格,私人妨害的原告必须证明另外两个问题:(1)对使用的干扰;(2)一个适当的心理状态。除此之外,如下面将进一步讨论的,原告必须证明因果关系和损害。

---

① Philadelphia Electric co. v. Hercules, Inc. (3d Cir. 1985); Mayor and Council of Borough of Rockaway v. Klockner & Klockner (D. N. J. 1993); compare Ronald Holland's A – Plus Transmission & Automotive, Inc. v. E–Z Mart Stores, Inc. (Tex. App. 2005)(之前先前所有者对先前的承租人是潜在地有责任的,现在是对现任所有者有责任。)

② City of Bloomington v. Westinghouse Electric Corp. (7th Cir. 1989); but see New York v. Schenectady Chemicals, Inc. (N. Y. Sup. Ct. 1983)(产生者对独立承包人的处置行为承担替代责任。)

③ Armory Park Neighborhood Ass'n v. Episcopal Community Services (Ariz. 1985)

④ Anderson v. W. R. Grace & Co. (D. Mass. 1986)

干扰的要求关注于对原告财产使用的影响类型和程度。被告的行为必须实质性地、不合理地干扰到了原告对其财产的使用。偶然的或小幅度的干扰将不会支持一个妨害诉讼。在危险废物污染原告财产的情况中,伤害的重大性通常并不会被争论。事实上,单单灰尘和难闻气味的侵入可能就足够支持一个重大伤害的发现。① 因暴露于有毒物质而有人身伤害的威胁时,法院将会检查所呈现的风险的程度。②

至于干扰的"不合理性",在考虑被告行为的效用上的合适性时,有关部门目前产生了意见分歧。依据《侵权法重述·第二次》中的方法,被告可以提出其行为的效用,作为法院判断干扰不合理性的一个因素。③ 因此,《侵权法重述·第二次》考虑了与"实质性的"干扰要求有所不同的"不合理"干扰因素。然而,对于其他的,该"合理性"审查并没有关注于被告行为的社会效用。而是,它仅仅关注于施加在原告身上的责任。依据这个方法,"实质性的和不合理的"这两个要素是同一硬币抛出的两面。当一个普通的土地所有者认为被告的行为是过于沉重的负担时,那么该行为将会是一个"实质性的和不合理的"干扰。当然,如果法院认定为是一个妨害,被告行为的效用是与适当的救济措施的判决相关的。④

在大多数涉及危险废物或有毒物质的妨害案件中,更

---

① Village of Wilsonville v. SCA Services, Inc. (Ill. 1981)
② Lamb v. Martin Marietta Energy System, Inc. (W. D. Ky. 1993)
③ Restatement(Second) of Torts §826
④ Madison v. Ducktown Sulphur, Copper & Iron Co. (Tenn. 1904)

加重要的要求可能会是必要心理状态的证明。心理状态的要求允许针对以下三种类型行为获得赔偿：(1)故意的；(2)过失的；(3)异常危险的。前两种类型要求有过错的证明；最后一个是施加严格责任。根据妨害法，对于"过失的"和"异常危险情形"赔偿事由的存在，已导致法律理论有些模糊了。法院在考虑把"过失"和"对异常危险状况的严格责任"作为独立的侵权行为还是作为妨害法的子集时，经常是不清楚的。实际中，对于一个有资格提起任何类型的妨害行为诉讼的个人，该区别是不重要的。下面的讨论关注于单独作为确立妨害的基础的这些行为。它们作为获得人身伤害赔偿的独立事由，之后会做出简要论述。

对于故意的妨害，原告必须证明被告想要干扰原告的财产使用，或者是已知一个实质的确定性，即这样的干扰是由被告的行为造成的。[①] 原告可以用实体证据来证明上述任一事由。因此，虽然"想要干扰"事由是不可能被证明的，但该"实质确定性"的干扰则可以通过行为的持续性和恶名而很容易被证实。

对于过失的妨害，原告必须证明被告未尽注意义务。在很多情形下，过失的局限性将会鼓励原告依据更加容易被证实的故意妨害或严格责任妨害起诉。例如，基于过失的妨害诉讼经常允许被告提出自己行为的社会效用——合理性。而且，当行为发生在相对遥远的过去时，被告可能会使用过去的标准来评估它的行为合理性，从而获得成功。但是，过失侵权法偶尔也会为原告提供一个简单的证明序列。例如，在被告的行为违反了法定标准或监管标准时，法

---

① Restatement (Second) of Torts §825

院可能依据"自身过失"判例法来判定其违反了义务(一些法院依据不同的"自身过失"的名称,得出了相同的结果)①。同样,在被告的行为涉及"事实自证"原则的情形中,过失也可以很容易地被证实。② 最后,在一个适当的案件中,预警理论的失败可以支持一个过失的判定。

为了建立持续妨害的严格责任,很多法院使用《侵权法重述·第二次》§520 的"异常危险情形"因素。这些因素包括:

- 某个伤害的高程度风险的存在;
- 伤害将会是十分严重的可能性;
- 未能通过合理的注意义务来排除伤害风险;
- 该活动并非常见使用方法的程度;
- 活动实施地点的不合理性;
- 以及该活动对于公众的危险超出了它的价值的程度。

在受污染财产案件中并不会自动适用严格责任因素。例如,一些法院已经拒绝在涉及石油罐泄漏的诉讼中,依据该理论获得赔偿。这些法院强调被告售卖石油产品的公共性和整体效用。③ 然而,其他法院则判定,这些事实上相同的行为是基于严格责任的妨害请求的一个适当的主题。这些法院关注的是,由于污染和几乎不可能防漏的储存或运

---

① Newhall Land and Farming Co. v. Superior Court (Cal. App. 1993)
② Reynolds Metals v. Ytubide(9th Cir. 1958)
③ Arlington Forest Associate v. Exxon Corp. (E. D. Va. 1991); cf. Biniek v. Exxon Mobil Corp. (N. J. Super. Ct. Law Div. 2002)(石油储存和运输不是一个异常危险活动。)

输系统的设计而导致的巨大危害。①

很多关于妨害诉讼的抗辩已经被提起。在涉及危险废物的案件中,最常遇见的抗辩是诉讼时效、许可抗辩以及"将要妨害"的概念。除非妨害理论是基于过失的,"工艺的最新发展水平"或"工业实践"在很大程度上是不相关的。②

对于长期妨害的诉讼时效的计算,比如地下财产污染,通常是一个关键的问题。它可能开启妨害作为一个"永久的"或"连续的"妨害的表征。二者之间的界线是模糊的,但该区别有关键性的影响。通常来讲,法院会询问该行为的影响在诉讼时效期间是否已被消除或中断。如果是,那将会是一个"连续的"妨害。对原告财产使用的每一次单独的侵犯都将会引起一个单独的诉讼。但是,如果伤害是确定的、持续的而且不易被消除的,则是存在一个永久的妨害。③ 在诉讼时效期间届满后,受到永久妨害的原告将会完全失去起诉的权利。相较之下,对于一个连续性的妨害,诉讼时效期间届满只会限制可补偿的损害的数量。

例如,假设一个既定的司法管辖权内允许一个三年的期限来提起妨害行为诉讼。针对一项永久性妨害的诉讼时效期间是从该妨害行为发生之时开始计算的。因此,原告从妨害发生之时起有三年的时间来诉讼。相比之下,一个连续性的妨害存在的每一天都开启一个新的诉讼时效期

---

① Yommer v. McKenzie (Md. App. 1969)

② State of New York v. Schnectady Chemicals, Inc. (N. Y. Sup. Ct. 1983);cf. T & E Industries v. Safety Light Corp. (N. J. 1991)(对"工艺的最新发展水平"与证明被告已知风险是否有关这个问题进行了保留。)

③ Beck Department Co. v. Southern Pacific Transp. Co. (Cal. App. 1996)

间。因此,最坏的情况下,确定了一个连续性妨害的原告将仍可以针对在最近终止的诉讼时效期间内遭受的损害要求赔偿。根据我们假定的法令,在妨害存在的最近三年内,原告可以一直要求赔偿。

涉及危险物质的妨害行为的诉讼时效期间的计算也可能会受到联邦法律的影响。根据《综合性环境响应、赔偿和责任法》§309,因这些物质造成的人身伤害或财产损害的请求,直到"原告知道(或应该合理地知道)"个人伤害或财产损害……是由该危险物质……导致的……之日起才开始计算。

许可抗辩是提出政府对被告行为的批准,以避免其行为具有妨害行为的特征。虽然表面上吸引人,但它大体上总是无效的。发布一项许可的法定标准或监管标准通常不会考虑适合于妨害分析的全方位的因素和局部影响。而且,法定和监管计划通常仅仅设定一个被告行为的下限,而不是上限。因此,除非被取代,普通法将会对被告施加比法定或监管的最低限度更加严格的要求。

最后,"将要妨害"抗辩通常在被告行为由来已久,并且原告只有最近才感受到受损的情况中。而且,虽然表面上吸引人,但抗辩相当于请求将有毒或有害的活性成分运输出被告的财产范围的法定权利。在私人妨害的案件中,法院仍可能接受该抗辩;然而在公众妨害的案件中不太可能接受该抗辩。[①] 在很多州,都有一个抗辩的法定版本。强大的农业利益的游说势力已经颁布了"农场权利"法令和典

---

① Spur Industries, Inc. v. Del E. Webb Development Co. (Ariz. 1972)

章。这些规定使农民避免了很多的妨害行为,包括那些涉及农业化学物质和杀虫剂应用的行为。

虽然在公共妨害和私人妨害间存在很多的实际交叠,但公共妨害诉讼为私人原告提供了重要的益处。这样的原告可以避免一些诸如时效、限制法令和将要妨害等可能限制私人妨害诉讼的抗辩。除此之外,一个寻求消除妨害的衡平救济的原告可能会通过证明被告行为的广泛、消极的公共影响来影响法院的"公正的平衡"。[1]

2. 侵害

妨害关注的是原告对其财产的使用,而侵害则关注于原告的占有权。为了证明侵害,原告传统上必须证明被告直接和故意地侵犯了原告的排他性占有权。[2] 为了证明是故意的,原告只需要证明被告有意实施这个侵犯该财产的行为;但原告不需要证明被告有意进入该财产。在那些间接侵害——由于空气或水的运动而促成的侵犯——是可提起诉讼的情况中,原告可以依据也适用于用故意妨害的"知道一个实质的确定性"标准来证明故意。[3] 依据《侵权法重述》中已被很多法院所采纳的观点,过失或粗心大意地进入也可以支持侵害行为。[4]

在原告证实了侵入这个必备要件后,除非被告能够证明其进入该财产的一些特权,或者其他一些积极抗辩,否则被告将要承担责任。该特权可能来自原告实际的或暗示的

---

[1] Spur Industries, Inc. v. Del E. Webb Development Co. (Ariz. 1972)

[2] Borland v. Sanders Lead Co. Inc. (Ala. 1979)

[3] Restatement(Second) of Torts, §158, cmt I

[4] Restatement(Second) of Torts, §165

准许。或者是,来自于法律的规定。例如,很多法院允许被告证明其进入的必要性,比如为了避免抢劫或袭击而进入。① 但是,此类必要性不大可能在涉及危险废物的侵害诉讼中出现。

传统上,据说法院已经在妨害和侵害之诉间划出了明显的界线。例如,要提起一个侵害诉讼,原告必须证明对原告不动产的占有存在一个直接的物理入侵。原告依据妨害法只能挑战来自于光、烟、气味和振动的间接侵入或无形的侵入。② 最近,一些法院已经愿意接受大气颗粒物沉积或地下污染的侵害诉讼。因此,危险废物责任诉讼可以基于妨害或者侵害而提起。③ 但是,允许间接侵入的侵害诉讼的法院通常要求原告证明"实际的和实质的毁坏"。④

这两个理论之间的实践区别可能是很重要的。历史上,法院对占有权益的保护要多于使用权益。事实上,为防止对占有权益的侵犯发展成为一项法律权利,也可以从侵害中推定象征性损坏。而且,法院经常会在没有对原告和被告利益进行严格公平的平衡的情况下,判令禁止一项侵害。最后,在妨害中可以适用的特定抗辩,在侵害诉讼中是不相关的或更弱的。例如,许可抗辩和即将妨害抗辩都不适用于侵害。同样,侵害诉讼的诉讼时效通常比妨害诉讼的更长。但不幸的是,在妨害中发现的"永久的"和"连续

---

① Ploof v. Putnam (Vt. 1908)
② Born v. Exxon Corp. (Ala. 1980)
③ Mangini v. Aerojet-General (Cal. App. 1991)
④ Borland v. Sanders Lead Co., Inc. (Ala. 1979)。Cf. Public Serv. Co. of Colo. v. Van Wyk (Colo. 2001)(原告必须证明物理性毁坏。)

的"侵权行为之间的模糊区别同样也适用于侵犯行为。①

13.1.2 人身伤害诉讼

1. 过失

对于那些非起因于受污染财产暴露于有毒物质的人身伤害,过失一直是一个重要的工具。在关于妨害的讨论中,提到了"自身的过失"和"事实自证"可能的适用性。在适当的情形下,这些理论也适用于人身伤害诉讼。此外,起因于暴露有毒物质职业的很多案例已经涉及了被告未能向原告警示有毒物质对工人的危害。② 石棉案例提供了一个在这个背景下理论应用的经典案例。事实上,该石棉企业对石棉暴露的危害的认知,以及它未能警示它的工人,这两条就已经支持了大额的惩罚性损害赔偿。③ 在这些案例中,法院发现被告的未能警示已经超出了仅仅粗心大意的过失,甚至是有意之举。

在"未能警示"的案例中有三个主要的问题。第一个问题是警示本身的充分性。在解决该问题时,法院考虑了多重因素。包括:

- "该产品的危险性";
- "使用该产品的形式";
- "所给警示的强度和形式";
- "通过要求警示将要被施加的责任";
- "以及特定警示将会被充分传播给那些可预见会使用该产品的人的可能性"。

---

① Graham Oil Co. v. BP Oil Co. (W. D. Pa. 1994)
② Restatement(Second) of Torts, § 388
③ Fischer v. Johns—Manville Corp. (N. J. 1986)

参见案例。① 第二个问题是该制造商必须对该产品所有潜在的操作者和使用者通知到什么程度。一个附带的问题则是制造商通过警示能在多大程度上干预到购买者。②第三个问题涉及州或联邦法定标签要求的效果。

2. 侵权行为中的严格责任

在涉及有毒物质的人身伤害案件中,严格责任有三个可能的应用。第一,如上面所讨论的,妨害诉讼可以依据异常危险活动的严格责任提出。第二,适用于异常危险活动的严格责任可以支持一个独立的侵权行为诉讼,即使是不符合妨害的其他要求,比如身份。第三,在适当的情形下,被产品中含有的危险物质伤害的产品使用者可以依据缺陷产品的严格责任提起诉讼。

3. 精神损害

最后,人身伤害原告通常会提起精神损害请求。例如,摄入被致癌物污染的水,通常会引起有理由的痛苦和对未来疾病的害怕。③ 在身体伤害伴随精神损害的情形下,依据适用于身体伤害赔偿的侵权行为理论,精神损害通常被允许作为损害赔偿的一个单独项目来要求赔偿。但是,如果原告没有受到可提起诉讼的身体伤害,但仍因被告的行为而受到了精神损害,现代侵权行为法律承认如下两种不同的行为:故意造成精神损害以及过失造成的精神损害。对于这种精神损害的要求赔偿问题的其他讨论可以在下文中对于补偿性赔偿的讨论中找到。

---

① Dougherty v. Hooker Chemical Corp. (3d Cir. 1976)
② Borel v. Fibreboard Paper Products Corp. (5th Cir. 1973)
③ Potter v. Firestone Tire & Rubber Co. (Cal. 1993)

为了对故意精神损害要求赔偿，原告通常必须要证明两件事。第一，被告的行为必须是"极端的且离谱的"。[1]第二，对原告造成的困扰必须是严重的。而且，这要求有一个双重的证明：(1)没有理性人会忍受这种困扰；(2)该困扰在该情况下是"合理的"。[2]

原告一般必须证明人身伤害，才能对过失精神损害要求赔偿。[3] 由于暴露于有毒物质滞后于表现出疾病或伤害，"身体伤害"的要求事实上已经限制了很多原告的赔偿要求。最近，一些法院已经愿意接受用细胞或亚细胞毁坏的医学证明来作为身体伤害的证据。[4] 其他法院已经只要求有一个对原告身体有影响的证据。[5] 一些法院则更进一步，允许由被告导致的"危险区域"内的所有原告都可以要求赔偿。[6] 最后，少数法院已经废弃了所有特殊的要求，仅适用标准的过失原则。[7]

13.2 因果关系

13.2.1 简介

从原告的角度来讲，有毒物质侵权诉讼最具挑战性的方面可能是因果关系的证明。因果关系分析要求很简单：

---

[1] Restatement(Second) of Torts, § 46
[2] Restatement(Second) of Torts, § 46
[3] Payton v. Abbott Labs (Mass. 1982)
[4] Buckley v. Metro-North Commuter Railroad (2d Cir. 1996)
[5] Wilson v. Key Tronic Corp. (Wash. App. 1985)
[6] Consolidated Rail Corp. v. Gottshall (S. Ct. 1994)
[7] Gerardi v. Nuclear Utility Services, Inc. (N. Y. Sup. Ct. 1991)

被告释放的危险废物或有毒物质的暴露以一种法律上认可的方式伤害原告了吗？然而，在该问题明显的简单性的背后，存在一个复杂的分析。虽然在某种程度上存在于所有的有毒物质侵权诉讼中，但因果关系问题在人身伤害案件中是最显著的。因此，下面的讨论关注于人身伤害案例中的因果关系的证明。

在比较传统的侵权行为诉讼案件中，因果关系通常只是一个很小的问题。例如，在一个医疗事故案件中，原告所控诉的伤害通常可以追溯到医生的行为上。在这样的案件中，关键的问题是该医生在实施伤害原告的行为时是否违反了对病人的注意义务。相比之下，在涉及有毒物质引起的人身伤害的诉讼中，因果关系通常是一个案件的决定性问题。而且，因果关系分析可以开启四个单独的子问题中的任何一个。此外，在没有自由地使用专家证人时，因果关系通常不能被证明（或争辩）。结果是，在大多数有毒物质导致的人身伤害案件中，甚至是一些涉及危险废物的财产损害案件中，因果关系成为整个案件逆转的关键。事实上，正如本章最后所讨论的，很多法院调整了所适用的程序来试图将案件关注于因果关系问题上。

有毒物质侵权行为中的因果关系涉及四个步骤。第一，原告必须证明争辩中的物质或废物能够导致原告所遭受的伤害。简而言之，这是问该物质是否是有毒的。第二，原告必须证明他或她是暴露于环境中释放的物质中的。这个被称为"暴露途径"。第三，原告必须证明导致原告伤害是由于被告的物质释放，而不是其他人的释放或者物质自然发生的释放。这被称之为"不确定的原告"问题。第四，在涉及同一产品的多个制造商的案件中，原告必须证明所控告的特定被告对原告的暴露负有责任。这被称为"不确定的被告"问题。本节说明因果关系的前三个问题。最后一个问题将在下节"多个被告"的讨论中进一步说明。

13.2.2 毒性的证据

原告的因果关系分析开始于引起原告遭受伤害的物质或废物的类型。在传统的侵权行为诉讼中,被告引起伤害的能力通常不在争论中。例如,在医疗事故案件中,没有人可能争论医生手术刀的滑移会以有害的方式切伤原告。同样,在一个汽车碰撞的案件中,高速度对伤害原告的影响力被认为是理所当然的。特殊的案件可能会指向原告所受的伤害是否是由这个碰撞引起的,或确切地说,该伤害是一个已有的疾病或是一个继发的伤害。但通常不会对被告伤害到原告的能力产生争论。

相较之下,在涉及毒性物质的案件中,争议中物质的毒性证据通常是案件的核心问题。事实上,如果不能提供这个初始证明对很多原告来说是致命的,尤其是那些主张因暴露于特定药物而导致先天缺陷的原告。[1] 困难在于此类侵权行为的特殊性质。在足够高的剂量时,实际上任何可摄入的物质都可能被证明是有毒的,甚至包括水和盐。但是,在涉及有毒物质或危险废物的人身伤害案件中,高剂量的急性中毒并不是常态。相反,如第二章提到的,这些案件通常是涉及低剂量毒性物质的长期暴露。除此之外,它们可能涉及代际伤害(如先天缺陷)。在这样的案例中,可能并不存在实验或现场数据来确定争议中的物质是否能导致所遭受的伤害。

---

[1] Brock v. Merrell Dow Pharmaceuticals, Inc. (5th Cir. 1989)

对于少数一些物质,比如石棉,证明该物质导致像石棉沉滞病这样的伤害的能力的良好数据还是存在的。但石棉是一个例外。对于大多数物质,科学家或政府监管者可能并没有研究过该物质在剂量水平上以及通过类似原告暴露情况的暴露途径对人类的影响。结果是,毒性的数据不得不从可得的生物鉴定或流行病学研究上来推算。第二章提到了这样的推算所造成的问题。最多的是,不同的科学家拿着相同的数据对于一个给定剂量水平和给定暴露途径的物质的毒性得出完全相反的结论,专家的争论继而发生。①

因此,在原告的案件开始之时就充满了不确定性。被告通常可以利用这个不确定性,使该案件通过即决判决或通过直接裁决驳回请求。

13.2.3 暴露途经的证明

如果原告能够至少提供一个初步的证据来证明该物质是有毒的,那么原告接下来必须要证明他或她是如何暴露于该物质的。例如,主张在出生前暴露于有毒物质而导致先天缺陷的原告必须证明他或她的母亲在怀孕时暴露于有毒物质,而且该母亲可能已经将该物质传输给在子宫中的原告。同样,主张与工作相关的伤害的工人必须证明他的职业暴露于争议中的物质。没有这样的证据,原告会败诉。

暴露途径的证明是一个因果关系的问题,在因危险废物导致的不动产损害的案件中,因果关系可能是至关重要的。原告必须证明该污染废物是如何从被告公司移动到原

---

① Daubert v. Merrell Dow Pharmaceuticals, Inc. (S. Ct. 1993); Ruff v. English-Bickford Industries, Inc. (D. Utah 2001)(复合物导致人类疾病的证据不充分,但复合物的分解产品可以导致人类疾病的证据充分。)

告的财产上的。从一块土地向另一块慢慢渗出的泄露很容易被证明,但是,涉及大气粉尘沉积或地下水污染的案件中,被告的行动和原告财产之间的联系是难以确立的。尤其地下水污染更是如此,早已被遗忘的业务中长期被掩埋的罐可能不会泄漏很多年。

13.2.4 不确定的原告

假设原告通过了前两个因果关系障碍,他所面临的第三个挑战是:原告必须证明他的伤害是由被告的行为导致的,而不是由自然的方式导致的。这在原告寻求癌症或先天缺陷赔偿的案件中尤其困难。这些伤害与自然发生的有毒物质或环境有关。例如,自然发生的辐射可能是原告先天缺陷的原因,而不是因为被告的行为。或者原告还是儿童时吃过的花生黄油三明治中的黄曲霉毒素可能导致了他的癌症。在极少的例外情况中,癌症的起因仍知之甚少,这些起因并没有在原告的伤害上留下它们的印记。在长期暴露于低剂量致癌物的案件中,通常不可能确定原告的癌症是争议中的致癌物的自然的还是人为的释放所导致的。换句话说,原告通常会很难满足传统的举证责任,即很难证明多半可能他的癌症是由被告造成的。

面临着这些不确定性和严格适用举证责任的严峻后果,法院已经对原告的证明要求产生了争议。对这些问题最好的讨论之一是地区法院在 Agent Orange 诉讼中的观点。[①] 在案件中,Weinstein 法官为由举证责任所呈现的问题确定了两种不同的司法方式。

第一个方式是 Weinstein 法官所称的优势证据标准的

---

① In re Agent Orange Product Liability Litigation (E. D. N. Y. 1984)

"强"版本。根据这个版本,法院要求原告首先证明被告的行为有超过两倍的可能性会导致原告患癌症。例如,假设癌症的发生率是100000人中有10个人一生中会发生一次。原告将必须证明由于被告释放的有毒物质增加了他感染癌症的机会,至少会感染的概率有0.021%。这样一个证明意味着,对于在人群中发生的癌症,它多半可能是由被告造成的。但是,如果原告仅仅能证明被告增加癌症风险的概率是从0.01%增加到0.015%,那么他将不能够请求赔偿。

由于在第二章所讨论的所有原因,这种概率性的证据是很难获得的。但即使它是可获得的,使用优势证据标准"强"版本的法院甚至会要求更多。它们也要求原告提出他的癌症与被告行为有联系的特定证据。

该强版本对于被告来说是非常受欢迎的。它确保被告免于被强制补偿可能只是遭受了自然伤害的原告。但是,虽然对被告具有保护性,对原告来说却是残酷的。反驳一个自然发生的伤害的举证困难则意味着被被告伤害过的很多原告将不能够要求赔偿。

在意识到了该规则的严酷性后,一些法院已经对其进行了调整。依据Weinstein法官的术语,这些法院使用了优势证据理论的一个"弱"版本。对于这些法院,原告仅需要证明争议中的物质的释放可能会导致原告受伤害,比如患癌症的机会超过了两倍。[①] 这些法院不再进一步要求原

---

① Cook v. United States (N. D. Cal. 1982)

告提出他患癌症应追溯到被告行为上的特定证据。①

弱版本对于原告来说是更受欢迎的。但是,它将迫使被告来为很多自然导致的癌症提供补偿,因为仍然没有方法来确定特定原告的癌症是否是由被告引起的,或者是通过其他方式发生的。但这个结果与是原告伤害的"重大因素的"被告应对该伤害负有完全责任的原则是一致的,即使其他因素也可能是导致伤害的原因。

但是,强和弱两个版本都未能补偿无法证明被告导致了癌症的背景发生率超过双倍的原告。为了应对这些不足,一些法院找到了完全不同的方法。在暴露于联邦政府核武器实验荒地上的辐射的著名案件中,法官采取了一个多因素方法来在被告的行为和原告癌症或白血病之间建立特定的隶属性关系。② 在该案中,原告必须证明:(1)由于被告的行为,而使特定群体中的成员有日益增加的伤害风险;(2)与被告行为导致的风险类型相一致的伤害。该第二步要求证明"实质的、适当的、有说服性的以及有关联的因素"。一旦原告提供了该证明,证明责任就转移给被告,被告需提供没有因果关系的证据。但请看 Merrell Dow Pharmaceuticals, Inc. v. Havner (Tex. 1997)案(原告也必须提供有合理确定性的、将其他可能的疾病原因排除在外的证据)。

Weinstein 法官在 Agent Orange 诉讼中的观点是采取了一个完全不同的方法。与 Allen 案的特定的责任转移方

---

① Cf. In re Hanford Nuclear Reservation Litigation (9th Cir. 2002)(不要求原告证明超过双倍的风险。)

② Allen v. United States (D. Utah 1984)

法不同，Weinstein法官采取了一个基于全国性的集体诉讼的共同方法。[①] 他首先确定，在打算提起诉讼的集体中没有一个老兵能够证明伤害是因暴露于橙剂而导致的。但是，他准许一个集体诉讼这样得以解决——对所有呈现出可能由橙剂导致的但也可能由其他因素导致的症状的集体诉讼成员给予部分补偿。在准许这种解决方式时，法院明确地平衡了被告和原告的利益。法院的命令保护了被告不用为"背景的"伤害支付全部赔偿。同时，它确保了所有受到同样伤害的老兵能得到相同的补偿，即使是没有一个老兵能够判断出他或她的伤害是否是由橙剂"导致的"。

最后，在 Landrigan v. Celotex Corp. (N. J. 1992)案中，新泽西最高法院允许原告和被告使用特定的证据来反驳其他不利的统计证据。一方面，不能证明他患癌症的机会在统计数据上倍增的原告，却可以提出其他的情形来证明多半可能是因被告的行为导致了他的癌症。例如，一个患有无鲜明特征的癌症的石棉工人可以证明石棉纤维存在于靠近肿瘤的位置，以此帮助证明他的癌症是由于石棉暴露而引起的。另一方面，在相同的观点下，被告可以对证明它的行为导致原告的癌症风险超过两倍的证据进行反驳。例如，被告可以提出生活方式或家庭历史证据，来证明所涉及的特定癌症可能是由被告行为以外的其他一些原因造成的。

---

① In re Agent Orange Product Liability Litigation(E. D. N. Y. 1984)

13.3 多个被告

假设原告已经跳过因果关系的前三个障碍,最后一个障碍是涉及多个潜在被告的问题。多个被告引发了两个问题。第一个是经常会遇到的在共同的、独立的侵权行为者之间的责任分配的问题。这些侵权行为者中的每一个都至少是原告所受伤害的一个部分的、单独的原因。普通法早就有在这些侵权行为者之间进行责任分配的规则。第二个问题,是在一些基于产品责任法律的有毒物质案件中遇到的,涉及"不确定的被告"。这样的案例涉及由很多被告生产的相同产品,例如一个处方药物。但是,将会只有其中一个被告生产了伤害到原告的特定剂量。关于在有害产品的所有制造商之间分配责任的规则,法院还没有达成一致意见。

13.3.1 连带责任

在有多个当事人分别独立实施行为、每一个都是原告伤害的实质因素的案例中,法律必须找到一个分配责任的方式。例如,假设两个相邻的工厂,每一个工厂都释放了污染原告财产的危险废物。为了确定被告的责任份额,法院使用了两个主要的方法:(1)连带责任;(2)个别责任(在原告也有部分责任的情况下,可能会使用另外的方法)。

"连带"责任的结果是法院使得每一个被告对原告的整个伤害负有责任。在这种情况下,原告可以向任何一个被告寻求一个完全的赔偿。在这个被告完全赔偿给原告后,"分担"法律允许该被告向其他负有连带责任的被告追偿。这种分配将会在公平原则的指导下进行。相较之下,只承担"分别的"责任的被告,只需就该被告导致的伤害的特定部分对原告进行赔偿。

依据《侵权法重述·第二次》,在多个责任方每一个都是导致一个单个伤害的实质因素的情形下,法院将会推定连带责任。[1] 这些被告将会被认为是独立的共同侵权行为者。因此,导致原告场所污染的每一个被告将会被推定为要对整个场所的清理负有全部责任。只有在被告能够证明原告遭受了"不同的伤害",或者有一个"可分担的合理基础",他们才可以将其责任限制在他们各自的份额上[2](关于连带责任和分配问题的其他讨论,详见第九章和第十一章)。

13.3.2 不确定的被告

一个更加复杂的、被称之为"不确定被告"的问题,存在于一些基于产品责任法律的人身伤害案件中。通常在这样的案例中,多个被告中的每一个都制造了之后被证明是有毒的"通用"产品。例如,很多制药公司都制造了一个药物,比如 DES,之后被认为与出生缺陷有关。在这种情况下,原告通常很难确定一个特定的被告制造了实际上伤害了原告的特定商品。

为了应对这些问题,法院已经考虑了四个解决方案:(1)替代责任;(2)协同行动;(3)集团责任;(4)市场份额。[3]然而,这些法院还没有在任何一个理论上达成共识。

---

[1] Restatement(Second) of Torts, § 875

[2] Restatement(Second) of Torts, § 433A

[3] Smith v. Cutter Biological, Inc. (Hawai'I 1991);In re Methyl Tertiary Butyl Ether (MTBE) Products Liability Litigation (S. D. N. Y. 2005)

"替代责任"在两个及以上同时行动的、可能是原告伤害唯一原因的行动者中的每一个身上都施加连带责任。经典的例子是 Summers v. Tice (Cal. 1948),两个猎人过失地朝原告发射了他们的步枪。一个猎人的子弹击中了原告,但很难判断是哪一个猎人发射的伤人射击。在这种情况下,法院将举证责任转移给了被告,由被告来证明他们的射击不是导致原告伤害的原因。如果不能证明,那么每一个被告都要对原告的所有伤害承担全部责任。但请参见案例 Spencer v. Baxter Intern, Inc. (D. Mass. 2001)(产生者在该理论下不负有责任)。

"协同行动"要证明被告虽然名义上是单独行动的,但却是有意识的共同行动。如果要依据该理论向协同行动的所有责任方要求赔偿,原告必须证明这些被告间的默示协议。这样的证据可能来自争议中的物质的设计、制造或市场营销的相似模式。在被告的数量较少以及伤害和发现伤害之间的时间较短的情况下,该理论执行得最好。

"集团责任"结合了替代责任和协同行动理论。该理论的基础是由生产争议中的物质的所有参与者进行共同风险控制的概念。它最适合于原告证明被告把应对产品安全事务的权利委托给了行业协会的情形。[1]

最后,"市场份额"是最近发展而来的应对方式。著名的 Abbott Laboratories 的判决给该理论带来了声望,该理论结合了举证责任倒置和按照市场份额分配责任。[2] 依据

---

[1] Hall v. E. I. Du Pont De Nemours & Co., Inc. (E. D. N. Y. 1972);Thomas ex. Rel. Gramling v. Mallett (Wis. 2005)

[2] Sindell v. Abbott Laboratories (Cal. 1980)

Abbott Laboratories 和它的成果,原告必须起诉在同类物质中占有"最多份额"的产生者。一旦原告证明了在该物质的设计、制造或市场营销中存在应受处罚的行为,那么举证责任就转移到每个被告身上,由被告来证明他没有制造伤害到原告的特定物质。不能提供证明的每一个被告就应按照其产品占有市场的份额比例来对原告的损害承担责任。法院进一步假定每个被告有相等的市场份额;每个被告都可以举证他们的市场份额低于假定的平均份额。但请参见案例 Ferris v. Gatke Corp. (Cal. App. 2003)(判定该理论不适用于石棉产生者)。

由于每一个理论都有它的局限性,法院目前对于首选的应对方式仍存在争议。例如,"替代责任"理论要求有清晰的证据证明至少有一个共同被告是负有责任的。因此,如果原告没有同时加入所有潜在的被告,则很难适用该理论。"协同行动"理论很难证明。如果缺乏共同的、全行业控制的产品安全标准,"集团责任"理论则是失灵的。"市场份额理论"提出了关于相关市场范围(国家、区域或地区的)、各自在相关市场中的份额的证据,以及原告必须加入的被告的数量等重要问题。事实上,如果没有相关市场的所有被告的共同诉讼,任何给定的判决都可能被施加在一个实际上没有生产伤害被告的物质的制造商身上。

由于前三个理论施加的都是连带责任,一些法院更加喜欢市场份额理论。[①] 这就把单个被告的潜在责任限制在了个人的或"个别的"份额上了。但是,其他法院发现市场

---

① Smith v. Cutter Biological Inc. (Hawai'i 1991)

份额理论的问题太多了,不能证明它的适用是正当的。[1]由于无法适用其他三个理论中的任何一个,一些法院可能会坚持要原告证实被告实际上制造了争议中的物质。

13.4 救济措施

13.4.1 损害赔偿

1. 补偿性赔偿

越过因果关系障碍并克服了所有积极抗辩的原告可以期待一个全面的传统补偿性赔偿。

(1)不动产污染

例如,在不动产污染案件中,法院通常会判给原告修复财产的费用。此外,法院也会为使用价值的丧失而判定给予损害赔偿。但是,法院也经常会按财产污染前的价值,来限制原告要求赔偿的上限。最近以来,一些法院已经愿意判给完全的环境恢复损害赔偿,而不管财产被污染前的市场价值。[2]

(2)人身伤害

同样,因有毒物质而遭受人身伤害的原告可以要求医疗费用、收入损失、疼痛和痛苦以及生活质量降低等传统的、非推测性的损害赔偿。除了这些传统项外,原告也可以要求一些新项目的赔偿。尤其是有三类损害赔偿金已受到

---

[1] Smith v. Eli Lilly & Co. (Ill. 1990)

[2] In re Paoli R. R. Yard PCB Litigation (3d Cir. 1994);but see Bower v. Westinghouse Elec. Corp. (W. Va. 1999)(拒绝了 Paoli 的其中一个要求。)

了司法关注:①惧怕癌症;②日益增加的癌症风险;③医疗监测。

当被告的行为使原告暴露于致癌物时,原告将经常会惧怕感染该疾病(通常把这种惧怕不准确地表述为"癌症恐惧症")。正如前面所提到的,对于这种恐惧是否可以要求赔偿,法院有意见分歧。在不能证明原告已受到身体伤害的情况下,一些法院拒绝了这种赔偿要求。[1] 其他法院判定,所有细胞或亚细胞受损的此类伤害是因暴露于致癌物而导致的。其他法院,尤其是加利福尼亚最高法院,在 Potter v. Firetone Tire & Rubber Co. (Cal. 1993)案中根本没有要求身体伤害的证据。但是,通常来讲,只有在原告能够证明原告多半可能会患癌症时,这些法院才会允许赔偿要求。然而,在 Potter 案中,原告能够证明被告已经对原告实施了"压迫、欺诈或卑鄙的行为",那么,原告只需要再证明一个显著的日益增加的癌症风险即可。

第二个不同的问题涉及的是,因原告暴露于被告释放的物质而引起的患疾病(比如癌症)的风险增加的赔偿。与前一种情形相比,该情形关注的是疾病本身增加的风险,而不是由该风险所引起的恐惧。一些法院已经准许了这种赔偿要求,至少原告能够证明增加的风险的程度是足够的。[2] 然而,其他法院拒绝允许该赔偿要求。对于这些法院来讲,原告只有在他们实际上患了该疾病时,才可以获得赔偿。[3]

---

[1] Brewton v. Reichhold Chemicals, Inc. (Miss. 1998)(没有在密西比州诉讼的理由。)

[2] Bocook v. Ashland Oil (S. D. W. Va. 1993)

[3] Mauro v. Raymark Industries, Inc. (N. J. 1989)

法院在准许第三类损害赔偿,即医疗监测费用的赔偿上表现得更加慷慨,部分是因为在暴露和疾病显现之间存在着很长一段时间,二者之间的因果关系证据很难获得。在被告使原告暴露于有毒物质的情形中,法院并没有坚持要求原告提供可能患有一些疾病或有所反应状况的严格证据。而是,像 Potter 案的判决那样,越来越多地使用一个多因素方法来确定被告是否应该为定期的医疗检查买单。这些法院考虑:

- 原告暴露的严重性和程度;
- 该物质涉及的相对毒性;
- 原告面临日益增加的感染风险的疾病的严重性;
- 与背景水平相比,原告感染该疾病的相对风险;
- 对疾病或状态的早期监测的医疗价值。

新泽西法院已经确立了另外一种与医疗监测费用有关的方法。为了确保原告实际上使用资金进行医疗监测,被告可以支付法院一笔监管基金。[①] 原告可以通过判决从这笔基金中支付被证明的医疗费用。被告也可以通过其他能支付这种费用的人,比如医疗保险公司,来为原告用信用担保支付。

2. 惩罚或惩戒性的损害赔偿

在适当的情况下,法院会对因危险废物或有毒物质导致的伤害判定巨额惩罚或惩戒性损害赔偿金。最典型的描述是,要求原告来证明"恶意的、压迫的或卑鄙的"行为。例如,在一些石棉案件中,有证据证明被告数十年来忽视了将它们的工人暴露于石棉的已知风险,基于该证据,被告已被

---

① Ayers v. Township of Jackson (N. J. 1987)

命令支付巨额的惩罚性损害赔偿金。① 最终,惩罚性损害赔偿受到了第八修正案的限制。最近几年,最高法院已经使用了那个禁止"残酷的不寻常的惩罚"的条款,来进行初审并限制了惩罚性损害赔偿的上限。②

在大量侵权行为背景下的惩罚性损害赔偿的施加引起了重大政策关注。一方面,这种损害赔偿发挥着所有惩罚性赔偿的传统功能。它们惩罚、制止类似的行为,而且它们还确保,一个免受惩罚的被告并没有比一个仅仅疏忽地行动的被告处于更好的位置上(因为它可以更好地计划应对责任)。另一方面,它们可以提供请求重大意外收获的第一原告们。而且,如果过于严重的话,它们可以限制被告向没表现出早期伤害的受害者支付补偿性赔偿的能力。

13.4.2 衡平救济

在有限的情况下,特别是那些涉及对财产的故意妨害或侵害的情况,衡平救济可能是合适的。也就是说,为了环境恢复或防止伤害,法院可以命令被告改变它的行为。但平衡救济也引发了许多政策和实施的问题,以至于限制了它在很多涉及有毒物质的人身伤害案件中的有效性。在主张人身伤害的产品责任案件中,很少能用到该救济。在财产污染案件中,损害赔偿金通常是一个足够的补偿措施。而且,法院在形成它们的环境恢复措施之前,必须要考虑很多公共的和私人的因素。尤其是,法院不可能将它们自己陷入到需要对被告的行为进行长期司法监督的解决方案中。由于这些原因,法院很少命令被告直接清理受污染的

---

① Fischer v. Johns—Manville Corp. (N. J. 1986)
② BMW of North America, Inc. v. Gore (S. Ct. 1996)

财产;而是直接为清理费用判定赔偿金,让当事人来考虑将由谁来实际执行该清理。最后,法院很少出面来防止可能会发生的伤害,即危险物质未来泄漏的威胁。一个罕见的例子是一个初审法院命令关闭一个废物堆放场,主要是因为这种威胁在 Village of Wilsonville v. SCA Services, Inc. (Ill. 1981) 中得到了伊利诺斯州最高法院的支持。

13.5 程序上的应对

13.5.1 简介

危险废物和有毒物质除了给侵权行为法律带来了很多复杂的情况外,它们还对法院处理复杂法律诉讼的能力提出了重大挑战。特别是,当事人的数量以及证明过程的复杂性已使法院试用了多种不同的方法来管理法律诉讼。

涉及危险废物或有毒物质的侵权案件通常包含很多当事人。例如,地下水污染案件可能呈现出几十个或甚至几百个受污染地下蓄水层上覆土地的所有者。更有甚者,在暴露于有毒物质而导致人身伤害的案件中,原告数量可能高达上万人。例如,Agent Orange 案就涉及好几万名的老兵。同样,成千上万的单独的石棉沉滞症诉讼在几个州中都还是有待处理的。这种规模的或这些数量的案件很容易使一个法院系统陷入困境。

即使一个诉讼所涉及的当事人数量更加易于管理,证明过程的复杂性也对法院做实质正义审判的能力提出了挑战。研究当事人各自的请求和抗辩所需的时间和费用已经迫使法院更加积极地管理他们的案件。这样的案件管理可以使案件在该系统中运行的同时也减少将公共和私人努力浪费在最终被证明是非决定性的事项上。

为了应对这些以及其他担忧,法院已经发展了大量的案件管理选择。下面的讨论介绍了司法系统为应对有毒物质侵权诉讼的复杂程序而尝试过的五种方法:(1)多重叉分命令;(2)案件管理命令;(3)案件合并;(4)判例案件;(5)集体诉讼认证。

13.5.2 "多重叉分"

程序规则通常授予法院广泛的自由裁量权,将一个案件划分成不同的部分进行分别审判。法院会在两种主要的情况中行使该自由裁量权。第一,从当事人、证人或者法院自身的角度考虑,法院认为分开审判将会更有效率。第二,特别是在由陪审团审判的案件中,法院可能想要通过使陪审团对其他请求或问题产生偏见或困惑,从而阻止审判一个请求或者问题。

当法院实施这个传统的自由裁量权时,据说他们会"分离"或"分叉"该案件。传统上,法院可能会将几个请求中的一个(或更多)"分离"出来成为一个完整的单独审判。另外,法院也可能把一个单独的案件"分叉"成两个独立的组成部分。例如,可能会首先进行关于责任的审判。只有在陪审团宣布责任判决的时候,当事人才将会花时间提出损害赔偿的请求。在这样的情况中,分开审判防止了陪审团的责任判决会受到原告遭受损害的证据的影响。另外,在陪审团判定没有责任的案件中,它还避免了一个可能会是浪费的损害证据的说明。①

在有毒物质侵权案件中,法院正越来越多地使用这项权力。事实上,它们通常不仅仅是将一个案件简单地分成两部分了。而是在适当的情况下,可能会将一个案件分成三个或更多的部分。当把案件分成三部分时,这种分割程序被称为"三分法",或者一般被称为"多重叉分"。

一个典型的多重叉分命令会将一个人身伤害的有毒物质侵权案件分成四部分。第一,法院会把该案件分成责任和损害赔偿两个部分,在确定了责任之后再来审判损害赔偿。第二,法院会把责任阶段再分成三个单独的部分。最初的审判会致力于解决毒性问题,即该物质能引起原告所遭受的伤害吗?如果陪审团宣布了支持原告,判定物质有毒,那么法院则要在另外两部分审判中致力于解决因果关系问题,也就是之前所阐述的"不确定的原告"和"不确定的被告"问题。通过这样做,法院可以用复杂的、相互冲突的专家证词集中于解决每一个潜在案件的决定性问题,一次解决一个问题。

多重叉分命令对被告的支持一般多于对原告的支持。很多原告的代理律师抱怨说案件的分割降低了案件在事实审判上的整体影响。尤其是,他们强烈地希望能够将损害赔偿和责任问题一起进行审判。

13.5.3 案件管理命令

由有毒物质侵权诉讼推动的第二个程序上的发展是

---

① Pinal Creek Group v. Newmont Mining Corp. (D. Ariz. 2003)(将《综合性环境响应、赔偿和责任法》损害分摊审判分为责任和损害赔偿/分配阶段。)

"案件管理命令"的使用。"案件管理命令"根据它的缩写,被称为CMOs,也称为"Lone Pine"命令。后一个名称起源于一个未发表的新泽西判决的标题,该判决是最早在有毒物质侵权案件中采用CMOs的判决之一。此外,这些命令致力于对审前过程的指导。

在它们最广泛的背景下,CMOs仅是针对对抗制诉讼的越来越多的司法监管的一个例子。过去的几十年已经显示了在案件管理上的更强的司法坚持。这种坚持取代了传统放任的方法,该传统的方法是法院允许对方当事人自己来决定审前程序的形式。传统上,法院允许当事人用证据展示要求和审前动议来互相攻击,只在被一方当事人要求来纠正由另一方当事人的一个恶言时进行干涉。最近几年,法院已经惯常地干涉了甚至是很简单的诉讼。例如,它们已经限制当事人在没有先前的司法批准下的证据展示的数量。除此之外,它们强调了当事人要计划将会被批准的证据展示。这样的计划不仅避免了潜在的时间冲突,它也使证据展示能够更有效地按计划进行。尤其是,如果能够先获得了案件潜在的决定性事项并且通过简易判决得以解决,那么对有些事项的证据展示所需的时间和费用完全可以避免。

从这个角度看,CMOs只是审前命令的另一个例子。因此,法院通常会应用CMOs来更加条理清楚地安排证据展示。但在有毒物质侵权案件中发展出了CMOs的另一个方面。作为CMOs的一部分,法院可能要求原告在诉讼的早期,在允许完全的证据展示之前提供一个表面上证据确凿案件。只有原告对法院的初始展示证明了足够的立场来显示该案是有价值的,法院才会允许当事人应用另外可允许的全面的证据展示。

尽管设计完善的CMOs可以保护原告和被告不会无效率地利用证据展示,但它们被认为是更偏向于被告的。的确,让原告在案件完全形成之前通过证据展示来提供一个表面上证据确凿的案件,这样的要求大大有利于被告。结果是,后一种类型的命令是非常有争议的。①

13.5.4 案件合并

"多重叉分"的相反面是"合并"。此外,法院通常享有合并单独案件的广泛的自由裁量权。很多法院规则只要求在两个案件被一起审判之前,存在一些共同的法律或事实问题。法院必须确定合并的效益是否超过了成本。效益包括对公共和私人诉讼资源更有效率的使用,以及对证人和当事人更大的便利性。除此之外,还可以减少类似案件被不一致地解决的机会。合并的成本包括当案件的不同部分被一起审判时所导致的低效率、陪审团混乱和可能的不公平。

大规模的有毒物质侵权案件,比如那些涉及大量人或财产的污染案件,呈现出部分案件合并的争论。一方面,这些案件通常在一些基本问题上,比如被告的行为、争议中物质的毒性以及暴露途径等事项上呈现出了很多的重叠。另一方面,损害赔偿的项目通常在各个原告之间有很大的不同。

在这样的情况下,法院可能以两种方式利用合并的效益。第一,案件可能因审前的目的被合并。这能够使证据展示和审前动议的指导更具有效率。第二,法院可以仅基

---

① Cf. In re TMI Litigation (3d Cir. 1999)

于共同的事项,通过会同审理的命令将多重叉分的案件和合并的案件结合起来。例如,一个合并的审判可以首先确定被告是否在环境中释放了该物质,以及那种物质是否能够导致原告的伤害。如果陪审团对这两个问题的回答都是肯定的,那么接下来法院就要对个人的因果关系和损害赔偿金问题分别进行审判。

合并通常对双方当事人都有利,但相比于多重叉分或CMOs,它可能对原告更加友好。原告可以很好地在证据展示和审判过程中从集中资源中受益。然而,这些潜在的效率,要求个人原告牺牲他们的一些独立性。因此,法院通常会要求各方自己组成诉讼委员会,并且自己对庭审和证据展示工作进行分工。因此任何一个给定的原告都无法保证他或她的私人代理律师将会成为委员会选中的处理证据展示或审判过程中某一特定事项的人。

13.5.5 判例案件

解决大规模的有毒物质侵权诉讼问题的另一个方法是"判例案件"的发展。判例案件对双方当事人都是有利的。根据这个方法,案件可以因审前的目的被合并,但是要分别进行审判。在司法监督下,由当事人决定在众多案件中选择首先进行庭审的那个。这个庭审可能只涉及一个单独的原告,或者,经常是一小组原告。陪审团的裁决将会被用来评估剩下的案件的解决前景。另外,根据争议点排除的法律,一个对原告们有利的判例案件,可能会被后来的原告们用来阻止判例案件的被告,或者与该被告有共同利益关系的人,针对已在判例案件中判决对被告不利的相同事项再次提起诉讼。①

13.5.6 集体诉讼

如果没有集体诉讼在解决此类诉讼中所扮演的角色,那么关于大规模有毒物质侵权诉讼的讨论是不完整的。集体诉讼是允许多个当事人作为一个集体来共同起诉或应诉的方法。此类诉讼是以集体"代表"的名义进行的。根据管辖权标准,法院必须证明该诉讼是适宜被提起的。一般来说,这一认证的过程包括两个步骤。首先,要有可以适用于所有集体诉讼的先决条件。这些通常被表述为"数量性""共同性""典型性"和"代表充分性"。②"数量性"要求存在很多的当事人,所以将他们联合成一个单独的、非集体的诉讼是不现实。"共同性"要求存在一些共同的法律问题或事实问题。"典型性"要求该集体代表们的请求在该集体的请求中是"有代表性的"。"充分性"看的是代表们保护集体利益的能力。③

除了这四个先决条件外,集体诉讼还必须属于被允许的诉讼类型之一。依据适用于联邦法院和大约一半的州的联邦规则,有三种类型的集体诉讼是被允许的。④ 这包括以下情形的案件:(1)可能会导致不一致的判决或会实际损害非当事人利益的个别案件;(2)寻求施加衡平救济的案

---

① Cf. In re TMI Litigation (3d Cir. 1999)(根据CMO,小型庭审判例案件中的裁决抗辩将不会被延伸到剩下的原告身上。)

② Fed. R. Civ. P. 23(a)

③ Compare O'Conner v. Boeing North American, Inc. (C. D. Cal. 1998)(满足要求)with Rink v. Cheminova, Inc. (M. D. Fla. 2001)(不满足要求。)

④ Fed. R. Civ. P. 23(b)

件;(3)有"占主导地位"的共同问题,并且集体诉讼是"优于其他可用方法"的案件。另外的条款规定了这些潜在的集体成员是如何被通知未决的诉讼,以及他们应对该通知的选择。

初看这个集体诉讼,它看起来像是特别适用于大规模有毒物质侵权诉讼的一个方法。该方法确保了将会有一个单独的、所有集体成员都可以获得的共同基金。这还防止了那些先起诉的当事人会耗尽被告补偿所有类似受害者的能力。它还考虑到了广泛的规模经济。最后,它规定了一个自我融资机制,与在美国的正常实践相反,代理律师的费用通常是被判给赢了的原告。

事实上,一些著名的有毒物质侵权案件已经成功地通过集体诉讼得到了解决。也许最著名的是 Agent Orange 的判决。该案件涉及的就是集体诉讼的和解。现在很著名的观点是,法院在它认为集体成员个人不能获得胜诉的情形下,会批准一个和解方案。[①] 因为每个集体成员不能证明他多半可能是因暴露于被告的产品而遭受了伤害,所以单独的个人诉讼不会胜诉。然而,法院感觉批准集体解决该争议更为合适,因为该集体的数量性确保了很多可能被被告伤害的个人将会收到一些补偿。而且,因为不可能判断哪个原告曾被被告伤害过,以及哪些是因其他暴露途径而受伤的,所以该集体所有成员都将会得到一些补偿。简言之,法院认为集体诉讼方法是解决不确定原告问题的合适方式。

然而,出于对集体诉讼方法能扰乱被告和法院生活的

---

① In re Agent Orange Product Liability Litigation (E. D. N. Y. 1984)

巨大效力的尊重,法院已经很仔细地审查所提起的大规模有毒物质侵权的集体诉讼。只寻求禁令救济的请求比寻求损害赔偿的请求会更容易被批准。然而,与法院很少会为审判赔偿事项而合并案件的原因相同,它们也不经常批准寻求赔偿的大规模的有毒物质集体诉讼。集体成员的个人暴露途径与损失赔偿金之间的差别被认为超过了他们的请求之间的相似性。因此,例如,法院通常不会赞同石棉或烟草伤害的集体诉讼。

第14章 避免对危险物质清理费用的责任

14.1 概述

法律没有规定针对清理责任的不可动摇的保护。然而审慎的计划可以最小化责任风险。例如,正如在第九章所讨论的,一个购买者尽职地进行土地调查,可能会启动对《综合性环境响应、赔偿和责任法》责任的"无辜土地所有者"抗辩。同样,也是在之前讨论过的,一个母公司可以精心安排它与其子公司的关系,以便避免承继子公司的清理义务。本章讨论的是将清理责任最小化的三个其他的主要方法:(1)赔偿和使不承担责任的协议;(2)保险;(3)破产。

最终,唯一确定的避免责任的策略是避免任何直接或间接与危险物质间的联系。事实上,《综合性环境响应、赔偿和责任法》所隐含的目的之一就是阻止这种物质的产生。例如,承担数百万美元责任的风险可能会为废物产生者提供一个经济动机来改变它的操作程序以最小化或者消除危险废物。然而,具讽刺意味的是,在一些情况下这种规避策略可能会削弱清理工作。正如正在发展的"棕色地块"方案所认为的,基本的《综合性环境响应、赔偿和责任法》责任结构阻止了受污染设施的购买、清理和再发展。

14.2 赔偿和使不承担责任的协议

赔偿和使不承担责任的协议频繁地被用于最小化清理责任,特别是在与资产出售有关的情况下。假设 A,拥有受污染土地的所有权,协商将该土地卖给 B。作为出售协议的一部分,A 和 B 可能会同意在 B 承担清理费用责任时,A 将对 B 进行赔偿。另外,在任何 B 可能已经起诉 A 关于潜在清理责任的诉讼中,B 可能会同意放弃并使 A 不承担责任。

依据《综合性环境响应、赔偿和责任法》和《资源保护和恢复法》,关于危险物质清理责任的赔偿和使不承担责任协议一般在当事人之间施行,但不能对抗政府。[1] 例如,依据《综合性环境响应、赔偿和责任法》,如果 A 和 B 作为责任方都是有责任的,他们之间的赔偿或使不承担责任协议将不会使他们免于承担对政府的责任。然而,正如第三巡回法院在 SmithKline Beecham Corp. v. Rohm & Haas Co. (3d Cir. 1996)案中所解释的,他们"在就整个清理对政府承担连带责任时,可以合法地在他们自己之间分配《综合性环境响应、赔偿和责任法》响应费用"。

---

[1] Smith Land & Improvement Corp. v. Celotex Corp.(3d Cir. 1988)(将《综合性环境响应、赔偿和责任法》§107(e)解释为是对这样的条款的授权);Hanlin Group,Inc. v. International Minerals &.Chemical Corp.(D. Me. 1990)(假设了关于《资源保护和恢复法》修复行动费用的赔偿条款的合法性。)

这种责任分担条款的可执行性是取决于所使用的语言的确定性的。明确规定对《综合性环境响应、赔偿和责任法》和《资源保护和恢复法》责任赔偿的条款是典型地可执行的。[1] 甚至是能够为任何诉讼摆脱责任的全面规定,其中并没有提到特定的环境责任的,可能也是有效的。例如,在 Purolater Products Corp. v. Allied-Signal, Inc. (W. D. N. Y. 1991)案中,为"由资产所引起的所有责任和义务"进行赔偿的条款,被认为是足以包括由于资产售卖而引起的《综合性环境响应、赔偿和责任法》责任。相较之下,在一个真实的财产出售协议中,仅"按现状出售"的条款可能不会将售卖者从《综合性环境响应、赔偿和责任法》和《资源保护和恢复法》责任中解脱出来。比较两个案例。[2]

14.3 保险

一个责任方能从保险公司那里收回清理费用吗?由《资源保护和恢复法》和《综合性环境响应、赔偿和责任法》建立的全面的新责任促进了一个令保险业震惊的保险索赔浪潮。多年以来,保险公司已经提出了数百万的标准保险单条款,而没有考虑危险物质清理费用的责任。结果是,大多数现存的保单没有明确地涵盖,也没有明确地排除这样的索赔。所导致的诉讼的泛滥已经产生了关于这个问题的

---

[1] City & County of Honolulu v. Churchill (D. Hawai'I 2000)

[2] Bonnie Blue, Inc. v. Reichenstein (Tex. App. 2004)(条款无效); Velsicol Chemical Corp. v. Reilly Industries, Inc. (E. D. Tenn. 1999)(条款被执行。)

大量的州法律。一些被保险人成功地收回了清理费用;大多数则失败了。基于这些早期的格式保单的诉讼在未来仍将继续。然而,在20世纪80年代期间,标准的保险单条款被修订了,明确排除了涵盖危险物质清理费用,有效地阻止了此类诉讼。

14.3.1 普通责任保险

大多数关于清理费用的争议涉及1986年之前普通责任保险(CGL)保单,责任保单的类型也通常由企业控制。关于这个标准形式的四个基本的解释问题已产生:(1)清理费用被"损害赔偿金"所涵盖吗?(2)清理费用是"由一个事件造成的吗"?(3)"污染除外条款"禁止偿付吗?(4)"拥有的财产除外"禁止偿付吗?

1. "损害赔偿金"

CGL保单中主要的承保范围条款要求承保人赔偿被保险人的"被保险人有法律义务支付的、该保险所适用的人身伤害或财产损害而产生的损害赔偿金的总额"。在早期承保人取得了胜诉,承保人主张,在这个背景下的"损害赔偿金"仅限于支持受伤害的侵权行为原告的金钱判决上,并且因此没有延伸到被保险人补偿政府机构或执行强制性清理工作的费用上。[1] 然而,其他最近的判决认为"损害赔偿金"是一个含糊的词语,并解释为它包括与被保险人合理预期一致的清理费用。马里兰州最高法院的在 Bausch & Lomb, Inc. v. Utica Mutual Insurance Co. (Md. 1993) 案中的判决也体现了这个观点:

---

[1] Certain Underwriters at Lioyd's of London v. Wuperior Court (Cal. 2001)(承保人没有责任来支付由州管理机构命令的清理费用。)

投保人当然不期望承保范围取决于救济模式,也就是说,受伤的一方所寻求的是现金支付而不是禁制令。而投保人将会合理地推断,承保人支付损害赔偿金的承诺将会大致应用于各种补偿性支出中,包括服从行政命令的花费……这甚至可以延伸到自愿进行的清理而发生的费用中。①

2."事件"

除此之外,只有因"事件"而造成的损害赔偿金被涵盖在了CGL保单中。直到20世纪80年代中期,"事件"通常被定义为"一个意外事件,包括连续或重复暴露到状况中,造成了既没有被预见到也不是被保险人有意为之的身体伤害或财产损失"。例如,American Mutual Liability Insurance Co. v. Neville Chemical Co.(W. D. Pa. 1987)中,一个化学公司在常规经营过程中,连续地将危险废物材料倾倒到它无防护层的泻湖中,尽管已经通知过它的废物已经污染了附近的井。在之后的诉讼中,法院发现接连发生的毁坏是该公司"可预见的",因此并不属于事件。但是,在New Castle County v. Continental Casualty Co.(D. Del. 1989)案中,法院认为,来自无防护层的县垃圾填埋场的污染物的迁移是一个"事件",因为,基于在垃圾填埋场设计和运行时有关沥出物迁移的有限的科学知识,不存在损害将会发生的"重大可能性"。

3."拥有的财产例外"

保险公司频繁地主张"拥有的财产除外",这就阻止了对被保险人所有、租赁或占有的财产损失的赔偿。因此,即

---

① Central Illinois Light Co. v. Homes Ins. Co. (Ill 2004)

使是受污染的《综合性环境响应、赔偿和责任法》中规定的设施的所有者越过了CGL保单的其他障碍,作为一个一般原则它也不会获得清理费用赔偿。但是有两个演变而来的例外在某些程度上削弱了该原则①。在该案中,原告将工业废物存放在它的工厂内,污染了土地和地下水。威斯康星州命令对该场所进行清理,原告之后成功地起诉了它的CGL公司来进行赔偿,而不论"拥有的财产除外"。法庭指出该除外并不适用于地下水污染,因为在威斯康星州地下水是公共所有的,不是由表面土地所有者所有的。而且,法院引证了该污染可能到达场所外土地的危险,为了避免伤害到第三方,该法院允许收回修复土壤(无可否认地是由被保险人所有)的费用。但请参见案例 R & D Maidman Family L. P. v. Scottsdale Ins. Co. (N. Y. Sup. 2004)。

4."污染例外"

最后,在应对有毒物质清理的索赔上,保险公司通常会援引1986年之前的"污染例外"条款。在大多数案例中涉及的这个例外条款的版本规定,该保单不适用于:

由烟尘、蒸气、煤烟、烟气、酸性物质、碱性物质、有毒化学物质、液体或气体、废物材料或其他在土地上或土地中、大气中或任何水道或水体中的致污物或污染物的排放、散布、释放或泄露而造成的身体伤害或财产毁坏;但是如果这样的排放、散布、释放或泄露是突然和意外的,则不适用该例外条款;……

这个突然和意外的例外已经激起了大量的争议。一些

---

① 参见案例 Patz v. St. Paul Fire & Marine Insurance Co. (E. D. Wis. 1993)

事件很明确是"突然和意外的"(例如,从因地震而迸裂的箱中涌出含有多氯联苯的废油),因此并没有从承保范围中被排除。但是,《综合性环境响应、赔偿和责任法》中传统的逐渐、长期泄漏的情形也属于这种除外情况吗?少数法院推理说"突然"是模糊的,将该词语解释为只是意味着没有预见或无意的;因此它们允许大多数被保险者获得赔偿。然而,权威认为,"突然"有一个清晰的且不模糊的"临时"含义。正如法院在 ACL Technologies, Inc. v. Northbrook Property & Casualty Insurance Co. (Cal. App. 1993)案中所解释的,"如果该词在'意外的'这个词前面不仅仅是一个停顿,那么它必须传达出一种即时性、快速性或突发性的'临时'含义"。因此,在 1986 年之前的 CGL 保单没有涵盖逐渐的长期泄漏。

根据 1985 年之后的 CGL 保单收回环境恢复费用是不可能的。这些保单包含一个重新起草的污染例外条款,被称为"绝对污染例外"。这个修订的例外条款通过直接拒绝承保"污染物实际或受威胁的排放、散布、渗漏、迁移、释放或泄露所造成的身体伤害或财产损失",来避免上文所讨论的"突然和意外的"争议。法院一致认为,该绝对污染例外条款是清楚的,而非模糊的。

14.3.2 产权保险

标准产权保险单中不包含危险物质清理费用,这已经是确定的了。主要的案例是 Chicago Title Insurance Co. v. Kumar (Mass. App. 1987)。它认为,在被保险者土地上的危险物质的释放不被包含在保单的保险条款中,因为他的产权上存在"瑕疵或留置权或产权负担"。法院认为,依据该标准保单条款,保险范围仅扩及保单发布之日已存在的产权瑕疵、留置权或产权负担,而不扩及"有极小可能性的附加一个未来的留置权"。同样,该法院推论,仅仅是被保险者财产的污染并不启动防范产权非市场化的保单条款;它指出,这个条款承保的仅是产权,而不是土地的物理状况。在20世纪90年代初期之后发布的产权保险保单,通常包含了一条体现该无责任规则的条款;它明确地排除了由"关于……环境保护的任何法律、法规或政府规定……或是违反这些法律、法规或政府规定所产生的影响"而引起的任何损害赔偿金。

14.3.3 环境损害责任保险

环境损害责任(EIL)保险是一种特殊的保险产品,它是为防范被CGL"污染例外条款"排除在外的环境污染而设计的。EIL的承保范围也是要满足《资源保护和恢复法》规定的TSD经济责任要求的。尽管EIL保险单的形式差异很大,但所规定的承保范围通常很狭窄。例如,《综合性环境响应、赔偿和责任法》和《资源保护和恢复法》清理费用只能在被保险者对另一方的保险单签署后的财产污染负有责任时,才可以被收回(只要该财产不是一个许可的废物处理设施)。所提供的承保范围不包括被保险者自己的财产和任何废物处理设施的过去的污染和未来的污染。除此之外,EIL保险收取的保险费相当高。有限的承保范围以及高费用使得EIL保险对大多数潜在顾客来说是不受欢迎的;而且,保险公司通常也不情愿为这类风险承保。因此,EIL保险并没有广泛普及。

14.3.4 超额保险

与CGL保险承保范围的局限性形成鲜明对比的是,至少有一个法院已判定,一个超额损失保险保单明白地涵盖了被保险者遵守行政清理命令而引发的费用。[1]

14.4 破产

作为最后一种手段,责任方可以通过提出破产来逃避清理义务吗？破产者能通过遗弃受污染的财产来避免责任吗？联邦法院已经非常努力地来调和破产法与危险物质规定之间的内在冲突。《破产法典》的目的是通过免除尽可能多的债务,给陷入困境的债务人一个"全新的开始"。相比之下,《综合性环境响应、赔偿和责任法》和《资源保护和恢复法》清理条款的目的是环境恢复受污染的设施,而不论传统的责任原则。正如第九巡回法院在 In re Jensen（9th Cir. 1993)中总结的,这两个法律之间的交叉是"有些杂乱的"。即使在这种冲突中浮现了一些相对清楚的原则,但仍有很多问题未解决,而且法院仍继续谨慎地接触这个不稳定区域。

14.4.1 债务人免责

一般来讲,危险物质清理责任可以在破产中被免除。认可这个规则的里程碑式的最高法院的判决是 Ohio v. Kovacs（S, Ct. 1985)。Ohio 涉及的是违反州环境法律运营的一个危险废物处置场所。俄亥俄州获得了一个要求公司所有者和被告 Kovacs 及它的主要执行高管清理受污染场所的禁制令。当 Kovacs 另外提出破产时,该州认为,他在禁制令下的义务不是《破产法典》下可免责的"债务"。然而,法庭强调破产接管人现在控制着该财产,这样实际上唯

---

[1] Powerine Oil Co., Inc. v. Superior Court（Cal. 2005)

一能从 Kovacs 处寻求执行的就是支付清理费用的金钱支付,因此法庭得出结论,这种义务实际上是一个可免责的债务。

Ohio 案没有解决的主要问题是一个清理责任的"债务"是何时产生的。一个基本的破产规则是只有在破产者的免责日期之前产生的债务才是可免除的。Ohio 案呈现的是一个简单的案例;它使我们明白,一个来源于清理义务的金钱判决是现行可免责的债务。但是,一个潜在的清理义务是在判决做出之前的哪个时间点上成长为"债务"的呢? 一些法院仿效 Ohio 案,认为,危险物质一释放,可免责的《综合性环境响应、赔偿和责任法》索赔就产生了;其他法院坚持称只有在《综合性环境响应、赔偿和责任法》责任的所有要素(包括响应费用的产生)都满足时,才会产生这种索赔。然而,大多数法院现在遵从 In re National Gypsum Co. (N. D. Tex. 1992)中首次建立起来的"公平思考"方法,作为两个先前标准间的中间道路。在这个方法下,只有它们是在破产程序结束之前的当事人的"公平思考"之内的,由破产申请前的行为所产生的清理费用才是可免责的。在解决这类问题时,法院通常考虑五个因素:(1)破产者可能会作为一个潜在责任人的场所的当事人知晓;(2)该场所是列在国家优先清单上的;(3)美国环保署或一个州机构对破产者的通知;(4)调查和清理活动的开始;(5)引发了响应费用。[①]。

14.4.2 遗弃设施

传统的破产清算要求托管者来收回、管理和售卖债务

[①] Signiture Combs, Inc. v. United States (W. D. Tenn. 2003)

人的资产。即使被指控有最大化债权人收回的义务,但托管者可以遗弃"繁重的"或"无足轻重价值"的债务人的财产。假设一个债务人,在《综合性环境响应、赔偿和责任法》下是作为一个现有设施所有者而负有责任,他提出了一个破产请求并且被免责。该破产托管者是否能够为了阻止该资产承受清理费用责任而遗弃受污染的设施?

最高法院在 Midlantic National Bank v. New Jersey Department of Environmental Protection(S. Ct. 1986)案中探究了这个问题。在那个案例中,Quanta Resources Corporation 违反州环境法律,在新泽西和纽约废物油加工设施上接受了含有多氯联苯的石油。这些废油被储存在损坏了的容器中,并污染了地下土壤,呈现出了"通过人接触而导致基因毁坏或死亡"的风险。在 Quanta 申请破产后,其托管者遗弃了该设施,而不管受影响的州提出的该遗弃会危及公众的抗议。最高法院推断,国会不会为了这种遗弃权而废除以保护公众健康和安全为目的的州和地方法律,所以最高法院认为该遗弃是不合适的。然而,它警示了"遗弃权不会被法律或规定所束缚,因为这些法律或规定不合理地保护公众健康或安全免受眼前可辨认的伤害"。Midlantic National Bank 因此建立了该规则,即一托管者不能遗弃一个对公众健康或安全呈现出"紧急的且可辨认的伤害"的污染场所。但是,反对遗弃的当事人有责任证明存在这样一个伤害。[①]

---

① Inre St. Lawrence Corp. (D. N. J. 2000);cf. In re Unidigital, Inc. (Bankr. D. Del. 2001)(托管者被允许遗弃 15 吨打印机,尽管含有必须被耗尽的化学物质。)